北大版对外汉语教材·文化教程系列

中国语言文化讲座
II

张 英 主编

图书在版编目(CIP)数据

中国语言文化讲座.2/张英主编.—北京:北京大学出版社,2011.1
(北大版对外汉语教材·文化教程系列)
ISBN 978-7-301-18086-0

Ⅰ.中… Ⅱ.张… Ⅲ.汉语-对外汉语教学-教材 Ⅳ.H195.4

中国版本图书馆 CIP 数据核字(2010)第 225345 号

书　　　名:	中国语言文化讲座 II
著作责任者:	张　英　主编
责 任 编 辑:	吕幼筠
封 面 设 计:	毛　淳
标 准 书 号:	ISBN 978-7-301-18086-0/H·2692
出 版 发 行:	北京大学出版社
地　　　址:	北京市海淀区成府路 205 号　100871
网　　　址:	http://www.pup.cn
电 子 邮 箱:	lvyoujun99@yahoo.com.cn
电　　　话:	邮购部 62752015　发行部 62750672　编辑部 62752028　出版部 62754962
印 刷 者:	北京鑫海金澳胶印有限公司
经 销 者:	新华书店
	787 毫米×1092 毫米　16 开本　15.25 印张　390 千字
	2011 年 1 月第 1 版　2011 年 1 月第 1 次印刷
定　　　价:	42.00 元

未经许可,不得以任何方式复制或抄袭本书之部分或全部内容。
版权所有,侵权必究　举报电话:010—62752024
　　　　　　　　　　　电子邮箱:fd@pup.pku.edu.cn

目　录

前言	1
简化字与繁体字 …………………………………… 章　琼	1
汉语中的外来词 ……………………………………… 赵　杨	13
汉语中的禁忌语和委婉语 …………………………… 杨德峰	23
汉语成语里的文化 …………………………………… 张利满	30
孔子与《论语》 ……………………………………… 厉　琳	42
孟子与《孟子》 ……………………………………… 王小曼	54
老子与《老子》 ……………………………………… 张利满	66
庄子与《庄子》 ……………………………………… 陶黎铭	78
孙子与《孙子兵法》 ………………………………… 张　英	91
墨子与《墨子》 ……………………………………… 杨蓉蓉	114
荀子与《荀子》 ……………………………………… 王学松	128
韩非与《韩非子》 …………………………………… 姚　萱	136
传统思想文化中的四大支柱 ………………………… 金舒年	145
中国的汉语系佛教文化 ……………………………… 陈　莉	161
从风水文化看中国的建筑 …………………………… 张　园	168
十二生肖 ……………………………………………… 金　兰	180
中国的少数民族及文化 ……………………………… 张　英	189
中国的残疾人事业 …………………………………… 徐晶凝	214
中国儿童教育与儿童文学 …………………………… 刘立新	220
金庸的武侠小说 ……………………………………… 赵长征	230

前 言

《中国语言文化讲座Ⅱ》付梓之际,正是汉语国际推广日盛之时。随着世界范围内学习汉语人数的骤增,面向外国人的汉语教学课堂就不仅仅限于中国境内的各个大学,而是遍及世界各个国家的大学及孔子学院。随着全球汉语学习队伍的不断壮大,外国人学习汉语的目的也随着学习队伍的壮大而呈现出多样化,传统的单纯以语言知识和听说读写技能为培养目标的汉语教学已经不能满足学习者的需求。特别是对于汉语水平已经比较高的学习者来说,了解中国语言和文化常常是提高其运用汉语能力、避免跨文化交际障碍的重要途径;而对于在国内从事留学生汉语教学或者在海外从事中文教学的老师来说,深入了解中国语言和文化,不仅是汉语教学本身的需求,而且是中文教师必备的知识和能力。本书结集的目的,就是为了满足汉语国际推广大环境下一批特殊汉语学习群体和汉语师资群体的需求。

本集共收录了二十个专题:其中语言类四篇,内容涉及繁简字、外来词、禁忌和委婉语、成语等;先秦诸子八篇,分别是:孔子、孟子、老子、庄子、孙子、墨子、荀子、韩非子等;文化、文学、宗教及国情类八篇,分别为思想文化、佛教文化、风水文化、生肖文化、民族文化以及残疾人事业、儿童文学、武侠小说等。

这些专题的内容虽然不同,但在选题上,均以实用而又富有代表性为原则。其内容最突出的特点是:不论是深奥的语言文化或思想文化,还是神秘离奇的民俗文化,都讲解得深入浅出,使读者易于了解和理解中国语言和文化的真谛和魅力。

本书适合对象及用途:

1. 留学生本科三四年级之语言文化教材。
2. 留学生高级班之语言文化专题讲座教材。
3. 中文师资培训之语言文化教材。

4. 国际汉语教育专业研究生之语言文化教材。

5. 具有高级汉语水平的学习者自学之语言文化教材。

  本书的编辑和出版得到了北京大学出版社的大力支持。学富五车的胡双宝先生不辞辛苦亲自审稿；勤勉严谨的责任编辑吕幼筠女士拨冗审稿、润稿，协调作者，督促进度，使书稿编辑得以按时完成。在本书付梓之际，谨代表全体作者向胡先生、吕女士及北大出版社表示由衷的感谢！

编者

2010.12.6.

简化字与繁体字

章 琼

文字分为表音文字和表意文字两大类,表音文字以语言的音为构形依据,表意文字是以语言的义为构形依据。[①] 汉字作为现存唯一仍在使用的、有生命力的表意文字,不仅记载了中国悠久的历史和灿烂的文化,也是中国人交流思想、传递信息的重要交际工具。现在我们日常使用的汉字分为繁体字和简化字两大类:中国大陆使用的是简化字,而中国台湾、香港以及一些海外地区,则使用繁体字。有些外国朋友是在中国大陆学汉语,学的是简化字,他们去中国港台或海外,看到的一般是繁体字,可能会有些不适应;而另有一些朋友在中国港台或者海外学汉语,学的是繁体字,他们来中国大陆,看到的都是简化字,也会遇到一些问题。这一讲,我们主要是讲解简化字的特点、来源,讲解简化字和繁体字之间的关系,使大家对繁体字与简化字的对应规律有个初步的了解,知道如何根据已经认识的繁体字来认读、学习简化字或根据已经认识的简化字来认读、学习繁体字。

一、简单易学的简化字

我们说简化字简单易学,是有条件的。对于那些已经学过繁体字并且有一定识字量的人来说,简化字是简单易学的;对于那些从来没有接触过汉字的外国人或者文盲来说,简化字既不简单,也不易学。

有一位专门研究简化字的老先生叫叶籁士,现在已经故去了。他在 1988 年曾经出版过一本小书,叫《简化汉字一夕谈》,说的是他的一个同学,在国外住了三十多年后回国探亲,看到汉字已经简化了,就很担心,担心许多字都不认识了,会给他旅游带来麻烦。他问叶籁士自己是不是变成文盲或者半文盲了。叶先生就跟他

---

① 王宁"汉字的优化与简化",《中国社会科学》1991 年第 1 期。

说:你的顾虑完全是多余的,你今晚正好没有别的约会,我们可以谈谈这个话题,经过今天晚上这一谈,你就基本可以掌握简化字了。当然,他说的"掌握"是指能识读,如果要做到会写还要另外花些时间。

叶先生说只要谈一个晚上就可以掌握简化字,并不是为了打消他同学的顾虑而故作轻松,而是有根据的——那是因为绝大部分简化字都是类推简化来的。什么是类推简化?后面我们还要具体说明,现在只举一个例子:繁体字"東"简化为"东",当"東"作为其他繁体字的部件时也一律简化为"东",如"陳、凍、棟"就分别简化为"陈、冻、栋"。类推简化规律性强,了解了这一规律,通过已经掌握的繁体字来学习简化字或通过已经掌握的简化字来学习繁体字,就可以事半功倍。

除了类推简化字外,还有四百多个字是一个一个地简化的,这些字需要一个一个去记。但也不用担心,因为这些简化字里的绝大部分都不是新造的字,而是早就有了的,所以掌握了繁体字的人看到这些简化字,都会有似曾相识的老朋友的感觉。比如:云—雲、从—從、尔—爾、礼—禮。据统计,四百多个需要一一记住的简化字中,80%都是我们的"老朋友"。

二、简化字的来源与历史

从殷商时期的甲骨文算起,汉字已经有三四千年的历史了。在这三四千年中,汉字不断发展变化,其间有简化,也有繁化;有的阶段繁化的倾向多一些,有一部分字被繁化了;有的阶段简化的倾向多些,有一部分字被简化了。之所以会出现这种矛盾现象,是因为汉字作为记录汉语书写符号体系,首先就要求便于使用。所谓便于使用,主要体现在两个方面:一是要求汉字的形体便于书写,即求简易;二是要求汉字的形体上有尽可能多的表意信息,即求区别。求简易,便会去掉字形中的冗余成分、合并部件,甚至直接用笔画少的字代替笔画多的字;求区别,则会使汉字的形体进一步分化,甚至叠床架屋,在某些形声结构的字形上又加上新的声符或义符。这两种趋势中,不管是从时间上来看,还是从数量上来看,简化趋势都是占主导地位的。①

汉字从甲骨文、金文、小篆到隶书、楷书,总的来看,表意信息是越来越少了,书写是越来越简便了。钱玄同先生说:"从殷周之古篆到宋元之简体,时时刻刻向着

---

① 参看裘锡圭《文字学概要》,商务印书馆,1988;苏培成《现代汉字学纲要》(增订本),北京大学出版社,2001。

简易的方面进行,可说是没有间断。"①特别是进入隶书阶段以后,汉字的象形性基本上已经不存在了,明显地进入了以简化为主的阶段。有人说简化字破坏了汉字的表意性,其实是不对的,真正破坏汉字表意性的是隶变,比如:☾—月、犭—犬,隶变后再也看不出月亮或狗的样子了。虽然甲骨文、金文、小篆保存了比较多的表意信息,但今天我们不可能再回头去使用这些古文字了,因为它们太难写,不符合便于使用的要求,跟不上快节奏的现代生活。

另外,从一个一个具体的字形来看,简体字也不是什么新生事物,而是自古就有的。它在汉字产生之初就已出现,并贯穿了汉字发展的每一过程。

早期汉字异体字很多,一个字常常有很多种写法,甲骨文、金文中的许多字形多写一笔、少写一笔通常都没什么关系,字形的方向、部件的位置也不是很固定。有的字笔画多一些,画得比较精细,那就是繁体字;有的字笔画少一些,画得比较粗略,那就是简体字。如:中—中中中中中。古文字是这样,今文字也是这样。② 在今文字阶段,繁体字和简体字也常常是并存的。如"燈"字,在元代一些通俗文学的抄本、刻本,如《全相三国志平话》、《京本通俗小说》、《古今杂剧三十种》中,都写做"灯","灯"笔画少,受到文化水平不高的人的欢迎,在民间大量流传。

其实,有许多著名的文人也喜欢用简体字。比如明清之际的著名学者黄宗羲,他给人写信的时候,常常用简体字,如"议"、"难"、"当"。他的朋友吕留良说他:"喜用俗字抄书,云可省功夫一半。"其他,如江永、孔广森等人的手稿中"简笔字均极多"③。

可见,有人说简化字是中华人民共和国的发明、是少数激进的文字学家闭门造车杜撰出来的,显然是不符合事实的。周恩来总理就曾经说过:简化字是"古已有之",顶多只能说是"于今为烈"。

虽然历代都有简体字在民间流行,但这些简体字历来都是不登大雅之堂的,只能在民间、在非正式的场合使用,在官方文件或正式场合是不能使用的。但这些不登大雅之堂的文字却正是我们今天的简化字的源头。

在需要我们一个一个来记的 400 多个简化字中,有 80% 的字是中华人民共和国建国之前就有了的。下面我们引用一下李乐毅先生《简化字源》一书中的数据

---

① 钱玄同等"简省现行汉字笔画案",《国语月刊》第一卷第七期。
② 我们今天说的简化字,可以看做是简体字的一种。
③ 谢世涯《新中日简体字研究》,语文出版社,1989。

（简化字总表 1、2 表不含 14 个偏旁的 482 字加异体字表中的 39 字，共 451 字），看看这些简化字都是从哪儿来的：①

1. 始见于先秦的简体字共 68 字，占 13.05%。如虫、气、电、云、才、从。
2. 始见于秦汉的简体字 91 字，占 17.47%。如礼、贝、头、为、胡、宝。
3. 始见于三国魏晋南北朝的 32 字，占 6.14%。如笔、乱、床、专、寻、怜。
4. 始见于隋唐五代的 29 字，占 5.57%。如尘、参、节、师、壶、双。
5. 始见于宋元的 83 字，占 15.93%。如边、灯、点、马、画、梦。
6. 始见于明清的 53 字，占 10.17%。如赵、归、这、欢、仓、怀。
7. 始见于民国的 61 字，占 11.71%。如飞、凤、岁、叶、伞、选。
8. 始见于 1949—1956 年《总表》公布之日的 104 字，占 19.96%。如忧、认、拦、态、产、认。

下面我们简单谈谈汉字简化的历史。

我们这里说的汉字简化的历史，是指有意识地推行汉字简化的历史，这个历史一般都是从清朝末年开始算起。

清代末年，随着中外交流日益频繁和思想观念的不断更新，人们对俗字的看法逐渐有所改变，有人提出了把简体字当做正体字来用的主张。其中最有代表性的是教育家陆费逵。他明确主张普通教育应该采用俗体字，提出了一些有建设性的主张。他的观点在当时没引起太大的反响，但对后来汉字简化运动产生了很大影响。

到五四运动以后，许多人把中国的落后、贫穷跟汉字联系在一起，认为汉字是造成中国贫穷和落后的根源，提出了"汉字革命"的口号。1922 年钱玄同与黎锦熙、杨树达等人提出了《减少现行汉字笔画案》，得到了当时的北洋政府教育部的同意。一般认为这是汉字简化运动的真正开始。1935 年，钱玄同主持编写了《简体字谱》，收简体字 2400 多个。与此同时，上海的陈望道、陶行知、叶圣陶等人发起了一场推行"手头字"运动。他们选定了第一批手头字 300 个，并在上海的十几个刊物上实行起来。在这种情况下，南京国民政府教育部从钱玄同《简体字谱》的 2400 多个简体字里选了 324 个字加以公布，这就是《第一批简体字表》。当时国民政府曾通令全国，要求全国推行使用简体字。大概 4 个多月后，由于保守派的反对，1936 年 2 月国民政府又宣布"暂缓推行"这个字表。

---

① 李乐毅《简化字源》，华语出版社，1996。

中华人民共和国成立后,开始有组织、有计划地搜集、整理简化字,汉字简化运动也达到了高峰。

1950年教育部开始搜集常用的简体字,并于1951年编成了《第一批简体字表(初稿)》。后来又对这个字表反复进行修订,于1954年底形成了《汉字简化方案(草案)》,并印发了30万份,向全国征求意见。1955年9月,根据征求意见的结果,中国文字改革委员会做出了进一步修订,形成了《汉字简化方案修正草案》,交国务院审议。1956年1月,国务院通过了审议并做出决定:"简化字应该在全国印刷物和书写的文件上一律通用,除翻印古籍和其他有特殊原因的以外,原来的繁体字应该在印刷上停止使用。"

这次汉字简化受到了小学生、工人和农民的热烈欢迎。因为简化字减轻了他们的记忆负担,缓解了他们学文化和汉字难的矛盾,对当时的普及教育和扫盲起到了很大作用。据新加坡学者谢世涯统计:《汉字简化方案》共列繁体字544个,平均每个字16.8画;简化成515个简化字后,平均每字8.16画,差不多减少了一半笔画。[①]

《汉字简化方案》颁布后,在实行的过程中也发现了一些问题,其中最大的问题就是对类推简化和偏旁简化规定得不够明确合理。此后数年,中国文字改革委员会又根据大家的意见对该方案进行了修订,并于1964年编成了《简化字总表》。这个总表在1986年又有个别调整,而1986年调整后的《简化字总表》就是我们今天依据的标准。

三、《简化字总表》与汉字简化的方法、规律

1986年重新公布的《简化字总表》共收简化字2235个、简化偏旁14个,具体分为三个字表:其中第一表有简化字350个,第二表有简化字132个和简化偏旁14个,第三表有简化字1753个。

《简化字总表》之所以分为三个字表,是因为字表中所收的简化字在简化时分别采用了个体简化和类推简化两种不同方法。

所谓个体简化就是一个字一个字地简化。《简化字总表》第一表、第二表就属于这种情况。我们前面说过,这些字是需要我们一个一个地去记的。

---

① 谢世涯《新中日简体字研究》,语文出版社,1989。

所谓类推简化就是利用第二表和其中的简化偏旁类推的原则来成批地简化，如"馬"简化为"马"，"嗎、媽、瑪、碼、螞、罵"中的"馬"也一律简化为"马"。《简化字总表》第三表就属于这种情况。

按照规定，第一表的 350 个字是不能类推的，如"兒"简化为"儿"，但"貌、倪"中的"兒"不能类推简化为"儿"。但第二表的 132 个简化字和 14 个简化偏旁都是可以作为简化偏旁使用，都可以根据它们进行类推简化。也就是说，当这些字在别的字里作为偏旁时，也一律简化。《简化字总表》第三表就是根据第二表类推简化来的。

所以，只要我们掌握了第一表和第二表，第三表就不成问题了。下面我们就看看第一表、第二表个体简化是用什么方法简化来的，这可以帮助我们更好地掌握第一表、第二表的简化字。

第一表、第二表中的简化字，根据简化方法的不同，其构成方式可以概括为八种类型：

1. 保留原字轮廓，如鹵—卤、婁—娄、肅—肃。
2. 保留原字特征部分，省略一部分或一大部分，如開—开、業—业、糴—籴。
3. 改换形体较简单的形旁或者声旁，如運—运（声）、礄—硚（形）、驚—惊（声和形）。
4. 另造会意字，如塵—尘、體—体、雙—双。
5. 草书楷化，如長—长、東—东、書—书。
6. 符号代替（一般是代替其中比较难写的一部分），如僅—仅、趙—赵、區—区。
7. 同音替代，如醜—丑、後—后、餘—余。
8. 利用古旧体字，如從—从（利用古本字）、禮—礼（利用古异体字）、勝—胜（利用废弃的字形）。

其中，符号替代和同音替代这两种方法问题比较多，后来有许多学者对此提出了异议。

482 个简化字包括三种情况。一是简化字与繁体字一一对应，这是大部分。二是一个简化字对应两个或者两个以上繁体字，如"复"对应"復"和"複"，"复查"和"复印"繁体字系统分别做"復查"和"複印"。"複查"是再查一次，是行为重复。"複印"是印出重份。这样大致可以区分。"干"对应"乾（gān）"和"幹（gàn）"。"干净"和"干活"，繁体字系统写"乾净"和"幹活"。读音都不完全相同。如此等等。三是同音替代。像"老板"繁体字系统写"老闆"，也许比较简单。像把繁体字的"藉口"、

"憑藉"简化为"借口"、"凭借",可是"慰藉"、"狼藉"等又不能写"借"。后两类不仅需要花工夫,而且有的还需要专门学习。①

总之,只要掌握了一定数量的简化字或繁体字,在了解《简化字总表》的构成以及第一表、第二表简化字所采用的简化方法后,就可以比较快而顺利地利用《简化字总表》来认读、学习简化字或繁体字。这样,不管你以前学的是繁体字还是简化字,繁简字对你来说就不是什么大问题了。

参考文献

1. 《简化字总表》(1986 年新版)。
2. 《语言文字规范手册》,语文出版社,1997。
3. 叶籁士《简化汉字一夕谈》,上海教育出版社,1988。
4. 李乐毅《简化字源》,华语出版社,1996。
5. 张书岩等《简化字溯源》,语文出版社 1997。
6. 谢世涯《新中日简体字研究》,语文出版社,1989。
7. 裘锡圭《文字学概要》,商务印书馆,1988。
8. 苏培成《现代汉字学纲要》(增订本),北京大学出版社,2001。
9. 胡双宝《汉字史话》,首都师范大学出版社,2008。

附录:《简化字总表》第一表、第二表

第一表

不作简化偏旁用的简化字

本表共收简化字 350 个,按读音的拼音字母顺序排列。本表的简化字都不得作简化偏旁使用。

A	B	帮〔幫〕	毙〔斃〕	卜〔蔔〕
碍〔礙〕	坝〔壩〕	宝〔寶〕	标〔標〕	补〔補〕
肮〔骯〕	板〔闆〕	报〔報〕	表〔錶〕	C
袄〔襖〕	办〔辦〕	币〔幣〕	别〔彆〕	才〔纔〕

---

① 胡双宝《汉字史话》,首都师范大学出版社,2008。

蚕〔蠶〕①	丛〔叢〕	飞〔飛〕	柜〔櫃〕	积〔積〕
灿〔燦〕	**D**	坟〔墳〕	**H**	极〔極〕
层〔層〕	担〔擔〕	奋〔奮〕	汉〔漢〕	际〔際〕
搀〔攙〕	胆〔膽〕	粪〔糞〕	号〔號〕	继〔繼〕
谗〔讒〕	导〔導〕	凤〔鳳〕	合〔閤〕	家〔傢〕
馋〔饞〕	灯〔燈〕	肤〔膚〕	轰〔轟〕	价〔價〕
缠〔纏〕②	邓〔鄧〕	妇〔婦〕	后〔後〕	艰〔艱〕
忏〔懺〕	敌〔敵〕	复〔復〕	胡〔鬍〕	歼〔殲〕
偿〔償〕	籴〔糴〕	〔複〕	壶〔壺〕	茧〔繭〕
厂〔廠〕	递〔遞〕	**G**	沪〔滬〕	拣〔揀〕
彻〔徹〕	点〔點〕	盖〔蓋〕	护〔護〕	硷〔鹼〕
尘〔塵〕	淀〔澱〕	干〔乾〕③	划〔劃〕	舰〔艦〕
衬〔襯〕	电〔電〕	〔幹〕	怀〔懷〕	姜〔薑〕
称〔稱〕	冬〔鼕〕	赶〔趕〕	坏〔壞〕④	浆〔漿〕⑥
惩〔懲〕	斗〔鬥〕	个〔個〕	欢〔歡〕	桨〔槳〕
迟〔遲〕	独〔獨〕	巩〔鞏〕	环〔環〕	奖〔獎〕
冲〔衝〕	吨〔噸〕	沟〔溝〕	还〔還〕	讲〔講〕
丑〔醜〕	夺〔奪〕	构〔構〕	回〔迴〕	酱〔醬〕
出〔齣〕	堕〔墮〕	购〔購〕	伙〔夥〕⑤	胶〔膠〕
础〔礎〕	**E**	谷〔穀〕	获〔獲〕	阶〔階〕
处〔處〕	儿〔兒〕	顾〔顧〕	〔穫〕	疖〔癤〕
触〔觸〕	**F**	刮〔颳〕	**J**	洁〔潔〕
辞〔辭〕	矾〔礬〕	关〔關〕	击〔擊〕	借〔藉〕⑦
聪〔聰〕	范〔範〕	观〔觀〕	鸡〔鷄〕	仅〔僅〕

---

① 蚕：上从天，不从夭。
② 缠：右从㐹，不从厘。
③ 乾坤、乾隆的乾读 qián(前)，不简化。
④ 不作坯。坯是砖坯的坯，读 pī(批)，坏坯二字不可互混。
⑤ 作多解的夥不简化。
⑥ 浆、桨、奖、酱：右上角从夕，不从夂或⺈。
⑦ 藉口、凭藉的藉简化作借，慰藉、狼藉等的藉仍用藉。

简化字与繁体字　9

惊〔驚〕	类〔類〕①	霉〔黴〕	**Q**	丧〔喪〕
竞〔競〕	里〔裏〕	蒙〔矇〕	启〔啓〕	扫〔掃〕
旧〔舊〕	礼〔禮〕	〔濛〕	签〔籤〕	涩〔澀〕
剧〔劇〕	隶〔隸〕	〔懞〕	千〔韆〕	晒〔曬〕
据〔據〕	帘〔簾〕	梦〔夢〕	牵〔牽〕	伤〔傷〕
惧〔懼〕	联〔聯〕	面〔麵〕	纤〔縴〕	舍〔捨〕
卷〔捲〕	怜〔憐〕	庙〔廟〕	〔纖〕⑦	沈〔瀋〕
K	炼〔煉〕	灭〔滅〕	窍〔竅〕	声〔聲〕
开〔開〕	练〔練〕	蔑〔衊〕	窃〔竊〕	胜〔勝〕
克〔剋〕	粮〔糧〕	亩〔畝〕	寝〔寢〕	湿〔濕〕
垦〔墾〕	疗〔療〕	**N**	庆〔慶〕⑧	实〔實〕
恳〔懇〕	辽〔遼〕	恼〔惱〕	琼〔瓊〕	适〔適〕⑨
夸〔誇〕	了〔瞭〕②	脑〔腦〕	秋〔鞦〕	势〔勢〕
块〔塊〕	猎〔獵〕	拟〔擬〕	曲〔麯〕	兽〔獸〕
亏〔虧〕	临〔臨〕③	酿〔釀〕	权〔權〕	书〔書〕
困〔睏〕	邻〔鄰〕	疟〔瘧〕	劝〔勸〕	术〔術〕⑩
L	岭〔嶺〕④	**P**	确〔確〕	树〔樹〕
腊〔臘〕	庐〔廬〕	盘〔盤〕	**R**	帅〔帥〕
蜡〔蠟〕	芦〔蘆〕	辟〔闢〕	让〔讓〕	松〔鬆〕
兰〔蘭〕	炉〔爐〕	苹〔蘋〕	扰〔擾〕	苏〔蘇〕
拦〔攔〕	陆〔陸〕	凭〔憑〕	热〔熱〕	〔囌〕
栏〔欄〕	驴〔驢〕	扑〔撲〕	认〔認〕	虽〔雖〕
烂〔爛〕	乱〔亂〕	仆〔僕〕⑥	**S**	随〔隨〕
累〔纍〕	**M**	朴〔樸〕	洒〔灑〕	**T**
垒〔壘〕	么〔麽〕⑤		伞〔傘〕	台〔臺〕

---

① 类：下从大，不从犬。
② 瞭：读 liǎo(了解)时，仍简作了，读 liào(瞭望)时作瞭，不简作了。
③ 临：左从一短竖一长竖，不从丨。
④ 岭：不作岺，免与岑混。
⑤ 读 me 轻声。读 yāo(夭)的么应作幺(么本字)。吆应作吆。麽读 mó(摩)时不简化，如幺麽小丑。
⑥ 前仆后继的仆读 pū(扑)。
⑦ 纤维的纤读 xiān(先)。
⑧ 庆：从大，不从犬。
⑨ 古人南宫适、洪适的适(古字罕用)读 kuò(括)。此适字本作适，为了避免混淆，可恢复本字适。
⑩ 中药苍术、白术的术读 zhú(竹)。

〔檯〕
〔颱〕
态〔態〕
坛〔壇〕
〔罎〕
叹〔嘆〕
誊〔謄〕
体〔體〕
粜〔糶〕
铁〔鐵〕
听〔聽〕
厅〔廳〕①
头〔頭〕
图〔圖〕
涂〔塗〕
团〔團〕
〔糰〕
椭〔橢〕

W
洼〔窪〕
袜〔襪〕②
网〔網〕
卫〔衛〕
稳〔穩〕
务〔務〕

雾〔霧〕

X
牺〔犧〕
习〔習〕
系〔係〕
〔繫〕③
戏〔戲〕
虾〔蝦〕
吓〔嚇〕④
咸〔鹹〕
显〔顯〕
宪〔憲〕
县〔縣〕⑤
响〔響〕
向〔嚮〕
协〔協〕
胁〔脅〕
亵〔褻〕
衅〔釁〕
兴〔興〕
须〔鬚〕
悬〔懸〕
选〔選〕
旋〔鏇〕

Y
压〔壓〕⑥
盐〔鹽〕
阳〔陽〕
养〔養〕
痒〔癢〕
样〔樣〕
钥〔鑰〕
药〔藥〕
爷〔爺〕
叶〔葉〕⑦
医〔醫〕
亿〔億〕
忆〔憶〕
应〔應〕
痈〔癰〕
拥〔擁〕
佣〔傭〕
踊〔踴〕
忧〔憂〕
优〔優〕
邮〔郵〕
余〔餘〕⑧
御〔禦〕
吁〔籲〕⑨

郁〔鬱〕
誉〔譽〕
渊〔淵〕
园〔園〕
远〔遠〕
愿〔願〕
跃〔躍〕
运〔運〕
酝〔醞〕

Z
杂〔雜〕
赃〔贓〕
脏〔臟〕
〔髒〕
凿〔鑿〕
枣〔棗〕
灶〔竈〕
斋〔齋〕
毡〔氈〕
战〔戰〕
赵〔趙〕
折〔摺〕⑩
这〔這〕
征〔徵〕⑪
症〔癥〕

证〔證〕
只〔隻〕
〔祗〕
致〔緻〕
制〔製〕
钟〔鐘〕
〔鍾〕
肿〔腫〕
种〔種〕
众〔衆〕
昼〔晝〕
朱〔硃〕
烛〔燭〕
筑〔築〕
庄〔莊〕⑫
桩〔樁〕
妆〔妝〕
装〔裝〕
壮〔壯〕
状〔狀〕
准〔準〕
浊〔濁〕
总〔總〕
钻〔鑽〕

---

① 厅：从厂，不从广。
② 袜：从末，不从未。
③ 系带子的系读 jì（计）。
④ 恐吓的吓读 hè（赫）。
⑤ 县：七笔。上从且。
⑥ 压：六笔。土的右旁有一点。
⑦ 叶韵的叶读 xié（协）。
⑧ 在余和馀意义可能混淆时，仍用馀。如文言句"馀年无多"。
⑨ 喘吁吁，长吁短叹的吁读 xū（虚）。
⑩ 在折和摺意义可能混淆时，摺仍用摺。
⑪ 宫商角徵羽的徵读 zhǐ（止），不简化。
⑫ 庄：六笔。土的右旁无点。

第二表

可作简化偏旁用的简化字和简化偏旁

本表共收简化字 132 个和简化偏旁 14 个。简化字按读音的拼音字母顺序排列，简化偏旁按笔数排列。

A	虫[蟲]	F	J	离[離]
爱[愛]	刍[芻]	发[發]	几[幾]	历[歷]
B	从[從]	[髮]	夹[夾]	[曆]
罢[罷]	窜[竄]	丰[豐]③	戋[戔]	丽[麗]⑥
备[備]	D	风[風]	监[監]	两[兩]
贝[貝]	达[達]	G	见[見]	灵[靈]
笔[筆]	带[帶]	冈[岡]	荐[薦]	刘[劉]
毕[畢]	单[單]	广[廣]	将[將]④	龙[龍]
边[邊]	当[當]	归[歸]	节[節]	娄[婁]
宾[賓]	[噹]	龟[龜]	尽[盡]	卢[盧]
C	党[黨]	国[國]	[儘]	虏[虜]
参[參]	东[東]	过[過]	进[進]	卤[鹵]
仓[倉]	动[動]	H	举[舉]	[滷]
产[産]	断[斷]	华[華]	K	录[録]
长[長]①	对[對]	画[畫]	壳[殼]⑤	虑[慮]
尝[嘗]②	队[隊]	汇[匯]	L	仑[侖]
车[車]	E	[彙]	来[來]	罗[羅]
齿[齒]	尔[爾]	会[會]	乐[樂]	

---

① 长：四笔。笔顺是：丿一七长。
② 尝：不是赏的简化字。赏的简化字是赏（见第三表）。
③ 四川省酆都县已改丰都县。姓酆的酆不简化作邦。
④ 将：右上角从夕，不从夕或⺈。
⑤ 壳：几上没有一小横。
⑥ 丽：七笔。上边一横，不作两小横。

M	迁[遷]	岁[歲]	严[嚴]	专[專]
马[馬]①	佥[僉]	孙[孫]	厌[厭]	简化偏旁
买[買]	乔[喬]	T	尧[堯]⑫	讠[言]⑭
卖[賣]②	亲[親]	条[條]⑧	业[業]	饣[食]⑮
麦[麥]	穷[窮]	W	页[頁]	昜[易]⑯
门[門]	区[區]⑥	万[萬]	义[義]⑬	纟[糸]
黾[黽]③	S	为[爲]	艺[藝]	収[臤]
N	啬[嗇]	韦[韋]	阴[陰]	芇[𦰩]
难[難]	杀[殺]	乌[烏]⑨	隐[隱]	𭕄[臨]
鸟[鳥]④	审[審]	无[無]⑩	犹[猶]	只[戠]
聂[聶]	圣[聖]	X	鱼[魚]	钅[金]⑰
宁[寧]⑤	师[師]	献[獻]	与[與]	𰀁[學]
农[農]	时[時]	乡[鄉]	云[雲]	𦍌[𦏲]⑱
Q	寿[壽]	写[寫]⑪	Z	圣[巠]
齐[齊]	属[屬]	寻[尋]	郑[鄭]	亦[䜌]
岂[豈]	双[雙]	Y	执[執]	呙[咼]
气[氣]	肃[肅]⑦	亚[亞]	质[質]	

---

① 马：三笔。笔顺是：乛马马。上部向左稍斜，左上角开口，末笔作左偏旁时改作平挑。
② 卖：从十从买，上下从士或土。
③ 黾：从口从电。
④ 鸟：五笔。
⑤ 作门屏之间解的宁(古字罕用)读 zhù(柱)。为避免此宁字与寧的简化字混淆，原读 zhù 的宁作㝉。
⑥ 区：不作区。
⑦ 肃：中间一竖下面的两边从八，下半中间不从米。
⑧ 条：上从夂，三笔，不从夊。
⑨ 乌：四笔。
⑩ 无：四笔。上从二，不可误作旡。
⑪ 写：上从冖，不从宀。
⑫ 尧：六笔。右上角无点，不可误作尧。
⑬ 义：从乂(读 yì)加点，不可误作叉(读 chā)。
⑭ 讠：二笔。不作 言。
⑮ 饣：三笔。中一横折作→，不作→或点。
⑯ 昜：三笔。
⑰ 钅：第二笔是一短横，中两横，竖折不出头。
⑱ 睾丸的睾读 gāo(高)，不简化。

汉语中的外来词

赵 杨

外来词是从其他语言进入本族语的词语,英文名称是 loanword(译自德语 Lehnwort),直译为"借词",即从其他语言中"借来"的词,以前曾被称做"贷词"。"外来词"这一名称来自日语,也是一个外来词。

产生外来词的根本原因是不同文化之间的接触与交流,不管这种接触与交流是在商业层面还是在文化层面,是以和平方式进行还是以非和平方式进行,不同文化之间只要有接触和交流,就会在彼此的语言中得到体现,产生外来词。外来词因此被称为记录文化交往的"化石",不同文化之间的"使者"。

接触和交流可在不同层面上进行,可以是较低层面的产品交流,也可以是较高层面的思想文化交流。这两类不同形式的交流产生了两类外来词:一类是专名外来词,是指一种语言文化中的人物、事物进入本族语;另一类是通名外来词,也称概念外来词,是指一种语言文化中的概念传入本族语。本族语对于外来词也不只是消极地接受,它一定会在语音、构词、语义等方面对其进行本土化改造,使其符合本族语的要求,专名外来词和通名外来词之间的界限也因此会变得模糊。比如"桑拿",本是专名外来词,但是在"桑拿天气"中,它却以概念形式出现了。

华夏文明是在与其他文化交流融合的过程中发展起来的,作为交流与融合的自然结果,外来词从古至今从不同源头进入汉语。华夏文明具有很强的包容性,汉语作为华夏文明的一个载体,也以海纳百川的胸怀从各方面吸取营养,外来词的数量因此非常可观。实际上,我们在衣食住行方面每天都要跟外来词打交道:吃"汉堡",喝"芬达",骑"摩托",洗"桑拿",打"保龄",弹"吉他",看"DVD",泡"酒吧",唱"卡拉OK",练"瑜伽",生活中充满了外来词。说得重一点,离开了外来词,我们甚至会出现表达障碍,因为有些常用概念也是外来词,比如"乌托邦"、"科学"、"形而上学"等。我们之所以不把它们看做外来词,是因为它们已经成为汉语的一个组成部分。

一、汉语外来词的来源

在历史长河中,不同语言的词语源源不断汇入汉语,从地理和文化来看,汉语外来词主要有以下几个源头。

1. 古代西域

西域在中国古代文献里指的是玉门关以西的广大地区,有狭义和广义之分。狭义上指玉门关、阳关以西,葱岭以东,即今巴尔喀什湖东、南及新疆广大地区;广义的西域是指凡是通过狭义西域所能到达的地区,包括亚洲中、西部、印度半岛等。

西域文化与汉文化早在秦汉时期就有接触。公元前138年,汉武帝派张骞出使西域,公元60年和124年,东汉分别派班超和其子班勇出使西域。汉朝与西域的往来开辟了闻名世界的丝绸之路,促进了东西方之间的经济文化交流。作为交流的必然结果,西域的物产、艺术、宗教等传入中原,并在汉语中留下了诸多印记。在物产和物种方面,黄连、胡瓜(黄瓜)、胡麻(芝麻)、胡豆(蚕豆)、胡蒜(大蒜)、胡桃(核桃)、胡萝卜、胡椒、葡萄、苜蓿、石榴、西瓜、橄榄、菠菜、芦荟、茉莉、胭脂、没(mò)药、鸦片、珊瑚、玛瑙、祖母绿、琥珀、骆驼、狮子等均来自西域;在工艺材料和工艺品方面,来自西域的有琉璃、玻璃、珐琅等;在乐舞方面,胡琴、箜篌、琵琶、唢呐等乐器和柘枝舞等一些舞蹈也来自西域。

汉代把西域或中原以外非汉族地区、非汉族部落统称为"胡",因此很多从这些地区传入的物产都有一个"胡"字,如胡瓜、胡麻、胡桃等,这些名称在历史发展中经过变化,变成了今天的黄瓜、芝麻和核桃。

来自西域的词语大多是以音译的形式进入汉语的,由于这个缘故,这些词在具有固定的形态之前,曾有很多种写法,如"葡萄"曾做"蒲陶、蒲桃、蒲萄、葡陶"和"朴桃"。

2. 其他民族

中国是多民族国家,在历史长河中,各民族都以不同的方式丰富、发展了中华文化,也为汉语的发展提供了营养。

中国历史是各民族不断融合的历史,除汉人政权外,还出现过蒙古人和满人建立的政权。汉语中来自华夏其他民族的词语有很多,如来自藏语的"哈达、唐卡",

来自维吾尔语的"巴扎、冬不拉",来自朝鲜语的"金达莱、阿妈妮"等。由于建立过政权的缘故,来自蒙古语和满语的词语更多。

北京有很多胡同,而"胡同"就是蒙古语,原意为"井、有水的地方"。蒙古族是游牧民族,要想羊肥马壮,就必须在水草丰沛之地放牧,跟着水和草走,因此"胡同"逐渐引申为"居住之地"。元朝建立后,北京成了元大都,北京的街道、小巷自然就成了胡同。除"胡同"外,"戈壁、哈巴狗、猞猁、喇叭、那达慕、敖包"等词也来自蒙古语。"歹"(义为不好、坏)也是蒙古语词语,在现代汉语里已经具有很强的能产性,可构成"歹人、歹意、歹毒、好说歹说、为非作歹"等众多词语。

由于满族发源于东北,满族建立的清朝定都北京,满族词语在北京方言和东北方言中留存较多。比如北京方言中的"胳肢(指挠痒使人发笑,或让人难受、为难)、压步(指散布)、喇忽"(指疏忽、粗心),东北方言中的"埋汰(指肮脏)、瘆(指吓人)、洛索"(本指春雨连绵,后引申为不利索,即今"啰嗦"之来源)等。萨其马本是满族的传统糕点,"萨其马"一词来自满语。

3. 印度

中印之间自古交往频繁,玄奘西天取经的故事通过《西游记》在中国家喻户晓,印度对中国的影响主要体现在佛教文化上。佛经的翻译使大量的佛教词语从梵文进入汉语,也有的佛经译自其他文字,如巴利语、吐火罗语等。由于佛教在中国的广泛传播,佛教词语渗透到生活的方方面面,以至于我们在用"觉悟、忏悔"等词语时,已经意识不到这些词原来是佛教词语。

汉语中的佛教词语大致可分为四类。第一类是有关佛国和地狱的词语,如"佛、阿弥陀佛、弥勒佛、菩萨、罗汉、魔、罗刹、夜叉、阎罗"等;第二类是有关僧侣和信众的词语,如"和尚、僧、沙门、比丘、比丘尼、沙弥、沙弥尼"等;第三类是有关佛教建筑的词语,如"刹、塔、浮屠"(塔的又一名称)等;第四类是有关佛教行为、物品和教义的词语,如"涅槃、舍利、瑜伽、袈裟、梵、偈、禅、忏悔、劫、痴、刹那"等。

佛教对中国文化的深远影响,使得许多佛教词语成为日常词语,在成语中也能随处看到佛教词语的身影,如"邪魔外道、在劫难逃、大彻大悟、痴心妄想"等。与佛教有关的成语和俗语就更多了,如"半路出家、前因后果、无事不登三宝殿、不看僧面看佛面"等。有些佛教词语具有很强的构词能力,如"魔"可组成"魔力、魔术、魔法、魔窟、魔头、魔掌、魔方、魔杖、病魔、妖魔、着魔"等词语。

4. 西方

中国与欧洲之间的频繁交往是在16世纪以后。16世纪以前,中欧之间只能通过西亚、中亚、南亚间接交往,或者通过欧亚大陆的陆上路线接触。16世纪以后,由于欧洲各国航海事业的发展和海外殖民的扩张,欧洲人得以从海路来到中国,来华人数也比以前大大增加了,中西方开始了全面接触,汉语中出现了大量来自西方语言的外来词。

随着基督教传入中国,有关基督教的词语进入汉语,如"耶稣、基督、弥赛亚、玛利亚、弥撒、阿门、哈利路亚、撒旦、亚当、夏娃、伊甸园、诺亚、巴别塔、犹大、洗礼、受难、复活"等,其中有些词语译自希腊语、拉丁语,有些译自希伯来语。有些词语的使用范围已经超越宗教成了常用词语,如"经受了洗礼"中的"洗礼"。

除基督教词语外,西方语言中许多有关科学技术及产品、文化艺术、政治经济、日常生活等词语也大量进入汉语,如:

科学、技术及产品类:

雷达(radar)、声呐(sonar)、镭射(laser)、马赛克(mosaic)、卡路里(calorie)、马达(motor)、泵(pump)、阀(valve)、麦克风(microphone)、吉普(jeep)、水门汀(cement)、卡宾枪(carbine)、来复枪(rifle)、加农炮(canon)、歇斯底里(hysteria)、杯葛(boycott)、凡士林(vaseline)、苏打(soda)、尼古丁(nicotine)、维他命(vitamin)、吗啡(morphine)、海洛因(heroin)、阿司匹林(aspirin)、荷尔蒙(hormone)、扑热息痛(paracetamol)、盘尼西林(penicillin)。

文化、艺术、体育类:

幽默(humour)、图腾(totem)、拷贝(copy)、卡通(cartoon)、蒙太奇(montage)、吉他(guitar)、探戈(tango)、华尔兹(waltz)、伦巴(rumba)、马拉松(marathon)、乒乓球(ping-pong)、扑克(poker)、高尔夫(golf)。

政治、经济类:

乌托邦(Utopia)、赛恩思(science)、德谟克拉西(democracy)、沙文主义(chauvinism)、法西斯(fascism)。

日常生活类:

克拉(carat)、夹克(jacket)、尼龙(nylon)、酒吧(bar)、香槟(champagne)、

白兰地(brandy)、威士忌(whisky)、朗姆酒(rum)、巧克力(chocolate)、冰淇淋(ice cream)、咖啡(coffee)、布丁(pudding)、三明治(sandwich)、派(pie)、吐司(toast)、沙拉(salad)、巴士(bus)、桑拿(sauna)、摩登(modern)、沙发(sofa)、雪茄(cigar)。

由于西方在近现代科技、文化方面的优势地位,汉语从西方语言中引进的词语很多。改革开放以来,中西方交流频繁,大量西方词语(主要是英文词语)进入汉语,如:

酷(cool)、艾滋病(AIDS)、克隆(clone)、基因(gene)、厄尔尼诺(西班牙语El Niño)、敌杀死(decis)、托福(TOEFL)、雅思(IELTS)、托业(TOEIC)、比基尼(bikini)、T恤衫(T-shirt)、迷你(mini-)、涤纶(dacron)、汉堡包(hamburg)、比萨饼(pisa)、奶昔(milkshake)、热狗(hot dog)、泊车(park)、香波(shampoo)、维萨卡(Visa)、迪斯科(disco)、蹦极(bungee)、呼啦圈(hula hoop)、拉力赛(rally)、秀(show)、脱口秀(talk show)、丁克族(DINK)、粉丝(fans)、黑客(hacker)。

5. 日本

中日两国是邻国,汉文化曾对日本产生过巨大影响,直至今日,汉字在日语中仍占有很大比例。

18世纪60年代至90年代,清政府开展了以富国强兵为目的的洋务运动,介绍西方的文化和科技,兴办实业。当时许多西方典籍已经被译成日文,因此一些西方著作不是从西文而是由日文转译成汉语,以日文汉字形式出现的词语于是进入汉语,如:

保健、本质、成分、抽象、电话、调查、定义、动物、独裁、对象、法律、范围、方法、方式、分析、分子、封建、否定、否认、概括、概念、感情、干部、革命、个人、工业、共产党、共产主义、共和、固定、关系、观点、观念、国家、规章、好奇心、会话、会谈、积极、计划、技术、记录、纪律、间接、健康、讲演、讲座、讲师、交换、交通、教育、阶级、接吻、节约、解决、进化、经济、经验、精神、俱乐部、绝对、科学、肯定、空间、劳动、理论、理想、利益、恋爱、了解、领海、领空、领土、逻辑、美术、美学、民主、民族、目的、目标、内容、能力、偶然、评价、普通、企业、气氛、前提、侵犯、权利、权威、人格、人权、人文主义、商业、社会、社会学、社会主义、社交、社团、申请、神经、神经过敏、神经衰弱、审判、审问、生产、生产力、生理、生殖、剩余价值、施工、施行、时间、实践、世界观、手工业、输出、输入、说明书、所得税、索引、摄影、特权、特务、体操、体育、条件、同情、投资、温度、文化、文明、文学、舞台、物理、物质、喜剧、系列、系统、细胞、细菌、现实、现象、现状、宪法、相对、想象、象征、消化、消极、小说、效果、协定、协会、心理、信号、信用、刑法、形而上学、行为、宣传、选举、学士、学位、研究、演出、演奏、遗传、艺术、意见、印象、营养、左翼、右翼、预算、元素、原理、原则、原子、运动场、杂志、哲学、政策、政党、政府、政治、知识、直观、直接、直觉、植物、制裁、质量、终点、主观、主人公、主食、主义、注射、专卖、资本、资本主义、资料、自律、自然、自由、宗教、综合、总理、组织、作品、最惠国。

从这些词语看出，以日文汉字形式进入汉语的词语数量惊人。据统计，我们今天使用的社会和人文科学方面的名词术语，有70%是以日文汉字形式引入汉语的。

6. 其他

除上述源头外，汉语中还有许多来自其他语言的外来词，如有关伊斯兰教的"安拉、伊斯兰、穆斯林、哈里发、阿訇"等词语，以及来自俄语的"苏维埃、喀秋莎、拖拉机、卢布、布拉吉"等词语。

二、外来词在汉语中的形态表现

外来词兼具两种语言的特点，它既有外族词语的影子，又要符合本族语的语音、构词要求。汉语中的外来词主要有以下几种形态。

1. 音译

所谓音译就是根据读音将外来词引进本族语，这当然要受制于本族语的语音要求。音译外来词较多地保留了外来词的原有读音，因此大多比较容易辨认。通过音译进入汉语的外来词有很多，如前文提到的来自西域的词语及来自近现代西文的词语如"克隆、镭射、马赛克、迷你、比基尼、迪斯科、桑拿、脱口秀、酷、马达、柠檬、巧克力、沙发、粉丝、伏特加、卡通、咖啡因、图腾、探戈、维他命"等。

2. 意译

所谓意译就是按照语义将词语翻译成本族语,而不拘泥于原词的读音,如"世界语、互联网"等。通过日文汉字进入汉语的外来词大多采用了意译的形式,如"经济、电话"等。

3. 音译兼意译

这类外来词既保留了原词的读音,汉语语义也与原词基本相符,如前文出现的"基因(gene)、香波(shampoo)、蹦极(bungee)、黑客(hacker)"等。由于兼有语音和语义制约,这种形态的外来词数量不多。

4. 音译加意译

这类外来词的特点是把音译和意译结合起来,既有音译成分,也有意译成分,还可以进一步分成两小类,第一类是音译语素加义素,一般是原文部分音译,再加上一个表示意义的汉语语素,如:

啤酒(beer＋酒)、卡车(truck＋车)、卡片(card＋片)、吉普车(jeep＋车)、艾滋病(AIDS＋病)、保龄球(bowling＋球)、拉力赛(rally＋赛)、摩托车(motor＋车)、博客(blog＋客)、汉堡包(hamburg＋包)、沙皇(tsar＋皇)、比萨饼(pisa＋饼)、爵士乐(jazz＋乐)、芭蕾舞(ballet＋舞)、水泵(水＋pump)、酒吧(酒＋bar)。

另一类是一半词语采音译,一半词语采意译,如:

星巴克(Starbucks,星＋bucks)、奶昔(milkshake,奶＋shake)、新西兰(New Zealand,新＋Zealand)、剑桥(Cambridge,Cam＋桥)。

5. 英文字母加汉字

一些从英文进入汉语的外来词保留了原文中的英文拼写或缩写,后面加一个表示类指的汉语语素,如"BP机、T恤衫、PC机、IP电话、B超、X光"等。

6. 直接使用原文

近年来,直接使用原文的外来词原来越多。这些词主要是一些英文缩略语,如

CD、VCD、DVD、DNA、GPS、GRE、IT、MBA、MTV、NBA、UFO、WTO 等。它们也有相应的汉语翻译,但是由于经济原则,人们更习惯于使用英文原文。

三、品牌外来词

品牌外来词是专名外来词的一种。随着中国与外界往来的增多和全球经济一体化,外国品牌已经走入寻常百姓家,成为我们日常生活的一部分。这些外国品牌主要通过原文、音译、借译和转译四种方式进入汉语。

IBM、JVC 等是直接以英文缩略语进入汉语的品牌,这类品牌名称数量不多。

音译是品牌外来词进入汉语的最主要方式。以音译形式进入汉语的外来词可分为两小类:

第一类将品牌名称按照读音译成汉语,不考虑汉语选词的意义。如:

英特尔(Intel)、摩托罗拉(Motorola)、雅虎(Yahoo)、耐克(Nike)、麦当劳(McDonald)、希尔顿(Hilton)、沃尔玛(Wal-Mart)、飞利浦(Philips)、柯达(Kodak)、诺基亚(Nokia)、西门子(Siemens)、伊莱克斯(Electrolux)、科勒(Kohler)、博洛尼(Boloni)、法拉利(Ferrari)、菲亚特(Fiat)、沃尔沃(Volvo)、凯迪拉克(Cadillac)、别克(Buick)、雷诺(Renault)、劳斯莱斯(Rolls Royce)、福特(Ford)、迪奥(Dior)、阿迪达斯(Adidas)。

第二类将品牌名称按读音翻译成汉语后,形成的汉语词语有意义。如:

雅高(Accor)、百思买(Best Buy)、施乐(Xerox)、乐家(Roca)、宜家(Ikea)、家乐福(Carrefour)、奔驰(Mercedes-Benz)、宝马(BMW)、保时捷(Porsche)、悍马(Hummer)、奔腾(Pentium)、可口可乐(Coca-cola)、百事可乐(Pepsi-Cola)、彪马(Puma)、依云(Evian)、百胜(Yum)、赛百味(Subway)、挺拔(Tibhar)、雅芳(Avon)、美宝莲(Maybelline)、玉兰油(Olay)、娇兰(Guerlain)。

第二类音译词一般选择能够凸显产品特点的词语,在某种程度上来说品牌本身也是一种广告,如"奔驰"汽车、"赛百味"快餐、"家乐福"超市、"宜家"和"乐家"家具、"玉兰油"化妆品、"依云"矿泉水、"挺拔"运动服装等。由于这些外来词追求意义,有些词的中文译名与原文读音相差较大。

第三种是借译。这一类品牌都是由两个以上词素构成的,翻译时将每个词素译成对应的汉语,属于意译的一种,如:

微软(Microsoft)、伊丽莎白酒店(Elizabeth Hotel)、维多利亚的秘密(Victoria's Secret)。

第四种是转译,即摆脱品牌词语的语音和语义限制,选择比较好的汉语词语作为品牌,如:

雪碧(Sprite)、背靠背(Kappa)、海飞丝(Heads & Shoulders)、飘柔(Rejoice)、碧浪(Ariel)。

选择转译品牌有市场和消费心理方面的考虑,如 sprite 本义是小精灵,直译恐不符合消费者心理。用"雪碧"做品牌,会让人联想到干净凉爽,显得很美。再比如,Heads & Shoulders 如直译是"头和肩",没有任何美感,也不像是一个品牌,因为这是一个洗发液的品牌,"海飞丝"(海里飞丝)就显得很美。

四、外来词的汉化途径

外来词兼具两种语言的特点,但如果要在本族语中扎根,大多要经历本土化过程。汉语中的外来词主要通过以下三种方式实现本土化。

第一种方式,由音译转向意译。有些外来词最初以音译形式进入汉语,后来意译形式出现并且逐渐占据优势,音译形式慢慢退出历史舞台,如:

德谟克拉西—民主、赛恩思—科学、伯尔玺天德—总统、德律风—电话、布拉吉—连衣裙、水门汀—水泥、爱斯不难读—世界语、罗曼蒂克—浪漫、盘尼西林—青霉素、格朗玛—语法。

这些意译词语有些由日文汉字进入汉语,如"科学"和"电话"。意译的外来词更符合汉语的语音和构词特点,更容易被接受和使用。

第二种方式,增加外来词的表意性。大多数汉字是形声字,因此外来词汉化的一个重要方式就是使用形声字或造出形声字,在字形和字义上赋予外来词与其他词语平等的地位。如前文所述,"葡萄"曾有"蒲陶、蒲桃、蒲萄、葡陶、朴桃"等写法,但后来固定为"葡萄"——由两个形声字构成的联绵词,"匍"和"甸"表示读音,草字头表示意义,已经看不到外来词的痕迹了。"苜蓿、橄榄、柠檬、芦荟、茉莉、胭脂、玛瑙"等也都是由形声字构成的联绵词,这些词早已成为汉语大家庭的成员了。

第三种方式,赋予外来词以能产性,使之具有构词能力,能够与其他词一起构成新词或者成语。前文提到的来自梵文的"魔"和来自蒙古语的"歹"就是这样具有能产性的外来词。再比如,"巴士"中的"巴"字可以构成"大巴、中巴、小巴"等词,"酒吧"中的"吧"字可以构成"水吧、聊吧、氧吧、书吧、泡吧"等词语,这些词已经具有能产性。

随着通信手段和交通工具的不断进步,不同国家、地区之间的交往越来越密切,外来词数量也在不断增加,不同语言之间我中有你,你中有我。汉语中的外来词让中国与世界、中华文化与其他文化贴得更近,使华夏文明更加丰富多彩。

参考文献

1. 刘正琰、高名凯、麦永乾、史有为《汉语外来词词典》,上海辞书出版社,1989。
2. 史有为《外来词——异文化的使者》,上海辞书出版社,2004。
3. 杨锡彭《汉语外来词研究》,上海人民出版社,2007。

汉语中的禁忌语和委婉语

杨德峰

汉语中有大量的禁忌语和委婉语。所谓禁忌语，就是忌讳说的话或词语，也就是人们不喜欢听到或不愿意听到的话或词语。为了把这些话或词语的意思表达出来，委婉语就应运而生了。所谓委婉语，就是用比较温和、曲折的方式来表达所要说的人、事物或现象等，这是交际的需要，也是礼貌的表现。

一、汉语中的禁忌语和委婉语

汉语中的禁忌语和委婉语涉及面非常广，可以说无处不在。下面我们从性行为、排泄、身体缺陷、死亡、不良社会现象、职业、日常生活等几个方面分别加以介绍。

1. 性行为、排泄方面

在中国，从古至今认为，性乃至于与性有关的一切，都是忌言的东西，正因为如此，日常交际中是绝对忌讳这一类字眼，取而代之的是一些委婉的说法。如"发生性关系"说成"发生了关系"；"做爱"说成"同房、房事"；女人怀孕，不直接说怀孕，而说"有喜"或"有了"。老舍的《骆驼祥子》中就有这样几句对话：

"祥子！"她往近凑了凑："我有啦！"

"有了什么？"他一时蒙了。

"这个，"她指了指肚子，"你打主意吧。"

虎妞与祥子发生关系后，虎妞想借自己怀孕来要挟祥子，以达到与自己结婚的目的。但是，由于虎妞与祥子没有结婚，属于未婚先孕，在当时，对于一个大姑娘来说，是再羞耻不过的事情了。虽然虎妞在那个年代属于"开放"的女性，但是仍不好意思直说，而用"有啦"来代替"怀孕"。

有时候,对怀孕的说法说得比"有了"更委婉,《高级口语》(上)(陈如等编著,华语教学出版社,1989)第一课《隔墙对话》中有这样一段对话:

(韩冬)天天忙,月月忙,结婚半年了,你哪天正点下过班?家里的事你管过吗?买粮买菜,洗衣做饭,全是我的事。我都两个月了……

什么两个月了?……,明白了,明白了。

其中的"两个月了"实际上就是"怀孕两个月了"的委婉说法,显然后者比前者要委婉得多,甚至委婉得让别人难以猜测到它的真实含义。

"怀孕"还有一个文雅、委婉的说法,叫"身怀六甲"。古代用"甲、乙、丙、丁、戊、己、庚、辛、壬、癸"十天干和"子、丑、寅、卯、辰、巳、午、未、申、酉、戌、亥"十二地支相配,组成六十个干支用来纪日,相传六个"甲"字打头的日子妇女容易怀孕,因此就有"身怀六甲"的说法。

"去厕所"是人们的正常需求,但是在公众场所,尤其是吃饭的时候,用"方便一下"就比"去厕所"更能让人接受。另外,"厕所"还有一种诙谐的说法:

弟兄们,今儿中午吃猪肉包子,快到1号清清肚里的食吧。

(老鬼《血色黄昏》)

上例中的"1号"也是厕所的代名词。

对于女人来说,来月经与男人的遗精同样难以启齿,让人脸红,因此,除在医院里等少数场合外,一般是绝对不用的,取而代之的是"例假、倒霉了、跑马"等一类的说法,后者显然比前者委婉、隐晦得多,也文雅一些。

"例假"是新中国成立后出现的新词,它记录了社会生活的新变化。因为新中国成立以后,中国的工厂实行劳动保护,女性工作人员遇到月经来潮时,如需要,可以请几天假,假期内工资照发,所以称做"例假"。"我来例假了"并不是真的要放假,可以轻松轻松,实际上是"受罪"的开始。"倒霉"是一种比较新的说法,妇女之所以把来例假称做"倒霉",大概与"例假"带来的生理不适与行动不便有关。英美等英语国家的人把"例假"称做"blue day",意思为"忧郁的日子",显然与汉语的"倒霉"有异曲同工之妙。

2. 身体缺陷方面

身体有缺陷是痛苦的事情,它不仅给残疾人带来诸多不便,也在残疾人心灵上留下了创伤。正因为如此,交际中,倘若直言别人身体缺陷,对于中国人来说,无疑是打别人的耳刮子,揭别人的伤疤,别人就会跟你急。不信就来看看鲁迅笔下的阿Q:

> 阿Q"先前阔",见识高,而且"真能做",本来几乎是一个"完人"了,但可惜他体质上还有一些缺点。最恼人的是在他头皮上,颇有几处不知起于何时的癞疮疤。这虽然也在他身上,而看阿Q的意思,倒也似乎以为不足贵的,因为他讳说"癞"以及一切近于"赖"的音,后来推而广之,"光"也讳,"亮"也讳,再后来,连"灯、烛"都讳了。一犯讳,不问有心与无心,阿Q便全疤通红的发起怒来,估量了对手,口讷的他便骂,气力小的他便打。然而不知怎么一回事,总还是阿Q吃亏的时候多。于是他渐渐的变换了方针,大抵改为怒目而视了。

阿Q有一个身体缺陷,那就是头上有一些癞疮疤,别人说到"癞"或与之相关的词语时,他就觉得别人是在嘲笑他,于是他就会跟人家急。连阿Q都忌讳别人提到自己身上的缺陷,别人就更不用说了!

为了避免给残疾人带来伤害或不良影响,日常生活中产生了一些委婉的说法。"秃"难听,于是有了"谢顶"。"胖"在过去人们普遍贫穷的年代,并不见得是坏事,"发福"就是一个很好的证明,"发福"实际上就是"发财、发迹"等词语的翻版。何谓"福","福"就是"幸福、福分"的意思,能够胖起来,就是"福分",是幸福的事,说明自己的生活好,别人粗茶淡饭,自己是大鱼大肉,何等的优越!但是现在则不同了,改革开放以后,人们的生活水平大大地提高了,"胖"不再是可望而不可求的事情了,人们不仅怕胖,而且忌讳别人说自己胖,所以就用"发福"来委婉地表达了。胖人一般都有一个大肚子,颇不雅观,"将军肚"也就应运而生,于是胖人多少又找到一些平衡。"瘦"在过去意味着营养不良,也意味着不美,所以有"苗条"出现。"瘸子"和"跛子"是比较难听的字眼,人们常常用"腿有点儿不方便"或"腿脚有些不方便"来代替它。"眼睛瞎了"代之于"双目失明","耳朵有点聋"叫"重听","说话结巴"叫"口吃","傻、呆"称做"低智、智障","哑巴、聋子"叫做"聋哑人"。总之,人们遇到这样的问题时,一般是尽力说得委婉一些,以免对方难堪。

3. 死亡方面

汉语中关于"死亡"的委婉语非常丰富,像"亡、故、卒、仙逝、升天、驾崩、作古、归西、归天、去世、逝世、谢世、过世、永诀、永别、永眠、长眠、牺牲、就义、自裁、自尽、投水、悬梁、自刭、遇难、寻短见、百年、夭折、三长两短"等等，这些词语基本上成了死亡的代名词，但是作用或用法并不完全相同，分别适用于不同的场合或不同的人。例如：永诀、永别，多用于行将就义的场合。就义，则多用于为正义事业被敌人杀害。逝世、谢世、过世，则用于一般的人。牺牲，则用于为公众的利益或为正义的事业而死去。

有些则表示死亡的不同原因，像"自裁、自尽"为自杀，"自刭"表示刎颈自杀，"投水"表示跳河自杀，"悬梁、自经"表示上吊自杀，"遇难"表示遇到灾难而亡，"遇刺"表示被暗杀，等等。

还有些词语适用于不同年龄的人，"百年"用于老人，"夭折"用于婴幼儿。凡此种种，不一而足。人们之所以把"死"字隐去，代之于委婉语，主要是为了怀念死者，有时也是为了赞美死者，但是更多的时候只是为了避免提起"死亡"这个可怕的字眼。

4. 不良社会现象方面

社会中存在的不良现象，人们一般持厌恶的态度，但是在某些场合或因为不愿提及，或因为不好意思，也产生了一些委婉语。"小偷"是一个含有厌恶、贬斥色彩的词，在某些场合，人们不用"小偷"，而用"三只手"或"手脚不干净"来代替有这种行为的人，甚至还有"梁上君子"的雅号。在中国，进监狱或坐牢是见不得人的事，所以也有一些委婉的说法，像"进去了、进宫、进局子、喝稀饭"等等。如果一个人屡犯屡被抓，第二、三次进去叫做"二进宫、三进宫"，如果犯下死罪被执行枪决称做"吃黑枣"。犯了错误或犯了罪，美其名曰"失足、出事了"。中国对青少年罪犯非常关心，为了便于他们的改造，以便让他们重新做人，所以有"失足青少年"之说，这也体现了社会对它们并不抱歧视的态度。吸毒、抽烟厉害的人，称之为"瘾君子"；"绑架"是一种恐怖行为，"绑票"就应运而生；被绑架的人被杀死称做"撕票"。通过不正当的手段达到某种目的叫做"走后门"，遇事互相推诿称做"踢皮球"，政府办事效率低叫"公文旅行"，"行贿"美其名曰"送红包"，把非法得来的钱款通过存入银行改变性质变成合法收入叫做"洗钱"，用花言巧语骗人称做"忽悠"，顺手偷走别人的东西叫做"顺手牵羊"。过去称妓女为"交际花"，现在又有"小蜜"、"小姐"之说，近些年又时兴起"包二奶"等一类的说法。"性骚扰"现在是一种社会问题，女性多半是受害者，因此戏称为"吃豆腐"。当今社会中有已婚或未婚男女爱上另一个已婚的女人或男人的现象，在中国人看来，这是一种让人看不起或让人唾弃的行为，因为这种男人或女人被视为"坏女人"或"坏男人",但是,一般情况下,人们并不用"坏女人"或"坏男人"来指称它们,而用更委婉、更文明的"第三者、情人"来代替,这些委婉语的出现,不仅能够避免使人难堪,而且也体现了人们思想上的变化——反传统。

5. 职业方面

由于受传统观念的影响,在人们心目中,职业也有三六九等、高低贵贱之分,因此语言中自然就形成了两套说法:一种比较委婉、文雅,另一种却带有轻视、看不起的意思。

教师这一职业,本来是一种很高尚的职业,但是由于受"文化大革命"的影响,"知识越多越反动",因此,教师这一职业自然就没有什么地位了,所以就产生了"教书匠、臭老九"之类的说法。改革开放以后,教师的社会和政治地位都得到了提高,但是由于教师的收入比较低,因此又产生了"穷教书匠"这种说法。在一些人的心目中,教师不仅穷,而且也被人们看不起,因此又产生了"教书的"之类的说法。随着国家对知识的重视,以及教师地位的进一步提高,社会上又出现了"辛勤的园丁、灵魂工程师"等一类委婉的说法。

除教师这一职业以外,实际上许多职业都有类似的区别。汉语中许多职业都有两种说法,例如:

> 邮递员—送信的、保安—看门的、厨师—做饭的、美容师—理发的、裁缝—做衣服的、环卫工人—扫大街的。

实际上前者较之后者,都可以说是一种委婉的说法。

6. 日常生活方面

日常生活中,也有很多委婉语。北京人冬天烧煤取暖,冬天一到,很多家庭就开始忙着买煤,但是,送煤的师傅一般不说给某某人送煤来了,而说"送烧的",因为"煤"和"倒霉"中的"霉"同音,人们害怕给自己带来不吉利。例如:

> 今儿个,大成把板车推进院子,只喊了一句:"大妈,我给你送烧的来了!"人家不说"送煤",因为这个"煤"字与"倒霉"的"霉"字一个音,老人听了不高兴。

(郑万隆、李晓明《渴望》)

春节在别人家里做客,主人家里的茶太苦,但是千万不能说"苦",而应该说"浓"。送别人礼物,像"鞋",不说"送鞋",而说"送穿的"。在中国,没有钱是容易被别人看不起的,所以"手头缺钱"不说"缺钱",而说"手头紧"。

"那个"本来是一个指示代词,但日常生活中却常常用做委婉语,例如:

哦,我这么说,你别生气,这倒不是说你有不够条件的地方,就是你……唉,怎么说呢?就是你那张嘴巴……太那个了。

(《作品与争鸣》1986 年 9 期)

这……有人反映凌玲作风有点那个。

(刘学强《深圳女强人》)

以上两个例子中的"太那个了"和"有点那个"其实都是委婉语,它们分别表示"太坏、不好",但是说话人觉得直接说"坏"或"不好"不合适,所以就用了委婉语。

中国人很好面子,被别人拒绝叫做"吃了闭门羹",不要脸或不知羞耻是"脸皮厚",说错了话叫做"失言",做出不符合身份的举动是"失态",说大话是"吹牛、夸海口",隐晦的批评是"微词",不和睦是"反目",死不承认错误是"嘴硬",到处搬弄是非的妇女是"长舌妇",占别人的便宜叫"揩油",盗贼改邪归正叫"洗手",网球或羽毛球运动员退役叫"挂拍",足球运动员退役叫"挂靴",警告叫"亮黄牌",罚出场叫"亮红牌",受到严重的挫折称做"碰壁",受伤叫做"挂彩",嫉妒叫做"眼红",花钱没有节制为"大手大脚",办事粗心大意为"毛手毛脚"。

二、禁忌语和委婉语的地区性

以上是一些通用的禁忌语和委婉语,实际上,禁忌语和委婉语存在着地区差异,不同的地区,往往有自己的禁忌语和委婉语。

过去北京忌用"蛋"字,因此很多词语中就不用"蛋"字,像"鸡子、松花、炒木樨肉"等,"蛋"只出现在一些贬义词中,像"坏蛋、王八蛋、滚蛋、混蛋"等等。

山东人忌讳醋,因为"醋"与"错"音近,所以"醋"在山东称做"忌讳"或"甜子"。

广东人把"猪舌头"称做"猪俐",因为"舌"和"折本"中的"折"同音,怕影响自己的生意。

四川话中"舌"与"蚀本、蚀财"的"蚀"谐音,所以把"猪舌、牛舌"称做"猪招财、牛招财"。

香港对中、老年人忌称"伯父、伯母",因为与"百无"谐音,"百无"意思为"一无所有",因此无论商人、公职人员或是普通家庭妇女都忌讳这种称呼,"伯父、伯母"分别称做"伯伯、伯娘"。

河南驻马店有一座山名叫确山,"确"在当地方言中有"坑、骗"的意思,生意人害怕被"坑、骗",忌说"确山",改称"顺山",以求吉祥,避免破财。

在沿海地区,吃饭的时候,如果有鱼,则不能说"翻",因为当地的渔民最怕出海的时候翻船,怕由此给自己带来厄运。姓"陈"也不说姓"陈",而说姓"耳、东",因为"陈"和"沉"同音,而"沉"又是"沉船"的意思。

凡此种种,不一而足。虽然各地都有自己的禁忌语和委婉语,但这些禁忌语和委婉语有一个共同特点,那就是趋利避害,体现了人们对美好生活的追求和向往。

参考文献

1. 王雅军《实用委婉语词典》,上海辞书出版社,2006。
2. 杨德峰《汉语与文化交际》,北京大学出版,1999。

汉语成语里的文化

张利满

语言与文化从来都是密不可分的,成语与文化更是息息相关。汉语成语在漫长的流传和使用过程中,积淀、保存了大量中国传统文化,是传统文化的结晶。汉语成语中凝结了历史、地理、文学、艺术、建筑、军事、宗教、礼俗等多方面的文化信息。可以说,学习汉语成语可以为了解中国文化提供一条捷径。

但是,外国学习者在学习成语的过程中,由于跨文化的差异,对有些成语内容比较陌生,或者与本民族文化存在差异,因此不易理解甚至引起误解,成为学习成语、了解中国文化的障碍。这些障碍主要体现在两个方面:一是成语中包含的事物中外含义不同,由此导致对该成语意义理解产生影响,这类成语可称之为"差异文化成语";二是成语中包含的事物为中国特有,对外国学习者来说比较陌生,这类成语可称之为"特有文化成语"。下面就从学习者角度出发,以跨文化理解为目的,谈谈这两种成语里的中国文化。

一、差异文化成语

不同民族赋予同一事物的文化内涵可能并不相同,与此有关的词语联想义也就不同,体现了不同民族的文化差异。语言学者及文化学者对此进行了大量研究,如动物、植物、颜色、体态等等。由于意义的凝定性,汉语成语更能凸显某一事物的文化内涵。

(一)与动物有关的成语

1. 龙

"龙"是重要的中国文化符号,虽然在英语中译成"dragon",事实上,龙和

dragon 是两种完全不同的动物。除了外观形象不同,二者的象征意义也有很大差别。在中国文化里,龙是传说中的一种神奇的动物,能腾云驾雾飞上天,但不是像 dragon 一样长着翅膀;龙又生活在水中,是掌管雨水的神灵,能为人类带来生命中不可缺少的雨水,而不是像 dragon 一样吐火,贻害人间;龙身形长,因此有成语"车水马龙"来形容路上车马络绎不绝,又有"来龙去脉"形容山势走向,而 dragon 却不强调这一特征。因此,严格说来,与龙有关的成语不属于"差异文化成语"一类,而更倾向于"特有文化成语"。

(张利满摄于北京北海公园九龙壁)

龙是远古氏族的图腾,与 dragon 具有邪恶的特征不同,中国人一直把龙作为帝王、力量、男性、高贵、吉祥的象征。源于《周易》的"飞龙在天"即指帝王在位;"龙腾虎跃"则形容如龙飞腾、如虎跳跃的充满力量的活跃姿态;正是由于龙虎能力强大,因此以"卧虎藏龙"比喻深藏不露的人才,"人中之龙"比喻人中豪杰;也由于龙虎的强大,不免给人们带来一些畏惧,因此以"龙潭虎穴"形容不可预知的危险之地。

不但古代的帝王把自己看做是龙,普通百姓也"望子成龙",希望找到"乘龙快婿",而"龙凤呈祥"自然是婚礼等喜庆吉祥的代称。

2. 凤、麟

在中国古代文化里,麟、凤、龟、龙称为"四灵",是吉祥如意的象征。除了龟是现实中的动物,其他三种都是通过想象创造出来的,寄托着人们的美好愿望。麟又叫麒麟,据传说,它是龙的儿子,人们用"天上麒麟"来称赞别人的儿子有文才。麒麟是代表祥瑞的神兽,麒麟出现,就会天下太平、国富民安。凤常称为凤凰,是百鸟之王,"百鸟朝凤"便由此而来。前面提到了龙是男性的象征,而凤则是女性的象征。麒麟和凤凰都是美好的、不常见的,因此凤凰身上的羽毛、麒麟头上的角自然十分珍贵,"凤毛麟角"就比喻最珍贵、极稀少的人或事物。

3. 鹤

与某些民族将鹤看做是蠢笨的象征不同,鹤是中国人喜爱的动物之一。"鹤立鸡群"形容外表与才能高出常人,"焚琴煮鹤"则是对美好事物的糟蹋。

鹤是长寿的象征,所以与同样象征长寿的松树一起构成"松龄鹤寿、松鹤延年"等。"鹤发童颜"是说老年人的头发像仙鹤羽毛一样白、脸色像儿童一样红润,借此形容老年人气色好、精神旺盛。

鹤又叫"仙鹤",从这个名字就可以看出,鹤与中国的道教有着密切的联系。道教信奉的仙人通常是这样的形象:须发皆白,衣袂飘飘,身形清瘦而神采奕奕,手中一柄如意,身边一只仙鹤。由此,便有一个成语来隐讳说明人已去世:"驾鹤西去。"意思是像仙人一样,骑着鹤离开人间了。

4. 鸳鸯

鸳鸯外形与鸭很相似,因此不熟悉中国文化的外国人将其误认为普通的鸭子便不足为怪。但是鸳鸯总是一雄一雌成对出现,人们根据这种特性,以其代表夫妻,"棒打鸳鸯"便意味着强行拆散一对相爱的人,而"乱点鸳鸯"则比喻胡乱地配合姻缘。在民间传统婚礼上,鸳鸯也是一种常见的喜庆图案。

以上这些动物成语都有着独特的中国文化内涵,而其他很多动物成语,由于该动物在世界上大多数民族中内涵相似,理解起来并不困难。如狐狸象征狡猾,因此会"狐假虎威";狐狸还很多疑,因此说"满腹狐疑"。再如狼象征凶狠残忍,因此"引狼入室"便是比喻自己把坏人或敌人带来。又如虎,象征着勇猛有力量,常和龙并称,如"龙腾虎跃"、"生龙活虎"等。

(二) 与植物有关的成语

1. 松、竹、梅

松树和竹子四季常青,梅花则在寒冬开放,人们喜爱这三种植物不畏严寒、坚贞不移的高尚品格,将其合称为"岁寒三友"。

松树因为永远青绿,所以还是长寿的象征,成语"松柏之寿"即比喻长寿。老人过生日,人们常常会说这样的祝福语:(祝您)福如东海长流水,寿比南山不老松。

2. 牡丹

牡丹被称为"百花之王",自古以来就有花开时节赏牡丹的传统。洛阳牡丹久负盛名,至今仍吸引着大量游人。牡丹也是中国文学和美术作品中的常见题材。唐代著名诗人刘禹锡曾经写诗称赞:"唯有牡丹真国色,花开时节动京城。"成语"国色天香"即指色香俱美的牡丹,后来用以形容女子的美貌。牡丹还象征着富贵,因此,描绘牡丹的美术作品常常带有"花开富贵"的字样,是传统的吉祥图案。

3. 兰、菊

兰花和菊花也是中国人自古喜爱的两种植物。成语"春兰秋菊"本指春天的兰花和秋天的菊花,比喻不同的东西各有其值得称道之处。

兰因香气清雅而受人喜爱:"兰心蕙质"比喻女子心地纯洁,性情高雅;"金兰之交"比喻交情稳固、情投意合的朋友;"芝兰之室"形容良好的环境,孔子曾说"与善人居,如入芝兰之室,久而不闻其香,即与之化矣";而有出息的子弟就像"芝兰玉树",人人都希望他们能生长在自家的庭院中。

兰的生长习性也受人推崇。野生的兰花常常开在山谷之中,因此"空谷幽兰"比喻不为人知的高雅人品。

菊花在百花尽谢的秋天开放,更因著名的山水田园诗人陶渊明十分喜爱菊花,因而人们把菊花看做坚贞、隐逸的象征。古人也把菊花看做长寿的象征。

梅、兰、竹、菊合称为"四君子",人们喜爱的是其清静淡泊、不追名逐利的品格。

（三）与颜色有关的成语

1. 红、白

红色代表着吉祥、喜庆，因此结婚、过年这样的喜庆之时总要用红色装饰；而白色的象征之一是丧事，在传统葬礼上使用白色。"红白喜事"是统称婚礼与葬礼。一般来说，红白喜事中的"白"也不是指所有的丧事，而特指长寿的老人去世，称为"喜丧"。

红色总是与美好的事物联系起来。"大红大紫"形容显赫、得意，名气很大，如今常用来形容非常受欢迎的明星。"满面红光"形容的是心情舒畅、精神健旺的样子，未必真的面呈红色，也无发怒、害羞等义；而"面红耳赤"则确实是形容脸红的样子，多因激动或羞愧，这与英语中的含义是类似的。

2. 紫

"紫气东来"源于道教中老子出关的传说，现用做吉祥的征兆。

由于古代高官带金印、披紫绶，因而与此有关的成语均有高官显位之义，如"腰金衣紫、带金佩紫、紫绶金章"等等。紫色和红色是古代高官的官服颜色，虽然这一传统在现代已经不复存在，但成语却保留了类似意义，如上文提及的"大红大紫"。

但是，紫色在中国传统文化里也不全都是美好的象征，由于它是由红色和蓝色混合而成，因此被认为不是"正色"。"紫色蛙声"指不正之色、不正之曲；"以紫乱朱、恶紫夺朱"都指以邪代正，即作为杂色的紫色扰乱了作为正色的朱红色。

3. 黄

中国古代五行学说认为，黄色是土地的颜色，而天下的土地都归皇帝所有，所以，黄色是皇帝的专用颜色。"黄袍加身"指拥立天子，"黄旗紫盖"指皇帝出世的征兆。

二、特有文化成语

特有文化成语指包含中国特有的事物、行为、观念的成语，这些因素对于学习者而言比较陌生，由此造成了理解障碍。

（一）儒家思想中的价值标准和行为规范

儒家思想是中国传统思想的主流，对中国传统价值观念的形成影响深远。直接源于儒家经典及反映儒家思想的成语为数不少。这些思想观念有的具有普世意义而并非中国独有，但作为一套完整的道德体系加以强调，则是儒家特有的传统。

1. 长幼尊卑

这一成语指辈分大小、地位高低。在中国传统社会中，特别重视尊卑等级，一定不能乱了顺序。尊老敬老是中国优良传统，即使在现代也值得继续发扬；但是，有的尊卑观念却已经不符合时代潮流了，如男尊女卑。

2. 仁义道德

"仁"是儒家思想中最高道德标准，含义广泛，但其核心是人与人之间互相亲善。"仁人君子"受人称道，"为富不仁"则遭人唾弃。面对应做之事要"当仁不让"，甚至为了正义可以"杀身成仁"。

"义"本指公正的道理、正直的行为，是与别人交往时的重要准则。"义"比金钱更重要，所以要"轻财重义"，不能"见利忘义"，也不能"忘恩负义、不仁不义"。"义"甚至比生命都重要，《孟子》中说，如果生命与义不能同时拥有，那么就"舍生取义"。

3. 克己复礼

"礼"是古代社会的典章制度和道德规范，儒家要求人们约束自己，回复"礼"的状态，即"克己复礼"。礼定贵贱尊卑，义为行动准绳，廉为廉洁方正，耻为有知耻之心，"礼义廉耻"是四项重要的道德标准。

在当代社会，强调等级观念的"礼"已不合时宜，如今"礼"指礼仪、礼节。中国作为"礼仪之邦"，做人要"彬彬有礼"，文雅而有礼貌；人与人之间讲究"礼尚往来"，礼节上注重相互往来，正如古人所说"来而不往非礼也"。

4. 言而有信

"信"与"仁、义"一样，也是从古至今一直受到人们推崇的道德准则之一，即诚实、守信用。《论语》中说："与朋友交，言而有信。"与人相处，要"言而有信、言信行果",而不能"言而无信",不能"背信弃义"。

5. 忠孝两全

忠孝观念与等级观念密不可分。传统社会推崇"精忠报国","忠心耿耿、赤胆忠心"是上级与属下都引以为豪的品格。

除了为国家尽忠,为父母尽孝也是重要的道德规范。"父慈子孝"描绘出传统观念中完美的家庭伦理图画,做"孝子贤孙"是子孙后代应尽之事。

此外,对兄长也要尊重敬爱,即"悌",要"入孝出悌",而"孝悌忠信"则涵盖了对父母、兄长、君国和友人的交往准则。

(二)宗族观念

中国是传统的农业社会,自古以来人们就以聚居的方式生活在一起,血缘是最重要的维系人与人之间关系的桥梁与纽带。因此,中国人总是非常重视宗族观念。现有家族成员的幸福,是"列祖列宗"打下的基业,人们要感激、纪念、报答祖先,自己取得了成功,也是一件"光宗耀祖"的大事。

由于家族的重要,保证家族的传承延续就成了重中之重。因此,"传宗接代"就成了传统中国家庭的重大责任。

(三)乡土观念

正是由于农业社会的客观情况及强烈的宗族观念,乡土观念在传统文化中也十分突出。人们"安土重迁",不愿"流离失所、背井离乡",生活在外总会"水土不服"。若已然在外,那么功成名就要"衣锦还乡",年迈之时要"告老还乡",哪怕是离开人世也要"叶落归根",若"客死他乡"则倍显凄凉。人们甚至发挥了动物在这一方面的特性,如"狐死首丘、倦鸟知还",以及由"胡马依北风,越鸟巢南枝"引申而来的"胡马依风、越鸟南栖"。

(四)传统医药学

中国传统医药学从认识人体、诊病、治病到制药用药都体现了明显的特色。

传统中医对人体部位器官有自己的命名，并形成了独特的人体健康理论，体现在成语中如"六脉调和、病入膏肓、六神无主、大动肝火"等。诊病方法即"望闻问切"。治病工具如针砭、治病方法如艾灸，体现在成语中如"针砭时弊、灸艾分痛"等。与制药、用药有关如"灵丹妙药、如法炮制"等。

（五）中国宗教

大约两千年前，佛教便传到中国，并在此后的发展过程中，不断与中国文化融合，不仅创立了禅宗这样的中国化宗派，更因流传范围广、时间长，而与广大民众的日常生活紧密融合在一起。与佛教有关的一般词语和成语融入汉语词汇的海洋中，有的已经很难发现最初的佛教踪迹了。据学者梁晓虹（1993）统计，与佛教有关的成语包括佛教故事、佛教教义、经卷中的比喻、中国化过程中的新创等等，数量非常庞大。学者朱瑞玫（1989）更是总结了与佛教有关的成语并形成专著。在这些佛教成语中，有的已经看不出其宗教来源，如"自由自在、大千世界、当头一棒、心心相印"等，此类成语一般不会构成学习者的理解障碍，但是若能了解其文化背景，也可强化语言学习的深度。而另外一些佛教成语则必须简单了解佛教知识才会助于理解，如"昙花一现、苦海无边、因果报应、万劫不复、四大皆空、六根清净"等。

除了由国外传来的佛教，中国土生土长的道教也留下了很多成语。如"八仙过海、灵丹妙药、炉火纯青、鸡犬升天、得道成仙、长生不老"等。

（六）传统天文历法

1. 星象

成语出现的星辰很多，如北斗星、牵牛星、参商二星等，这些成语如"斗转星移、气冲牛斗、参横斗转、月落参横、参辰日月、动如参商"等。

2. 八卦

从八卦理论起源到后期应用，都与天文历法关系密切。八卦理论富有中国传统文化特色，与其有关的成语不可避免地成为理解障碍。如"否极泰来、朗朗乾坤、扭转乾坤"等，需要首先了解"否、泰、乾、坤"，才能理解整个成语的含义。

3. 干支

中国农历以天干、地支计时。天干地支两两配合，便可得到不同的名称，从而记录不同的年份和时辰。如"寅吃卯粮、子丑寅卯、应名点卯"等。

（七）姓　氏

与其他民族的语言一样，汉语中也有含有姓氏的熟语，如成语"张冠李戴、张三李四、张王李赵、生张熟魏"等。

（八）独有器物

1. 三足鼎立

鼎是古代三足两耳的容器，根据它的形状，用"三足鼎立"来形容三方"势均力敌"的局面。与"鼎"有关的成语还有很多，取其作为容器的本义，有"人声鼎沸、钟鸣鼎食"；取其重大之义，有"大名鼎鼎、扛鼎之作"；取其作为传国宝器之义，有"一言九鼎、问鼎中原"等等。

2. 丢卒保车

"卒"和"车"是中国象棋中的两颗棋子，"车"比"卒"能力更强、作用更大，因此以"丢卒保车"比喻丢掉次要的，保住主要的。另如"丢车保帅、楚河汉界、过河卒子"等。

3. 中西合璧

玉，从古至今一直受到人们的喜爱。在古代，各种各样的玉器都有专门的名称，扁平、圆形、中间有孔的玉叫做"璧"。半圆形的玉叫半璧，两个半璧合在一起叫"合璧"。"中西合璧"比喻把中国的和西方的东西完美地结合起来。

由于璧的外形特点，还产生了一个成语"珠联璧合"，即把珍珠串在一起，把璧合在一起，用来比喻美好的事物聚集在一起。

4. 才高八斗

斗（dǒu），是古代一种量器，一直沿用到现代，最近几十年才渐渐废弃不用。一般来说,斗上下均为方形,上大下小,多由竹木制成,常用来称量米类。南北朝时的谢灵运将天下文才算做一石即十斗,而曹植一人"才高八斗"。

以上是从汉语学习者的角度出发,以举例的形式,简略论述带有跨文化特征的成语里体现的中国文化。事实上,成语里蕴含的中国文化丰富至极,举不胜举,文中难免挂一漏万,只希望能够抛砖引玉,引起教师和学生的兴趣,并做进一步探究。

参考文献

1.《古汉语常用字字典》,商务印书馆,2000。
2. 梁晓虹"汉语成语与佛教文化",《语言文字应用》,1993年第1期。
3. 王涛等《中国成语大辞典》,上海辞书出版社,2007。
4. 朱瑞玟《佛教与成语》,北京经济学院出版社,1989。

孔子与《论语》

厉 琳

一、孔子的生平

孔子(公元前551年—公元前479年),名丘,字仲尼,鲁国人,是中国春秋(公元前770年—前476年)后期思想家、教育家,儒家学派的创始人。

孔子的祖先可以追溯到殷朝。但人们一般说他是宋国贵族的后代,其先祖为了躲避宋国内乱而移居到鲁国。

公元前1046年,周武王讨伐纣王,灭掉了殷朝(盘庚迁都到殷后,商也称做殷)。周王朝分封了众多的诸侯国:黄河下游有宋、卫、齐、鲁、陈、蔡、郑等国;黄河中游有晋、秦、虞、虢等国;长江流域有楚、吴、越等国。其中宋国是当时被灭的纣王的庶兄微子启的封地,微子启的嫡传后代弗父何礼让了国君之位,美名四传。而弗父何的曾孙正考文辅佐了宋国的三朝君主,为人谦恭简朴,十分熟悉古代文献,当时的人也都对他赞不绝口。这弗父何就是孔子的第十代先祖,正考文是孔子的第七代先祖。到了正考文的儿子孔父嘉的时候,宋国发生内乱,贵族内讧,孔父嘉被杀。他的后代因此逃到了鲁国,开始以"孔"作为姓氏。

孔子的父亲名纥,字叔梁。在他之前已有五代生活在鲁国,却都没有什么作为,默默无闻,世袭贵族的特权也早就失去了。但是叔梁纥在鲁国却有些名声。他身强体壮,孔武有力,以英勇无畏的气概立下两次战功,被任命为陬邑大夫,官职虽然不大,却受到世人的仰慕。叔梁纥虽然有了名声,但他并不满意自己的生活。他的妻子姓施,给他生了九个女儿,却没有儿子;他的小妾倒是给他生了一个儿子,却是跛脚。按照当时严格的礼仪规矩,只有身体健康、相貌端庄的男性后代才能祭祀祖先的神灵,身有残缺就不能承担祭祀祖先的重任。叔梁纥年纪已大,却没有个身体健全的儿子,自己百年后岂不是断了祭祀祖宗的人?他很着急,就想方设法尽快再生个儿子。

孔子的母亲叫颜徵在,嫁给叔梁纥的时候只有16岁。颜徵在的父亲叫颜襄,祖上也是贵族,到了颜襄的时候也已经破落,但他自己还是很有文化修养,也教孩子们知书达理。叔梁纥来颜家求亲,颜家的小女儿便嫁给了他。两人年龄相差很大,而且没有经过订婚三年后再嫁娶的礼节便急急忙忙成亲了,这在当时是很受非议的,因为不符合当时的礼仪。在司马迁写《史记·孔子世家》的时候,还把孔子的出生说成是叔梁纥和颜徵在野合的结果。认为这大概是因为叔梁纥年龄太大,不想耽搁时间,希望尽快有个儿子的缘故。

叔梁纥和颜徵在结婚后很希望生儿子,便到曲阜东南方的尼丘山去祷告神灵。公元前551年,他们的儿子真的出生了,这便是孔子——他们为他取名"丘",字仲尼,寓意着在尼丘山祷告来的儿子,是叔梁纥的第二个儿子。后人因此也称孔子为"孔老二"。

孔子的出生使得叔梁纥极为高兴,但好景不长,在孔子3岁的时候,叔梁纥就抛妻弃子过世了。父亲死后,孔子跟着母亲回到了姥爷家生活。因为没有社会地位,又没有父亲,家境贫困,孔子小时候生活自然是艰辛的,妈妈在操持活计之余,严格教育孔子学习谋生技能,演习礼仪,树立志向。孔子还真的特别喜欢用泥巴捏成或圆或方的小碗小盘之类的东西玩,喜欢模仿祭祀时候的那种场合,把泥巴玩具像祭品一样地陈列起来,自己学着行礼。

孔子喜欢这样的游戏,是跟他生活的鲁国文化环境有关系的。周武王灭掉纣王后,把自己的弟弟周公旦封在了鲁。周公旦是一位很有才能的政治家和军事家,也具有丰富的历史文化知识。周王朝的典章制度和礼仪音乐多半是他制订的。他长期在周王朝执政,因此,鲁国是他的儿子伯禽代为国君。伯禽很严格地按照周礼的规定管理国家,使得周礼所代表的文化在鲁国得到很好的保存和发展,素有礼乐之邦美称。到春秋末年,礼乐仍然保持完好。鲁国根深蒂固的礼乐传统对孔子有深刻的影响。

慢慢长大后,孔子为了帮助母亲维持生计,开始从事各种劳动,养成勤劳简朴的习惯,经受困难的磨炼。17岁,孔子又失去了母亲。他不知道父亲安葬在什么地方,便把母亲的棺木停放在一处叫"五父之衢"的街上,以引起来往行人的注意。他想会有人告诉他答案的。果然,一个老妇人过来告诉他,他父亲安葬在防山,在曲阜东面。孔子因此可以把父母亲合葬在一起,遵从了当时的习俗。孔子也从这件事上,确信自己有着光荣的家世,他应该重振家族威名。他勤奋好学,看书思考求教,逐渐成了博学多才的人。当时对全才的人所要求的六种技艺包括礼、乐、射、御、书、数,也就是礼节、音乐、射箭、驾车、识字、计算他都刻苦练习,把自己锻炼成文武全才的人。但他依旧很谦虚,从不沾沾自喜。他后来对自己的学生们说,因为得不到从政的机会,所以有了学习这些本事的时间。19岁,孔子结婚。20岁,有了儿子孔鲤。

孔子尽管多才多艺,可并没有得到君王的重视。20多岁的时候,他有幸得到过两次做小官的机会:一次是做"委吏",管理仓库,他把每笔进出的账目都搞得非常清楚,没有差错。还有一次是做"乘田",管理牛羊,他把每头牛每只羊都喂养得肥肥壮壮。尽管职位很低,他却做得很踏实、很尽心。但是,他还是没有得到进一步的提拔。30岁,孔子真正开始了他一生中最伟大的事业——收学生,教授六艺。他还提出"有教无类"的思想,不分穷富贵贱,让愿意学习的人都能得到受教育的机会。他的学生越来越多,影响越来越大。34岁,孔子有机会去周的都城洛阳,趁机向当时在洛阳担任保管文物工作的老子求教,增添了更多的文物、礼制等方面的知识。35岁,鲁国的三家最有实力的贵族孟孙氏、叔孙氏、季孙氏因为矛盾而发生内乱,连国君鲁昭公也逃到了齐国。鲁国处于混乱中,孔子没有办法,只好也离开鲁国,到齐国去寻找机会。

孔子在齐国住了几年,却因为和齐国执政大臣晏婴在政治主张上的对立,没能被齐景公任用。37岁返回鲁国。在鲁国的混乱中寂寞地等待实施自己主张的从政机会,等到公元前510年鲁昭公死在齐国,鲁定公继位,孔子没有得到机会,那年他42岁。又等了五年,把持鲁国国政的季平子死了,可继承他的季桓子依然大权在握,而且季桓子的三大家臣如季桓子威胁鲁定公一般地胁迫季桓子,犯上作乱,孔子还是没有机会施展抱负。这么一晃,孔子便50岁了。这些年里,孔子只能用心在治学施教上,开始整理诗、书、礼、乐,招收弟子一天比一天多,声名大振。

公元前501年,孔子51岁。这一年,孔子终于有了真正从政的机会,他被鲁定公任命为中都宰,就像是今天的首都市长。虽然这是孔子第一次正式担任较重要的官职,但他观察了这么多年的社会冷暖,又时时用心思考,这次从政给了他极好地运用他那些深思熟虑的策略的机会,短短一年,政绩斐然,以至鲁国西边的一些国家都想来学习孔子的治理方法。孔子从中都宰升为司空,又从司空升为司寇。他在鲁国推行的政策,让鲁国出现一派欣欣向荣之气,人们尊老爱幼,路不拾遗,社会安定，风气良好。

孔子在齐国的几年，虽然没得到齐景公的任用，但齐国人都感受到了孔子知识的渊博、学养的深厚及抱负的远大。现在眼见得鲁国在孔子的参政下，社会稳定，人民安居乐业，日渐兴盛，这对齐国来说是个危险因素。齐国便想办法要压服鲁国，于是便有了齐鲁两国的夹谷之会。在夹谷之会上孔子以礼取胜，挫败了齐国的阴谋，还收回了被齐国侵占的三座城池。这一胜利进一步提高了孔子的威望。而齐国也更担心鲁国的崛起。齐国设下阴谋，挑选了80名能歌善舞的美女和30辆豪华马车（每车4匹骏马）送给鲁国。鲁定公和季桓子都沉醉在这些美女的姿色歌舞中，不理朝政，孔子也被冷落一旁。孔子开始时还怀着希望等待，但直等到冬至祭祀结束，孔子没得到祭肉，这意味着孔子已被遗忘。鲁定公与季桓子更需要美女的歌舞，而不在意孔子的政治理想。孔子彻底失望，辞去职务，领着弟子离开鲁国，去寻找能够实现理想的地方。这一年是公元前497年，孔子55岁。

孔子这一走，就是十四个春秋。他们先到了卫国，然后往南到了卫国和晋国交界地区的匡城，离开匡城后在晋国边境徘徊了许久，终于还是没有入境，又折回卫国。公元前492年再次离开卫国，前往宋国。在宋国这个他祖先的封地上，孔子也没能如愿以偿，而是惶惶逃到了郑国。再从郑国到了陈国，在陈国住了三年。又因为吴国进攻陈国，而楚国前来帮助陈国，与吴国对垒，面对战乱，孔子不得不带着弟子离开陈国，往南逃到蔡国。路上遇到吴楚交战，他们被乱兵围住，进退不得，带的粮食吃完了，连着七天没有生火做饭，大家都愁苦不堪，而孔子却泰然处之，告诉弟子们，真正有道德有学问的人是能够处于困境而不动摇自己的理想的，就像松柏，只有经过严寒的冬天，世人才能看出经得起酷寒考验的松柏依旧翠绿。后来大家到了楚国，楚昭王本想重用孔子，却被令尹子西劝阻了，孔子的政治理想终究没有找到生长的土壤。

公元前489年，63岁的孔子返回卫国，又在卫国住了五年，直到68岁，他的政治理想依旧难以实现。晚年的孔子回首十多年凄凄惶惶地四处奔走，却没有结果，无限感慨，也深知自己的政治理想在现实社会中找不到出路。他决定返回鲁国。公元前484年，年近70的孔子回到了鲁国。开始的时候，鲁哀公和季康子都向他请教政治的大道理。但是，孔子理想的政治与统治者现实的私利的政治毕竟是不同的，孔子自然不能参与实际的政治。他依旧关心政治，却不再热衷谋得政治生活了。晚年的他把文化教育事业作为最根本的活动——只要能产生政治影响，也是从政,而并不一定要到政府部门去做事才算从政,这是孔子十多年奔波观察思考后的转变。

孔子回到鲁国后,除了教学,整理编写了史书《春秋》,还整理了当时流行的诗歌和音乐,古代诗歌总集《诗经》正是依靠他的整理、提倡才广泛流传,给后代保存了珍贵的文化艺术遗产。

公元前479年,孔子病逝,终年73岁。

二、《论语》成书及流传

《论语》是一部语录体散文集,全书不到两万字。根据全书的内容以及班固在《汉书·艺文志》中的记载,我们可以肯定这是一本记录了孔子及其弟子们言行的书,并不是孔子在世的时候就一字一句随时记下的,而是孔子过世后由他的弟子及其再传弟子们根据平时各人所记录的内容一起编撰而成的。成书时间大概在战国中期。后来因为秦始皇焚书坑儒,只有口头传授的本子。鲁国人口头传授的,称之为《鲁论语》,共二十篇;齐国人口头传授的,称之为《齐论语》,共二十二篇。它比《鲁论语》多了"问王"、"知道"这两篇。不管是《鲁论语》还是《齐论语》,因为是当时传抄的本子,都被称之为"今文"论语。到汉武帝末年,鲁恭王想扩大宫殿,拆毁了孔子的住宅,在孔子住宅夹壁中发现了《古论语》,共二十一篇。《古论语》跟《鲁论语》比较接近,其中多出的一篇是因为把最后的"尧曰"这篇分成了两篇。《古论语》的次序跟《鲁论语》和《齐论语》都不相同。和"今文"相对,《古论语》就是"古文"论语,因为是藏在夹壁里,躲过了焚书之灾的"古文"老书。

西汉末年,安昌侯张禹以《鲁论语》为底本,兼讲《齐论语》,把两种本子糅合在一起,称为《张侯论》。大家后来都推崇这个汇聚的本子,现在的《论语》就是张禹的本子,它基本上是依据《鲁论语》并参考《齐论语》编成的混合本。东汉末年,郑玄又把《张侯论》作为底本,参考了《齐论语》和《古论语》编校成一个新的本子,并加以注释。郑玄的注本流传后,《齐论语》和《古论语》便逐渐失传了,但是郑玄的注本也早就失传了。以后各代注释《论语》的版本主要有:三国时期有魏何晏的《论语集解》(《十三经注疏》本),这本书是汇集他以前的《论语》注解,所以称为《集解》。南朝时期有梁皇侃的《论语集解义疏》(《知不足斋丛书》本),这是对于何晏的《集解》所做的疏。北宋时期有邢昺的《论语疏》,这是邢昺对于何晏《论语集解》所做的疏,宋以后替代了皇侃的《论语集解义疏》的地位。《十三经注疏》本,就是邢昺的疏。南宋时期有朱熹的《论语集注》,这是宋人注解《论语》的代表作。南宋还有朱熹的《论语章句集注》。清代的刘宝楠撰有《论语正义》,他以何晏《集解》为主,并广泛地采纳了各家之说,既详细又广博,大大超出了以前的那些旧疏,其中收集了许多清人对《论语》的研究成果。近人主要有程树德的《论语集解》、杨树达的《论语疏证》、杨伯峻的《论语译注》、钱穆的《论语新解》和南怀瑾的《论语别裁》等。初学者,可以先读杨伯峻的《论语译注》。

《论语》一书比较忠实地记述了孔子的言行,集中地反映了孔子的思想,涉及哲学、政治、经济、教育、文艺等诸多方面,内容非常丰富,是儒学最主要的经典。在表达上,《论语》语言精练而形象生动,是语录体散文的典范。在编排上,《论语》没有严格的编纂体例,每一条就是一章,集章为篇,篇、章之间并无紧密联系,只是大致归类,并有重复章节出现。

《论语》在汉代被作为小孩子的品德修养教育的课本和学习经书的入门,列为初学者的必读书,先学习《论语》和《孝经》,再进而学习五经(《诗经》、《尚书》、《易经》、《仪礼》、《春秋》)。从宋以后,《论语》被列为经。从汉至清朝两千年间,《论语》一直是中国读书人的必读书,对中华民族思想文化和精神风貌的形成有极其深远的影响。宋相赵普更有一句千古流传、可惊天地的名言:"半部《论语》治天下。"《论语》在中国历史上的作用和影响是可想而知的了。此外,《论语》成书之后很快流传到海外许多国家与地区。据考察,早在秦、汉之际就被当时的朝鲜与越南引进,16世纪后《论语》陆续传到西方,相继在欧、美各地出版传播。当前,孔子和儒家文化越来越受到世界各国的重视,成为世界文化的重要组成部分。

除《论语》外,在先秦两汉的很多重要典籍中也都记录了孔子的言论,如《左传》、《公羊传》、《榖梁传》、《国语》、《墨子》、《尸子》、《慎子》、《孟子》、《庄子》、《荀子》、《韩非子》、《晏子春秋》、《吕氏春秋》、《易传》、《孝经》、《礼记》、《尚书大传》、《新语》、《新书》、《淮南子》、《春秋繁露》、《史记》、《说苑》、《盐铁论》、《论衡》、《汉书》、《说文解字》、《风俗通义》等等,这些记录的真实与否,自然值得怀疑,但不失为了解孔子的生活、性情、思想等方方面面的一条途径,毕竟孔子已经是距离我们两千五百年的一位古人,历代留给我们的文字、画像都值得我们珍惜。《孔子家语》,一般认为是三国王弼撰,但三国也可以说属于汉,所以有"魏汉"、"蜀汉"等。因为这本书所录孔子言论可以说是最多的。

三、《论语》的主要思想

1. 教育思想

孔子是中国历史上第一位影响深远的伟大教育家。其伟大首先在于他提出的"有教无类"的教育思想,极大地扩大了教育的范围,没有贵贱、贫富、宗族、职业、年龄、地区、国籍等的限制,只要愿意,都可以来接受教育。在孔子以前,教育是由贵族垄断的,都是贵族学校,没有平民读书的地方。从孔子开始,明确地肯定了人人都有受教育的权力。这尤其让那些出身低贱、过去无权受教育的平民子弟得以受教育,从而改变自己的命运。他的三千弟子中,大多数都出身贫寒,如孔子最看重的学生颜回住在陋巷里,常常只靠一瓢水、一碗不知为何的吃食度日;而孔子最喜爱的学生子路是个乡下"野人",常常吃野菜维生;仲弓的父亲是个"贱人",大约就是最低等的人了,家里没有丁点土地可以耕种谋生;曾晳曾参父子俩都是十年添不了一件衣服,整天破衣烂衫,营养不良,面部浮肿。这些贫贱人家的子弟,在孔子的培养下,后来都成为社会的重要人才,改变了社会地位,改变了生活条件,既有利于社会,也有利于自身。当然,限于时代的局限,孔子没有招收过女学生。

从教的角度来说,他注重言传身教,提倡"知之为知之,不知为不知"的老实态度,要求自己"学而不厌,诲人不倦"。孔子自己善于学习,只要别人有长处,同样不分贵贱、长幼、贫富,他都虚心向学,随时随地,从不满足。他讲究教育方法,注重启发、诱导,而不是填鸭式的灌注。如果学生没有好好地独立思考过,没有强烈的解决问题的欲望,即便教给他,也只是死记硬背,不会真正理解掌握。学习是学生的主要任务,要让学生充分发挥主观能动性,老师的作用在于开导、启发、点拨。这样的教和学才能培养学生的智慧,能够举一反三,灵活而独立。此外,也要注意有的放矢,因材施教。学生的生活背景不尽相同,智商也有差异,已有的生活积累、知识积累以及性格特点都千差万别,如果一刀切,那就相当于泯灭了学生的多姿多彩的特色,所以一定要根据各个学生的具体情况进行富有针对性的教导。才智高的,可以教深奥一些的内容,而才智在中下水平的,不妨降低难度,关键在于能让学生真的有收获。同样的问题,不同的学生提出来,孔子的回答往往是不尽相同的。

从学的角度来说,他主张读书要从兴趣出发,不赞成为求知而求知的功利态度("知之者不如好之者,好之者不如乐之者")。当一个人乐在其中的时候,他就不会觉得在做的事情是辛苦的、委屈的,他会全身心投入,充满激情,充满才情,即便在别人眼里乏味的、无名无利的事情，他也能津津有味地遨游其中。他认为读书是为了完善自己，而不是为了沽名钓誉（"古之学者为己，今之学者为人"）。他一再强调"不患莫己知，求为可知也"，一个人重要的是要有真才实学，而无须在乎外在的名声和遭遇；他要求"学而时习之、温故而知新"，要随时随地地学习，学了新的知识不能忘了旧的。有的书有的知识需要反复摸索、反复思考，有心的人每次都能从中得到新的启迪，这样才能真正掌握，取得进步。

从教育或者学习的内容来说，他最注重的是道德的培养。他认为不管是做学问还是做事都要先学如何做人，提出了一整套以道德培养为核心的教育思想。在《论语》中所记录的孔子对学生的教诲，大多数都是道德品质的教育，即便在教导其他才艺时，也贯穿着德育的内容。孔子教导弟子们要做一个有道德有知识的君子，而不是"小人儒"。品德修养的核心是仁，需要人一生去追求和实践。好仁者必有知（智），行仁者必有勇，所以智和勇也是需要磨炼的重要品德。此外，懂得"孝、悌、忠、信、礼、义、廉、耻"，都是一个品德高尚的君子需要具备的素质。为达到这一综合的教学目标，他编著整理了《诗》、《书》、《易》、《礼》、《春秋》、《乐》等六部教材，同时不排除传统的六艺科目（礼、乐、射、御、书、数）的教导。

2. 仁的学说

"仁"这一概念在春秋时已广泛使用，孔子赋予了它以新的含义，使其成为中国思想史上最重要的范畴之一。

孔子认为，对个人来说，仁是最高的道德标准，每个人都应该积极向仁靠近，仁德重于生命，修炼仁德比做学问更为重要。然而仁德并不是轻易能够修炼成的，一个人具有刚强、坚毅、淳朴的品德，也只是接近了仁德，还不能称为是仁人。不过，仁德远在天边又近在眼前，只要人们心中常记得仁，不要有片刻的忘记，那么仁就会慢慢凝聚在每个人的身上，修炼仁德的人才能处于各种境地都泰然快乐，修炼仁德的人就不会作恶。当仁和其他发生冲突时，要理所当然地站在仁的一边，即便是面对自己的老师也不能屈从，"当仁，不让于师"，就像亚里士多德所说的："吾爱吾师，吾更爱真理。"维护仁是每个人至关重要的行为准则。

除了个人的修炼以外，仁就是去爱人的意思。这样的爱是博爱，包括对奴隶和社会下层老百姓的爱。自己想要成就的也要帮助别人去成就，自己想要达到的也要帮助别人去达到。但这样的爱也是有原则的爱，"仁者能好人，能恶人"，对坏人应该是厌恶憎恶痛恶的，仁者的爱大不同于"乡愿"的讨好。

从统治者的角度来说,仁爱就是要施行德政:在经济上实行惠民政策,使百姓丰衣足食;在政治上实行宽民政策,宽刑罚,重教化,反对不经过对人民的教导就杀戮的苛政,要用仁义道德来引导人民,培养人民自觉遵守社会规范。此外还应该听取人民的意见,体察民情。

从普通人的角度来说,仁爱最普遍的一条标准就是"己所不欲,勿施于人(自己不想遭受的烦恼,就不要加到别人身上)"。像爱自己一样地去爱别人,像关心自己父母一样去关心别的老人,像友爱自己的兄弟姐妹一样去友爱同窗邻里朋友,像疼爱自己的孩子一样去疼爱幼小的人。说话的时候要稳重,说出来就要做到,不能失信于人。认真地做事,忠诚地与人交往,在生活的点滴小事中发扬仁德。

3. 中庸之道

孔子认为中庸之道是立身行事的最好方法,但是民众已经很久不使用这一方法了。他主张处理事务时,既不能做得过头,又不能做得不到位,认为"过犹不及",分寸要掌握得恰到好处。"欲速则不达",不能用拔苗助长的方法来追求速度。

他希望统治者在政治上采用"德刑并用"、"宽猛相济"的政策,先要教化民众,培养好的品德,教导达不到效果才用刑法来惩罚,既要宽容又要严格。

他提出一个人的修养应该是"质胜文则野,文胜质则史","文质彬彬,然后君子"。意思是如果一个人真诚实在,豪爽不羁,不拘小节,说话无忌,却会显得没有礼貌,让人觉得粗野;如果一个人举止文雅,说话很有分寸,待人客气,却又会显得像在跟人保持距离,不让人接近,不够真挚;所以只有做到真诚实在与礼仪文采相结合,才是不卑不亢的君子。

他在教导学生的时候,注意对症下药,如果学生的性格过于激进的要加以遏制,过于谦退的要加以鼓励。孔子本人留给学生们的印象则是"温而厉,威而不猛,恭而安,泰而不骄,欲而不贪"。

他评论优秀的诗歌,应该是"乐而不淫,哀而不伤"——陶醉但不过度,哀婉但不伤痛。

孔子反对过激的言行,但同时也反对不讲原则。把那种不辨是非,见人说人话,见鬼说鬼话,看上去很忠实可靠,和什么人都能相处,让周边人都无法指责的"好好人"——"乡愿"行为,称做"德之贼也",是败坏道德的毛贼!

人与人之间应该"群而不党",要团结却不要拉帮结派。

除了"执其中"的思想,他还主张"和而不同",而不是"同而不和"。要承认事物矛盾、差异的存在,尽量协调它们之间的关系,争取矛盾的统一、和谐,让它们在统一体中取得平衡,得到稳定,就像五味调和烹出美味、八音和谐奏出妙音一样。如果取消事物的矛盾和差异,不允许对立面的存在,消灭一切差别,强调单一的统一,这样的"同而不和"是违背自然,是与美及和谐背道而驰的。

此外,孔子还提出要"不可则止"。如果能"以道事君",就为君竭忠尽力;如果君无道,也无法说服,就不要做官,不能跟着做坏事,也不能自己找羞辱。孔子盛赞纣王时代隐居的微子、罚为奴的箕子、被杀的比干三人是仁者,但他自己既不打算隐居,也不愿被辱被杀,所以,他说他跟他们不同,"无可无不可"。根据各人所处的情况不同,只要坚持正道的方向,可以采取不同的方式。

4. 礼的学说

礼是中国奴隶社会的典章制度,春秋时"礼崩乐坏",礼已经名存实亡。孔子注重社会伦理问题,把礼看成是维护等级制度的重要手段。他谴责破坏周礼的行为,比如对鲁国季氏窃用天子之礼极为愤慨。按照周礼,天子在正式场合使用的舞队是八列,诸侯六列,大夫四列,士两列。根据《左传》记载,鲁昭公有一次要祭祀鲁襄公,舞队只剩下了两列,其余四列被掌了权的季氏调到了自己家里,加上自己原来就有的四列,一共有了八列,让八列舞队在家中起舞娱乐,季氏已经僭越了天子之礼。当时只有30多岁的孔子气愤地指责季氏说:"如果这样违礼的事情都可以忍心做出来,那还有什么事情不忍心去做呢?"孔子主张"正名",试图用周礼的形式去匡正已经产生变化的社会现实,要求人们克制自己的欲望,恢复周礼的传统。在孔子的政治理念中,如果能够恢复周礼,天下就会太平。如果失去法度,人人随心所欲,天下必定大乱。但是,在不违背周礼的基本原则的前提下,孔子同意结合时代的变化对周礼的具体内容有所损益。

5. 知识论

孔子就知识的来源和对知识的态度把人分为四等:"生而知之者,上也;学而知之者,次也;困而学之者,又其次也;困而不学,民斯为下矣。"他虽然认为有"生而知之"的圣人,但他首先明确自己不是这样的圣人,他所强调的是后天学习,着眼于"学而知之"和"困而学之"的中等人。孔子一生学而不厌,处处逢人便讨教,主张"三人行,必有我师焉"、"多闻阙疑"、"多见阙殆"。他还讨论了学与思的关系,认为"学而不思则罔,思而不学则殆",提倡勤于学习,善于思考,举一反三,闻一知十,触类旁通。孔子主张学以致用,他说:"诵诗三百,授之以政,不达,使于四方,不能专对,虽多,亦奚以为?"他反对知而不行或"言而过其行"的人。

6. 天命鬼神观

古人无法完全解释世间的种种现象,自然界的风、雨、雷、电及春、夏、秋、冬的四季运行;万物的有生长有死亡却又生生不息;人类有生老病死,有悲欢离合,有富贵贫贱、有荣有辱;这些或偶然或必然却无法清楚解释的现象,古人统统把他们归之于"天命",认为茫茫宇宙间有一种主宰一切的力量——天。孔子继承了传统的天命观,视天为万物的主宰,认为天命决定着人的生死,也决定着社会的治乱。他主张人应该敬畏天命。人到了50岁,随着学习和阅历的增长,对事物运行的规律和发展变化法则有了一定的认识,也就能对天命有所认识。但同时他又否定周朝时盛行的占卜活动,认为天命就蕴含在自然事物的运行之中,人们要做的是努力去认识它,顺从它。所以他信天命却不迷信鬼神,主张"敬鬼神而远之"、"不语怪、力、乱、神"。

在孔子眼里,天决定着人世的方方面面,天也监视着人世的善恶美丑,天会赏仁者而罚虐者,如果获罪于天,那么向谁祈祷也没用。相反,如果不做坏事,天就不会怪罪,也就不用惧怕得罪谁。这样的天代表了一种公正的、洞察一切的、拥有无上权威的力量。所以,他认为人们不能欺天也不能怨天。人应该自律,能够无愧于天地之间。

在生死问题上,孔子也无力与天命抗争,但他反对"非命",认为人应该注意避免死于非命。除非"杀身成仁",为了仁德,可以牺牲生命。对于死后的鬼神问题,他说"未知生,焉知死"、"未能事人,焉能事鬼",更注重强调现实问题,考虑如何为活着的人服务,回避虚无缥缈的鬼神问题。然而孔子非常重视祭祀,他认为祭祀的鬼神应该是自己的祖先,如果不是自己的祖先,就不应该去祭祀。而且一定要自己亲自去祭祀,要是让别人代替,就跟没有祭祀一样。在孔子看来,祭祀是对自己的祖先、过世的父母或者亲人的一种纪念与思念。这种祭祀完全不同于用龟壳卜筮凶吉、不同于祭祀河神、不同于向鬼神祈祷来去除疾病等迷信活动。

四、孔子的历史地位

南宋哲学家、教育家朱熹曾经做过一首诗,其中有两句是这样说的:"天不生仲尼，万古长如夜。"当然，这是诗句，带有文学的夸张，但我们可以从诗句中体会到孔子对中国文化贡献巨大，对中国人的文化心理结构影响深刻。这样的贡献与影响，在中国可以说是第一人。

孔子的学说博大精深，虽具有一些传统的保守的思想因素，但其主流在当时是有利于社会进步的。所以在战国时代得到了进一步的发展，成为先秦显学之一。但由于历史的原因，汉以前并未受到统治者的特别重视。汉代以后，建立起中央集权的封建统治，孔子的思想适合统治阶级的需要，所以受到重视。汉武帝采纳董仲舒的对策："罢黜百家，独尊儒术。"正式确立了孔子及其学说在中国思想界的统治地位。之后，历代统治者进一步采取了神化孔子、提倡儒学的措施，巩固了孔子的至尊地位。

孔子的思想对中国封建社会的哲学、文学、艺术、教育、史学等产生了巨大的影响，作为中国传统文化的杰出代表，这种影响波及东亚乃至全世界。但在漫长的封建社会中，统治阶级出于自身的需要，片面发展了孔子思想中的保守方面，束缚了人们的思想。

五四运动以后，孔子思想的保守性受到了进步思想家的批判。现在学者们正用越来越客观的思想和态度对孔子及其学说做出尽量符合历史原貌的评价和解读。孔子提出的"以人为本"的仁爱思想，人伦价值观念、道德理念，"以和为贵"的群体观念，世界大同、天人合一、人与人及人与自然的和谐相处等，甚至"乐天知命"的生活态度，对现代社会依旧有深远的影响。

参考文献

1. 李长之《孔子的故事》，浙江文艺出版社，2008。
2. 杨焕英《孔子思想在国外的传播与影响》，教育科学出版社，1987。
3. 孙开泰、李超英《孔子孟子传》，中国新闻联合出版社，2007。
4. 井上靖《孔子》，人民日报出版社，1990。
5. 古棣、戚文、周英《孔子批判》（上），时代文艺出版社，2001。

孟子与《孟子》

王小曼

孟子,名轲,字子舆,邹国(今山东邹县)人。关于孟子的生卒年有很多不同的说法。一般认为他生于周烈王四年(公元前372年),死于周赧王二十六年(公元前289年)的说法比较合理。孟子一生活动的年代大约处于战国中期。

孟子是中国古代伟大的思想家、政治家、教育家。年轻时曾师从孔子的孙子子思的门人学习。孔子的学说、思想和人生态度,给孟子以极大的影响。他悉心钻研孔子思想,是孔子思想和政治主张的继承者、发扬者,也是孔子之后儒家学派的大师和代表人物。

为了推行自己的政治主张,孟子曾经游说齐国、宋国、滕国、魏国等国家,但他的主张始终没有被采纳。于是回到故国,聚众讲学、著书立说,与万章、公孙丑等门徒为《诗》、《书》等经书作序,传达孔子的思想,并完成了《孟子》七章。

1083年,孟子被宋神宗封为"邹国公"。1331年,又被元文宗加封为"邹国亚圣公"。相比于孔子,孟子仍被尊称为"亚圣"。

一、孟子的生平

1. 孟母的教育

公元前372年左右,孟子诞生在邹,因为生在马车里,所以父母为他取名为轲。孟家是鲁国贵族孟孙氏的后代,但到了孟子家这一支系时早已经没落了,所以他们迁居到了邹国。孟子的母亲仉(zhǎng)氏是位贤淑明理、颇有远见的女性,在孟子3岁的时候父亲孟激就离开了人世,他的成长与母亲有着很大的关系。在中国,"孟母三迁"、"孟母断机杼"的故事可谓家喻户晓。据说孟轲从小就聪明异常,也十分顽皮。仉氏贫穷,只能租便宜的房子居住,所以居处往往不好。最初,他们居住的地方靠近墓地,小孟轲经常带领一群邻家孩子在墓地里玩耍,学着大人做挖穴筑墓、葬礼扫墓一类的事。仉氏见了忧心如焚,对孟轲说:"这里不是你应该住的地方,我们换个地方住吧!"他们搬家了,这次住在靠近集市的地方。集市上做买卖的人,你来我往,讨价还价,大声吆喝,弄虚作假。小孟轲整天到集市上玩耍,也学起了大人做买卖的游戏,还流露出一副世故的神态。仉氏见了,又是忧心不已,商人追求利益,在当时是很被人瞧不起的。长此下去,仉氏担心孩子的品格培养不好,于是对孟轲说:"我们还得搬家,这里也不能住了。"经过慎重考虑和选择,他们搬到了一所学校的附近。这学校正是从前子思和他的弟子们经常教书讲学、演练礼仪的地方,那里整天乐音隐隐,书声琅琅,进进出出的读书人都是彬彬有礼的样子,张口说话也都是孔子的那一套学说。一到春秋两季的重要节日,还会举行隆重的典礼。小孟轲看得入迷,觉得很有意思,也跟着儒者们学习作揖打躬、礼仪祭祀,模仿学生们吟诵的样子。仉氏见了,终于放心了,对孩子说:"这里才是你应该住的地方。"于是母子俩就定居下来,仍以织布为生。

后来孟轲上学了,因为儒家的那套礼仪艰深烦琐,过了一段时间,小孟轲就有点厌倦了,常常逃学,一个人溜到外面去玩耍。仉氏知道了,又生气又难过地问他:"干什么去了?"孟轲不敢隐瞒:"自己玩儿去了。"仉氏满面悲伤,突然举起刀,狠狠地将织机上的经线全砍断了。小孟轲吓了一跳,不明白母亲是什么意思,母亲说:"你不学习,就和我砍断机线一样,线断了织不成布,变成了废物。你学习半途而废,就不能成人,更成不了仁人君子!"那个时候的布是用梭子一点一点织出来的,好不容易织成的布匹被一刀割断是非常可惜的。但孟母就是要用这个来说明坚持的重要性。孟子果然受到了教育,从此发愤读书,早起晚睡,十分勤奋,为将来的博学打下了基础。

当然,孟母教子的故事远不止这些,孟子后来的成才与孟母的这种善于教育有着不可分割的联系。

2. 游学与授徒

孟子生活的时代,游学风气很浓厚。当时的青年都向往通过读书游说来达到荣华富贵,所以很多年轻人离开家乡,到其他国家去追求知识,投奔自己尊敬的思想家的门下,接受文化知识的熏陶。

孟子长成了半大小伙子,附近的学校已不能满足他的求知需要,母亲便打发他到鲁国去,因为那里有许多孔子的后学,而且是保存周代文化最完好的地方。更重要的是,孔子学派的讲学团体还在鲁国,这是最令孟子向往的。于是他满怀憧憬来到鲁国,参观古迹,求教贤士。孟子在孔子的故乡不但可以学习书本知识,还能走访古迹,亲临孔子生活的环境,参观孔子的故居,这使他的学识突飞猛进。不过,这一切并没有满足他的求知欲,他找来所有孔子的著作,精心地自学起来。这就是后来他说的"私淑于孔子",意思是私底下从孔子那里学到了知识。

孔子的学生中最有名的是一个被称为"传经之儒"的子夏,另一个是被称为"传道之儒"的曾子。曾子在孔子死后,仍留在鲁国继续讲学,并把他的学术思想传给了孔子的孙子——子思。当年轻的孟子游学到鲁国时,子思已经去世了,所以他就受教于子思的门人。孟子尤其佩服孔子的孙子子思。虽然子思跟孟子并没有直接的师生关系,但从思想上说,他们是一脉相传的。子思的门徒正是孟子的老师,子思的言行对孟子的影响并不亚于孔子。特别是他在尊重士人和重视气节方面的言行,对孟子有着深刻的影响。孟子在宣扬仁政王道的时候从不畏惧君权,敢于直面批评君主的一身浩然正气,正是和子思的"忠臣就是要不断批评君主的错误并指出缺点"的主张相一致的。所以后世有思孟学派的说法。

在鲁国游学三年后,孟子回到了故乡,并开始了讲学授徒的生涯,准备将他奉行的思想继续传递下去。跟孔子一样,孟子首先是个教育家。他认为人生三大乐事之一就是广招天下英才而教育他们。所以,在正式担任官职以前,他开设了私人讲学的课堂,吸纳各方人才进行教育,长达十几年之久。他坚信孔子的"有教无类"说,认为人人都有受教育的权利,并都可以通过受教育完善自我。所以,他的招生原则也跟孔子一样:"来者不拒,往者不追。"就是说,招收学生不论背景、年龄、身份、贫富,而学成后的去向也不追究。孟子希望通过教育来培养圣君、贤臣和仁人志士,从而实现"仁政"的政治理想。孟子将自己的招生原则公布以后,世人纷纷慕名而来,先后达几百人之多,其中不乏造诣很深、闻名当时的佼佼者。孟子的教育方法丰富多样,从不拘泥于课堂上的宣讲,而是带领学生春游秋察,进行书本知识与实际生活相结合的教育。他还因材施教,让每一个学生都找到自己身上的闪光点和长处,并使之发扬光大。孟子春风化雨般的教育方法为他赢得了学生们的尊敬,更赢得了社会的普遍赞誉。人们都尊称他为"孟子"或"孟夫子"。

3. 出仕与游说诸侯

儒家思想主张参与现实,过问政治,帮助君主管理国家。而要实现这样的目标就要"出仕",也就是出任官员。孟子最初大约是40岁左右在他的祖国邹国出仕为官的,但因为直言邹穆公治国的不当而不被重用。眼看着自己的远大目标无法实现，抱负无法施展，孟子决定远游他国，寻找展露才华的机会。这个时候正是后世所说的战国七雄瓜分天下、相互竞争的时代，也是各种学术主张层出不穷、各种思想自由开放的时代。而游士集团又是这个时代的另一个显著的特征。游士是一个十分独特的群体，他们通常是一群知识分子，有着满腹的学问和治世能力，一边从事教育活动，一边周游列国，寻找着从政的机会，实现平生的理想和抱负。春秋时代的孔子和他的门人就是这样的游士集团。到了孟子所处的战国时代，这种游士集团的活动更加活跃了，他们游走于各国之间，阐述自己的主张，有的为了获取利益，有的为了追求理想，目的不一。孟子身处那个时代，当然也不免于时代风气的影响。所不同的是，孟子和他的弟子们是为了实现王道仁政的理想而奔走各国的。

孟子大约从43岁开始以士的身份游说诸侯，先后到过梁（魏）国、齐国、宋国、滕国、鲁国，致力于推行自己的政治主张。孟子师生一行最先来到齐国。当时的齐国正是齐威王当政之时，稷下学宫办得很热闹。稷下学宫广招贤人学士，任他们议论国政、讲学论道。只是当时的孟子尚无名气，不被重视，而且他的"仁政"思想与齐威王的心思相去甚远。齐威王当时正是兵强马壮、雄心勃勃、一心称霸诸侯之时，对孟子虽以礼相待，却并不采纳孟子的主张。不过稷下学宫的学者们都有着很优厚的生活待遇，孟子也不例外。他带来了十几名学生，一同住在宽敞的宅第里，继续他的讲学交游生活。

孟子45岁时母亲仉氏去世。孟子以厚礼将母亲葬于鲁国，守孝三年后返回齐国。但此时的齐国早已风云突变，臣下之间发生战乱，稷下学宫也已经衰落，学者们纷纷离开。就在这时，孟子听说魏国的梁惠王因为不甘心国家沉沦，正在广纳贤士帮助理政，孟子觉得自己离开的时机也到了，于是他告别了年迈的齐威王，准备去魏国。

前往魏国之前，孟子听说宋王偃想实行仁政，便临时决定去宋国看看。宋国是个小国，饱受强大邻国的侵扰，内政又有权臣干扰，宋王在位十几年，实在不甘心宋国这样破败落后下去，很想有一番振兴国家的作为。无奈他虽然贵为国君，却并无自主权，其实只是个受奸臣挟持的傀儡，欲行仁政却什么都不能做。孟子眼见此景，只得动身离去。

这时，孟子的母国邹国忽然传来消息，说邹穆公急招孟子回国商量国事。故乡来人召唤，孟子自然不能推辞，他急忙领着众弟子北上。没想到在薛城遇到连雨天，河水暴涨，师徒一行只好暂住在这里。等他们赶到邹国时，邹国已经在跟鲁国的冲突中大败。邹穆公不满于邹国百姓被鲁国围困时的无动于衷,向孟子讨教。孟子直言邹穆公不施仁政,使百姓饱受官吏之苦,而这正是产生这一切后果的原因。孟子的态度让邹穆公大感意外,他根本接受不了孟子的仁政学说。两人话不投机,自然没法继续相处。

　　孟子的优秀弟子乐(yuè)正克那时正在鲁国做官,便向鲁平公极力推荐孟子。鲁平公早已听说了孟子的才能,也正想采用他。孟子以为自己的政治主张终于可以有用武之地了,十分高兴。然而,就在鲁平公沐浴更衣,准备去拜访孟子的时候,却遇到了一个名叫臧仓的宠臣的阻挠。臧仓在鲁平公面前搬弄是非,说了孟子的很多坏话,使得鲁平公最终放弃了拜访孟子的念头。乐正克愤愤不平,孟子却很看得开。他说,我见不成鲁平公并不是因为一个臧仓这样的小人,而是天意啊。

　　孟子想起了自己跟滕文公的交情,便决定去滕国看看。滕文公对孟子厚礼相待,常常与他一起商讨治国之道。孟子也乘机向滕文公灌输了仁政爱民、减轻百姓负担、办学施教等治国良策。这些政策自然受到百姓的拥护,但却侵犯了官僚贵族的权益。他们十分恼恨孟子,不断上书给滕文公编排孟子的种种不是,甚至造谣中伤。孟子在滕国待了三年,终于还是决意离开。

　　孟子最终来到了魏国都城大梁,此时,他已经53岁了。魏国的梁惠王(即魏惠王)因为在军事上连续失败,正想奋发图强,所以不惜重金招贤纳才。但他一心只想着如何能让那些贤士们提供智慧和谋略,满足他富国强兵的愿望。在朝廷上第一次召见孟子的时候,梁惠王张口就问孟子能为他带来什么好处。孟子心里明白,这个梁惠王也未必能够接受他的政治主张。但"知其不可为而为之"正是儒家的精神,孟子仍然对梁惠王抱有一线希望和幻想。经过几次接触和谈话,梁惠王对孟子的态度确实有了一些改变,他渐渐能听得进孟子的话了,也常常主动请教孟子一些问题。四五次的见面畅谈之后,梁惠王跟孟子已经比较融洽了。可惜天意不给孟子施展抱负的机会,梁惠王不久就死了,他的儿子梁襄王继位。这是一个毫无礼貌也毫无君主气派的国君。与他接触不久,孟子就断定自己在这里将无所作为。他再次决定离魏赴齐。此时的齐国已是宣王即位。齐宣王很想有一番作为,他重振稷下学宫,招纳天下贤士,孟子来得正是时候。齐宣王盛迎孟子师徒,封孟子为客卿,并在孟子到达齐国的第四天就登门拜访,对孟子表现出了君主中少有的尊重,而孟子与齐宣王的几次谈话也成为《孟子》一书中的名篇。

　　就在此时,燕国发生内乱。作为邻国的齐国乘机讨伐燕国,短短一个多月就攻下了燕国。齐宣王兴高采烈地去见孟子,想征求孟子对于进一步吞并燕国的意见。孟子并不反对战争,只要战争是正义的。比如燕国的国王不义,让老百姓处于水深火热之中,讨伐它是没错的,但必须是正义之师才有讨伐的资格。齐国的政治比燕国好不了多少,担当不了正义之师的使命,伐燕当然就不可取。可是,齐宣王并没有理解孟子的意思,仍然进一步讨伐燕国,甚至在燕国烧杀劫掠,招致燕国百姓的愤恨,同时也打破了各国之间的平衡,引起了其他邻近国家的不满。其他邻国本来就惧怕齐国的强大,这时候正好利用燕国百姓的不满,联合起来对付齐国。

这件事以后,齐宣王对孟子怀有很深的愧意,而孟子也觉得自己在齐国实现政治理想的希望彻底破灭了。他决定辞去卿位,离开齐国。齐宣王极力挽留,还许诺要给他一幢大房子,用厚禄供养孟子和他的弟子。可是,孟子坚辞不受,并决心离开齐国。离开齐国对孟子来说是不容易的。他原本对于在齐国实行仁政抱有很大的希望,如今希望破灭了,内心是无比的痛苦和无奈。所以离开齐国的路程,孟子走得很慢,他甚至在齐国边境的小城停留了三个晚上,只是希望齐宣王能来挽留他,一起回去实行王道仁政。但这一切是不可能的了。公元前312年,孟子终于离开了他居住了多年的齐国。

游说诸侯的生涯结束了,孟子的学说主张没有得到任何诸侯国的采纳,这对孟子立志拯救天下百姓的理想来说,是个很大的打击。但是孟子不甘心自己的政治主张和思想观点就这样消失,便决心仿效《论语》,著成一书,阐明自己的主张,记述自己的一生。公孙丑、万章等弟子一起参与了这项工程量很大的工作。他们一起追记了老师孟子一生的主要活动,孟子也不断回答弟子们提出的一些新问题。著书工作一直持续到孟子逝世,书终于完成,名为《孟子》。

公元前289年,孟子逝世,享年83岁。

二、孟子的思想

孟子的思想虽然伟大,但在他所处的时代却并没有得到相应的重视。由于当时的几个大国都致力于富国强兵,争取通过军事的手段实现统一,因此,孟子的仁政学说被认为是"迂远而阔于事情",即不切实际,最终没有得到施行的机会。但借助《孟子》,今天的人们仍然能够了解孟子思想的可贵之处。

1. 仁政说

孟子继承了孔子的德治思想,又发展为仁政学说,并成为他政治思想的核心内容。

孟子生活在诸侯互相攻伐而"无义战"的时代,目睹了人民遭受灾难和不幸的社会现实,也看到了人民的力量。在此基础上,他发展了民本思想,明确提出"民为贵"、"君为轻"的思想。孟子的这个思想体现在政治上就是主张实行"王道"、"仁政",反对"霸道"、"暴政"。他劝统治者重视人民,通过尊民、爱民、重民、减赋税、减轻刑罚等手段来安定民心,使百姓"不饥不寒"。他的思想主张,对于发展和巩固新兴的封建制度、实现统一是起了推动作用的。

为了推广他的仁政学说,孟子还为统治者拟订了仁政的方针政策和具体内容,主张施行仁政,必须效法先王(禹、汤、文王、武王、成王、周公)的王道统治政治。他认为:人有"不忍人之心",才会有"不忍人之政",君主必须先有仁心,才能推行仁政,这是统一天下者必备的条件;施行仁政还有一个条件,就是必须任用贤能、俊杰辅佐君主。

此外,孟子认为代表仁政的最理想的经济制度是"井田制度":就是土地为国家公有,国家把田地交给百姓耕种,但百姓也要耕种公田,当做纳税。这样,农民便有了固定的田产收入,国家自然会稳定安宁。

2. 坚信人性本善

孟子最具代表性的思想是他的"性善论",这是孟子"仁政"学说的基础,也是他教育理论的根据。

孟子认为人性是与生俱来的,人生来就有善良的本性,就具有"善端",也就是有为善的倾向,因此人人都有可能成就完美的人格。人之所以不善,是由于受私欲蒙蔽。所以,人们应该放弃私利,建立良好的个人道德观。

性善论为人们指出了拯救世道人心的方法,这就是为善而去不善。由此,孟子把伦理道德和政治紧密结合起来,强调道德修养是搞好政治的根本。为此,孟子把道德规范概括为四种,即仁、义、礼、智。同时把人伦关系概括为五种,即:"父子有亲,君臣有义,夫妇有别,长幼有序,朋友有信。"当然,孟子的最终目的是要建立一个理想的政治秩序,要实行一种合乎"性善"的王政,也就是按照仁义礼智的原则来治理国家的政治,这样才能解决社会问题。

孟子的人性本善的思想和当时天下大乱的社会现实形成了鲜明的反差,要让别人相信他的思想,显得十分艰难,甚至经常遭到别人的攻击和诘难,为此,孟子又不得不经常投入激烈的辩论。正是在这种辩论中,孟子的思想更加深刻并成熟起来。

3. 后天教育至关重要

孟子认为人的本性虽然具有仁、义、礼、智的"善端",但还必须通过教育加强道德修养,尽量去扩充和发展这些善端。

孟子最强调的是内心的道德修养,认为只要人们扩充善性,压抑物欲之性,时刻进行自我反省,不断地探索内心的善端,就会通过对人性的了解而达到对天命的认识。但他同时也不否认后天环境对人性的影响,认为后天的环境可以改变先天的心性,后天的恶习可以使人丧失善性。因此,教育的作用比政治的作用更有效果。为了更好地施行仁政,他提出要通过教育来培养"明人伦"的君子和大丈夫。教育被孟子视为人生三大乐事之一。除了游说诸侯,广招门徒进行教育是他一生最重要的活动内容。

4. 其他主张

孟子还倡导为臣的人要以仁义规劝君主,反对阿谀奉承。这个主张有益于培养士大夫、知识分子的骨气,有益于澄清吏治、限制朝廷的胡作非为。他提出"人皆可以为尧舜"的思想,被人们发展为不迷信任何权威的主张。他认为"取于民"要遵从一定的制度,要尽量减轻百姓负担,既要重农又要重商。这些以爱民为基础的经济思想和税收政策,成为后世进步思想家作为限制土地兼并、缓和阶级矛盾的依据。他的仁战思想,启发人们反对非正义战争。

总之,孟子的思想是一个完整的体系,与各诸侯所奉行的霸道政治形成了鲜明的对比和尖锐的对立。不仅如此,它还是具体的治国方针,是获得民心行之有效的政策与措施。孟子认为,有哪一个国君愿意照此施行仁政,便可治理好国家,使天下统一、人民安居乐业。

三、关于《孟子》一书

《孟子》一书以问对、答辩的方式展开,以驳论为主要的论证方法。它翔实地记载了孟子的思想、言论和事迹,保存了丰富的史料,是研究孟子思想和先秦文学、历史、经济、哲学的重要著作。

关于《孟子》一书的作者,历来有三种不同的看法:第一种意见认为,书是孟子本人著述的;第二种意见认为,是孟子死后他的门徒万章、公孙丑等共同记述的;第三种意见认为,是孟子与万章、公孙丑师徒一起记述的,而主要作者是孟子本人。孟子从62岁结束周游生活,一直到83岁去世,共有20年左右的闲居生活。他除继续讲学外,没有像孔子那样花大量的精力去搜集和整理古籍。而且《孟子》一书是写他自己和学生的言论及活动的,类似于现代人写回忆录那样,是他力所能及的。所以说,孟子生前与学生万章、公孙丑一起完成《孟子》一书的观点,比较可信。

《孟子》一书是研究孟子思想最直接、最可靠的材料。在这部著作中,作者构建了完整、庞大的孟学体系。从汉代开始,无数学者对其进行了详细分析,或者用注疏的形式,或者用旁通的名目,指出孟学所蕴含的价值。《孟子》成书之后,最初是作为诸子之书流传的。秦始皇焚书坑儒时,孟子学派的儒生也惨遭横祸,但《孟子》因为是子书而没有受到什么损害,竟奇迹般地保存了下来。

《孟子》一书共分七篇,分别是《梁惠王》上下篇、《公孙丑》上下篇、《滕文公》上下篇、《离娄》上下篇、《万章》上下篇、《告子》上下篇、《尽心》上下篇。《孟子》一书的篇名和《论语》一样,不过是摘取每篇开头的几个重要字眼来命名,并没有别的意义。本来《孟子》七篇没有分成上下两篇,到东汉赵岐所著《孟子注》时,才把七篇各分为上下两卷,后世便以此体例沿用下来。

从公元前289年孟子逝世到公元前221年秦始皇统一中国,这六十多年里战火纷飞、硝烟弥漫,人们谁也顾不上去关心孟子的思想。等到秦始皇统一中国后又开始了焚书坑儒,孟子学派的门徒更是大受打击。直到汉代,孟子的地位才开始有了回升。汉孝文帝设置了《孟子》博士这一学官,专管《孟子》这部书的学习和传授。唐代末年的韩愈把孟子看做儒家"道统"的真正继承者,说"道统"因为孟子去世而没有得到流传,这时《孟子》的地位才开始得到重视。

到了宋代,孟子的地位开始正式上升。北宋的宰相王安石是变法的领袖人物,他使孟子的升格运动得到了朝廷的支持。一个明显的标志就是《孟子》由原来的诸子百家著作升格为儒家经典著作,被列入《十三经》中。不仅如此,《孟子》还首次被列入了科举考试,孟子像被立于朝廷,孟子被封为邹国公,允许配享孔庙。这样,孟子就成为孔子之后儒家最重要的学者,地位大大提高。南宋时期,孟子升格运动已经进入尾声,尊孟成为流行的学术倾向。朱熹用一生精力注成了《孟子》及《论语》、《大学》《中庸》,并将它们合在一起,并称为《四书》,成为后世读书人的必读书目,也列为科举考试的重要内容,从而确立了《孟子》的经典地位。

元、明、清三代,《四书》都被确定为科举考试的科目,成了学者通过科举进入仕途的必备工具。

孟子作为儒家学派的重要人物之一,一方面备受后世儒者的尊崇,另一方面也遭受过很多反对者的攻击。这种既被抬举又被贬低的处境,是中国古代思想文化史上一个十分有趣的现象。透过这一现象,我们可以对孟子及其学说有着更为清醒和全面的了解。

早在汉代,孟子就成了一些人批评的对象,王充在他的《论衡》一文中专门辟出了《刺孟》篇,抨击孟子是庸俗的儒者,没有什么可值得敬重的。

唐太宗尊崇儒学,尊孔子为先圣,尊孔子的弟子颜渊为先师,可是同时配享孔庙的二十一人中,却没有孟子的名字。

到了宋代,有的人居然以骂孟子为时尚。当时有个叫李觏的著名儒学家,一向讨厌佛学,也讨厌孟子,最喜欢做的事情就是骂佛和孟子。李觏文章写得很好,也很爱喝酒。有一次一位高官朋友送给他许多高级名酒,他自己家中也酿制了好些美酒。这时有位想喝酒的读书人知道了,便投其所好,专门写了几首骂孟子的诗送给李觏,大致内容是说孟子著作中一味相信历史记载,不符合实际,实在很迂腐等等。李觏读了十分欢欣,就请这个书生到家里来喝酒。他们一边喝酒,一边骂孟子,直到把所有的酒都喝完了,书生这才离开。后来李觏后悔自家的好酒都被书生骗光了。

明代贬损孟子的现象就更典型了。明太祖朱元璋是个心胸狭窄、刚愎自用的专制皇帝,他因为读到《孟子》中"民为贵,社稷次之,君为轻"及"君之视臣如土芥,则臣之视君如寇仇"等章句,恼羞成怒,大骂孟子,对孟子恨之入骨。可惜当时孟子已经死了一千五百多年了,朱元璋没法解气,只好下令撤销孟子在孔庙中配享的地位,并下诏凡有进谏者一律以大不敬论处。可是,当时就有一个不怕死的刑部尚书钱唐,竟然抬着自己的棺材上朝,还说:"我为孟子死,死了也光荣。"当时朝臣们都为他的性命担忧,有一位掌管天象的官员趁机报告说天象异常,可能是因为朱元璋的行为触犯了天神。朱元璋无可奈何,只好收回成命,既没有治钱唐的罪,还恢复了孟子在孔庙中的地位。所以孟庙中至今还有钱唐的牌位。但是朱元璋心中到底不舒服,过了二十多年,他又命令大学士刘三吾审查《孟子》,删去原书中所谓的"反动言论"共八十五条,编成了《孟子节文》,而且《孟子》原书也不再作为科举考试的命题内容。尽管朱元璋在政治上如此诋毁孟子,却并没有取得多少实际效果,《孟子节文》虽没有流传于世,孟子的地位也没有被动摇。

那么,孟子究竟为什么会遭到这些人如此的憎恨呢?这大概就是因为孟子思想中有太多不合专制统治者利益的内容。比如提倡相对平等的君臣关系,主张民贵君轻,强调民本意识等等,而这正是专制君主和达官权贵们所无法容忍的。对于封建专制的君主来说,君权是至高无上的,天下百姓都只是他私有的物品,任其处置。而孟子却公然抵触这千古不变的封建伦常,说什么汤武革命是正义的行为,桀纣之流是民贼独夫,这简直就是号召普通民众忘却"君臣大义",随时起来造反。所以,他们对孟子不能不骂,也不能不痛恨。这大概是历朝历代都有人咒骂孟子的重要原因。幸运的是,孟子生活在文化环境相对宽松、思想言论比较自由的战国时代,在他生前并没有遭受什么厄运。秦始皇的焚书坑儒是在他死后,后世被人咒骂、讽刺、毁损,也都是几百年甚至千年之后了,不可能对孟子造成什么伤害了。

《孟子》全书 35000 字,语言形象,说理精辟,文字流畅,不仅是一部儒家的经典著作,也是一部优秀的古代散文集。孟子的散文创作对后世影响很大,唐宋时的散文大师,几乎都以孟子的文章为典范。

首先,《孟子》的语言具有高度的形象性,原因就是他善用比喻和寓言故事形象地说明道理。《孟子》的比喻、寓言不仅数量多,而且丰富生动。比如"揠苗助长、缘木求鱼、五十步笑百步、一曝十寒、牵牛过堂、齐人妻妾、牛山之木、再作冯(píng)妇"等,这些比喻和寓言有的取材于现实生活,有的是眼前景物,有的是出于杜撰。从风格上看,有的夸张、有的幽默,但大多生动有趣、通俗简练,而且令人深思,显示出孟子散文的活泼和机智。用寓言故事作为比喻,可以说是孟子开创的一种中国古代散文的风气。而用比喻来说明道理,辩论是非,既能吸引人们的注意,又加强了说服力;既有高度的艺术性,又具有深刻的思想内容。

其次,《孟子》的散文说理很有气势,感情强烈而富于鼓动性,表现出一种高超的论辩艺术,具备了纵横家、雄辩家的气概。比如,齐宣王问起齐国先王齐桓公之事,孟子却能巧妙地把话题引到王道仁政上来。从齐宣王不忍心用牛祭钟的小事说起,先夸奖他有仁心,博取他的好感;接着批评他虽有仁心却没有扩展到百姓身上,是"不为",而不是"不能";然后又点明齐宣王想称霸天下的大企图,同时指出,以武力征服天下，必然招致灾祸。只有施行仁政，才能天下无敌。这番说理终于引起了齐宣王对于仁政的兴趣。孟子的说理之所以成功，主要是因为他善于在论辩中抓住对方心理，因势利导，诱使对方进入他设计的话题中。他在对话中始终掌握主动，使对方在不知不觉中接受了他的观点。再比如，对于齐宣王没有治理好国家这个问题，孟子开始并没有直接批评，而是问他："有人要到楚国去，把妻子托付给朋友照顾，可这位朋友却让妻子挨冻受饿，该怎么对待他？"齐宣王回答说："抛弃他。"孟子紧接着又问："法官没能审理好案子，该怎样处置他？"齐宣王回答："罢免他。"这时，孟子突然把话题一转，问道："国家没治理好，该怎么办？"齐宣王一下子钻进了孟子设计好的"圈套"，毫无准备，无法回答这个问题，只好尴尬地"顾左右而言他"。

《孟子》语言的另一个特色是精练准确、自然生动。《孟子》大部分的篇章都具有口语特点，既浅显自然、准确流畅，又带有强烈的感情和气势，语气极为逼真。如"校人欺骗子产"、"齐人娇妻"、"揠苗助长"等比喻和寓言故事里的人物对话，还有孟子与弟子之间对答时所说的"此一时彼一时也"、"四十而不动心"、"子诚齐人也"之类的语句，大都接近口语，十分生动流畅而又风趣自然。

总之，《孟子》的散文虽然还没有脱离语录体，但与《论语》相比已经有了很大的发展。

参考文献

1. 江佩珍、陈籽伶《孟子名言的智慧》，岳麓书社，2004。
2. 张应杭、黄寅《快乐源于心：孟子教你的人生智慧》，天津科技翻译出版公司，2004。
3. 唐志龙《内圣外王——孟子谋略纵横》，蓝天出版社，1997。
4. 黄绳《从文学的角度看孟子》，广东教育出版社，1992。
5. 熊礼汇、姜国斌《孟子与现代管理》，学林出版社，1999。
6. 杨泽波《孟子与中国文化》，贵州人民出版社，2000。
7. 李中民《孟子——儒家的灵魂》，春风文艺出版社，1992。
8. 陈飞《孟子素描——王宫里的思索》，中州古籍出版社，1997。
9. 曹尧德、曹笑梅《乐山仁者——孟子的故事》，华文出版社，1997。
10. 南怀瑾《孟子旁通》，复旦大学出版社，2003。

老子与《老子》

张利满

老子(约公元前6世纪—公元前5世纪),春秋末期哲学家、思想家。老子姓李,名耳,又称老聃。

老子主张修养道德,崇尚自然无为,是道家思想学派的创始人。他的思想大都载入《老子》之中,并成为秦汉以后对中国历史和文化影响最为深远的经典名著之一。

一、老子的故事

1. 孔子问礼

老子和孔子生活在同一个时代,老子大约比孔子大二十多岁。由于老子曾经管理国家藏书馆,他有机会阅读大量的史书,熟悉古代的礼制。

有一次,孔子和南宫敬叔两人向鲁国的国君请示,要去拜见老子。国君同意了,并且给了他们一辆车、两匹马和一个仆人。孔子二人见到了老子,交谈一番后,准备离开。老子说:"我听说有钱人把钱财当礼物送给别人,品德高尚的人把有道理的话送给别人。我没有钱,就假装是品德高尚的仁人,送你几句话吧:聪明机智、博学善辩的人常常会遇到危害自身的情况,就是因为他们喜欢议论别人、揭露别人的短处,做人做官都不要只考虑自己、太显示自己啊!"孔子听了,很受启发。回到鲁国后,孔子更受人欢迎,弟子也更多了。

还有一次,孔子去向老子请教古代礼制的问题。孔子非常喜欢古代的礼制,崇拜古代的圣人。老子却认为那些古代的制度破坏了人们的自然状态,不应该继续推行了,若是想通过掌握这些礼制来做官就更不对了。于是老子对孔子说:"你说的那些圣人,他们的骨头都腐烂了,只剩下那些言论,可是也过时了。人们遇上好机会做了官就得意洋洋,没有好机会或运气不好时就孤零零地四处飘荡。我却听说有经验的商人总是先把好东西藏起来,好像什么也没有;君子们虽然有智慧、有德行,看上去却像不聪明的一样。骄傲、贪婪对你都没有什么好处,把这些都改掉吧!我要告诉你的,也就是这些了。"孔子听了,非常佩服。离开老子后,孔子对自己的弟子说:"鸟,我知道它能飞;鱼,我知道它能游;兽,我知道它能跑。会跑的可以用网捉住,会游的可以用线和钩子钓上来,会飞的可以用箭射下来。至于龙,我就不知道了,它能乘着风踩着云上天啊!我今天看到了老子,他不就像龙一样吗!"

老子和孔子见面交流,是非常有历史意义的事情。老子和孔子的思想不同,但他们都是中国哲学史上的重要人物。老子代表的道家思想、孔子代表的儒家思想一直是中国历史上最重要的两种思想,二者互补,是中国人千百年来的精神寄托。

2. 老子出关

老子生活的时代,各诸侯国已经不再像以前那样尊重周天子、承认周天子的中心地位。周天子的统治越来越衰败,各诸侯国之间却为了争夺土地和人口,战争越来越频繁。老子看到混乱的社会状况,先是愤怒,然后失望,老子知道周王朝已经无法挽救了,便决定去隐居。老子骑上一头青牛,一路向西走去。

从老子生活的周的都城向西走,一定要经过函谷关。这座关隘建在山谷中,两边都是高山,长长的山谷就像一个盒子一样,因此叫做"函谷关"。"函"就是盒子的意思。一天,函谷关的守关将领看到一团紫色的云气从东方飘来,便知道一定有一位圣人要从东方来了。因为紫色正是祥瑞的象征。于是守将便在函谷关前等待这位圣人的到来。果然,没多久,只见一个老人骑着一头青牛,十分悠闲地从东边走了过来。这人便是老子。

这位守关将领一直很喜欢老子的学说,见老子来到函谷关,非常高兴,便把老子留下来。听说老子要去关外隐居,便请老子一定要写一本书,把学说保存下来,否则不让他出关。于是老子便暂时在函谷关住下来,把自己关于"道"和"德"的思想总结整理成一本五千多字的书,交给守关将领,自己骑上青牛,出了函谷关。没有人知道老子到底去了什么地方,也没有人知道老子后来怎么样。有人说老子活了一百六十多岁,甚至有人说他活了二百多岁,没有人知道确切的答案。

老子出关的故事流传了两千多年,它为老子和《老子》这本书增添了许多神秘的色彩。后来,"紫气东来"成了中国著名的成语,用来形容吉祥、神圣的事物。

二、《老子》的思想和智慧

道家思想和儒家思想是中国传统文化的两大主流,儒道互补是中国传统思想文化的基本格局。老子和孔子作为并驾齐驱的两位先哲,对中国人的精神世界产生了深远的影响。同时,老子的思想又具有自己的特点,他的视野更广阔,不仅关注人,更关注天地万物的起源和发展变化。老子创立了中国哲学的很多基本概念,为中国哲学的发展奠定了基础。老子的思想主要表现在以下几个方面:

1. 道生万物

"道"是《老子》一书中最基本的概念,共出现了七十多次。什么是"道"?简单地说,"道"是天地万物的起源和发展动力,老子说:"道生一,一生二,二生三,三生万物。""道"是万物的根源,是自然的规律,具有玄妙的特性,因此说"道可道,非常道",也就是说,可以说得出来的,就不是常"道"。但是"道"又是有规律可循的:

首先,"道"的规律体现在万物总是对立存在,相反相成。老子说:"正言若反。"意思就是正面的话用反面来说。有和无,难和易,长和短,高和低,前和后,祸和福,善和恶,美和丑,强和弱,两个对立面同时存在,少了任何一方,另一方都不会存在。

第二,"道"的规律体现在对立的双方不是静止不变的,在一定的条件下,可以相互转化。老子说:"反者道之动。"他还说:"(道)周行而不殆。"意思就是说,万物不仅对立存在,而且总是向相反的方向运动,周而复始,不断循环。《老子》中有一句话:"孰能浊以静之徐清,孰能安以动之徐生。"这句话的意思是:"谁能在动荡中安静下来而慢慢地澄清?谁能在安定中变动起来而慢慢地生长?"静止与运动,浑浊与清澈,停滞与前进,就这样不断地循环变化。德国的哲学家黑格尔很喜欢这句话,据说他请人把它写出来,挂在墙上,每天都可以看到。

老子谈论的"道",虽不可言说,却无处不在,体现在天地万物之中。具体到人,"道"是人类行为的准则。老子的所有思想也都是从"道"展开。

2. 有无相生

有和无是《老子》中另一对重要的概念。老子说:"无,名天地之始;有,名万物之母。"又说:"天下万物生于有,有生于无。"无和有是形成天地、产生万物的根源,天下万物的存在也就是"有",而"有"正是由于"无"才存在。这是抽象的道理,老子举出具体的例子说,车的辐条排列成一个圆圈,中间是空的,可以让车轴转动,于是车就可以行驶了;器皿中间是空的,这样就可以装东西了;建造房屋,把四面墙壁围起来,中间是空的,房屋就可以住人了。车、器皿、房屋的存在,这就是"有","有"给人带来便利;而这些便利能够发挥出来,正是由于中空的地方发挥了作用,中空的地方也就是"无"。有"无"才有"有",所以说"有无相生"。

3. 无为而无不为

"无为"是老子非常推崇的行为准则。"无为"的意思不是说什么也不做,而是"不妄为"的意思,也就是说不能违背规律、胡乱作为,所有违背自然规律的行为都不会获得成功。老子崇尚无为,就是崇尚自然,按照自然规律去做,看上去好像并没采取什么强有力的措施,却能取得最好的成果。

老子生活的时代,社会混乱无序,动荡不安。国家君王政令频繁,不时干预社会生活。而这些正是老子反对的,他提倡君王应该本着"自然无为"的原则去治理国家,顺应事物本身而自由发展,不应该用外在的力量去干预。君王不标榜贤能之名,人们就不会为这些虚名而争夺不休;不重视难以获得的物品,人们也不会为得到这些珍贵之物而偷盗泛滥、尔虞我诈。老子反对君王用计谋、机巧治理国家,因为这只能使人们变得更加投机取巧、追逐名利。不如从君王到百姓都自然无为,只强身健体,而抛弃名利、去除贪欲,这样一来,君王"无为而民自化",君王"好静而民自正",君王"无事而民自富",君王"无欲而民自朴"。君王实行无为而治的方针,百姓也就会自发地人心向善、返璞归真,国家也就自然而然地治理好了。

"无为"不仅是治理国家的方针,也是个人行为的原则。个人生活同样应该顺应自然规律,而不要强作妄为。

4. 柔弱胜刚强

老子以柔为贵,强调"柔弱胜刚强"。他说,人活着的时候,身体是软的,而死后就变得僵硬了;草木活着的时候,枝叶是柔嫩的,而死后就干枯了。牙齿是坚硬的,舌头是柔软的,可是牙齿都掉光了,舌头却还活动自如。可见,刚硬的东西属于死亡,柔弱的东西属于生存。这个道理运用到生活中,柔弱比刚强更有生命力、更有发展前途。

老子所说的"柔弱",并不是软弱、退缩,他要强调的是以柔处世,谦让不争。因为与世无争,也便不会引来祸患;相反,刚强者常常自以为是,处处逞强居上,自然也容易招致祸患。

"以柔克刚"、"四两拨千斤"早已经成为中国人熟知的词语,并且运用于日常生活之中。

5. 上善若水

老子强调"柔弱胜刚强",常常用水作为比喻。水具有三个特点:一是柔,二是处于下方,三是滋润万物而不与其相争。

老子说:天下没有比水更柔弱的,但是冲击坚强的东西,什么也比不上它。水放在圆形的器皿中就是圆形的,放在方形的器皿中就是方形的。如此柔弱的水,却蕴含着巨大的力量,房檐上的水滴可以击穿台阶的石头,汹涌的洪水更可以无坚不摧。

俗话说,水往低处流。水总是停留在低洼的、众人厌恶的地方,从不与别的东西争夺高处。但是正因为水处于下方,而更善于包容万物。其中,海洋是地势最低下的,却也是容量最大、空间最广阔的。"江海之所以能为百谷王者,以其善下之,故能为百谷王。"江海所以能成为许多江河流注的地方,正是因为它善于处在低下的地位。

老子说:"上善若水。水善利万物而不争。"最高层次的善就像水一样,善于滋润万物而从不与其相争。

最完善的人格也像水一样,柔弱处世,甘愿处下,尽力帮助别人,却不和别人争名夺利。

6. "三宝"

老子说:"我有三宝,持而保之:一曰慈,二曰俭,三曰不敢为天下先。"老子保持的三件宝贝一个是慈爱,一个是俭约,一个是不敢处于天下人的前面。

不敢处于天下人的前面,也就是甘愿处在后面,这是老子一贯坚持的"谦让"、"不争"的体现。很多人喜欢争强好胜,为了一点名利,互相争夺不休,结果却往往两败俱伤。因此老子提倡"不争"。不争的人会受到别人的尊重,这是争名夺利的人得不到的。所以老子又说:"夫唯不争,故天下莫能与之争。"正因为不争,天下没有人能跟他争了。

7. 功成不居

有人觉得老子的"不争"是不思进取、没有作为、保守落后,其实并非如此。老子说:"生而不有,为而不恃,功成而弗居。"意思就是生成万物而不据为己有,养育万物而不夸耀自己的能力,取得成就而不自以为有功。老子并不否认个人的努力,但却反对占有功名。而正因为放弃了功名,他的功绩永远存在,永远被人承认。也就是说,老子既强调"功成",也强调"不居功";不仅不与别人争夺功名,连自己的功绩也不强硬地占有。可以说,老子崇尚的品行,是最完美的品行。

8. 知足常足

很多人之所以不断争名夺利,是因为欲望无边,不知满足。老子痛恨人类的贪婪,深深感受到欲望给人带来的祸患。老子说:"罪莫大于可欲,祸莫大于不知足。故知足之足,常足矣。"没有比引起欲望更严重的罪过了,没有比不知足更严重的祸患了。知道满足,就不会觉得欠缺。懂得适可而止,就不会带来危险。

欲望如此危险,因此老子提出"见素抱朴,少私寡欲",也就是让人们保持质朴纯真的本性,减少自私自利的贪婪欲望。完全消灭欲望是不现实的,因此老子提到"少"和"寡",也就是减少贪欲,控制欲望的膨胀。

9. 小国寡民

老子"小国寡民"的政治理想被很多人熟知,其实这也与上面提到的控制欲望有关。老子生活的时代,各诸侯国的君王为了争夺土地和人口,不断扩大自己的力量,连年战争,赋税苛刻,人民灾难深重。老子看到这种社会状况,他设计了一种理想的社会状态:(诸侯国)国家的面积不大,人口不多,有各种器物却不使用,人民重视生死而不流离他乡。虽然有船只车辆,却没有必要乘坐;虽然有铠甲武器,却没有机会陈列。人民又回到过去那种和谐的社会生活中。人民吃得好,穿得美,住得舒服,玩得快乐。国与国之间可以互相看得见,鸡鸣狗叫的声音可以听得见,人民却从生到死都安于自己的生活,不必与他国往来。

这种社会状态是老子的一种理想,也是所有处于战乱中的人的理想。也许这种虚构的小国寡民的社会一直没有出现,以后也很难存在,但是它却寄托了人们最美好、最纯真的愿望。

10. 治大国若烹小鲜

"小国寡民"只是一种理想的社会状态，老子并没有沉醉在幻想中，他也提出了自己的政治主张，就是"治大国若烹小鲜"，这也是前面提到的"自然无为"的治国方针的体现。老子说，治理国家，就像煎小鱼一样：翻动次数太多，鱼会碎；政令频繁，人民的生活被扰乱，人民也会受到伤害，甚至因此反抗君王。

"治大国若烹小鲜"在中国历史上影响深远，每当经过战乱建立起新的朝代，统治者都会注意减轻百姓负担，让百姓休养生息，恢复元气。

这个道理在现代社会也仍然很有价值，据说美国的前总统里根曾经提到这句话，可以想见在他的治国方针中，应该也包含着"治大国若烹小鲜"的深刻哲理。

三、《老子》的特色

中国古代的诸子散文大致经历了三个发展阶段：第一个阶段是春秋末年到战国初年，以《论语》、《墨子》为代表，多为语录体，文字少、篇幅短，主要记载孔子、墨子等人说过的话，《老子》也处于这个时期，但还是有自己的独特之处；第二个阶段是战国中期，以《孟子》、《庄子》为代表，多为对话体，篇幅明显变长，词汇也更丰富；第三个阶段是战国后期，以《荀子》、《韩非子》为代表，文章的结构已经很复杂，形成了论理深刻的论说文体裁。

《老子》从时间上说基本属于第一阶段，但它还具有自己鲜明的特点：

首先，《老子》不是像《论语》一样的语录体，也不像《庄子》一样大量引用寓言故事，而只是用非常简短的语言表述深刻的哲理，因此《老子》和其他诸子散文比较起来，更加"微妙难识"。

第二，《老子》中多处用韵，而且句式规整，这和其他诸子散文有着明显区别。前人研究后曾经说，诸子文章也有用韵的，可是只有《老子》在这方面特点最突出；所有先秦的书籍，除了《诗经》、《周易》、《离骚》，只有《老子》"纯用韵文"。举例来说，《老子》第五十六章：

塞其兑，闭其门；挫其锐，解其纷；和其光，同其尘。

再如第十二章：

五色令人目盲；五音令人耳聋；五味令人口爽；驰骋田猎，令人心发狂；难得之货,令人行妨。

第二十一章:

　　孔德之容,惟道是从。道之为物,惟恍惟惚。惚兮恍兮,其中有象;恍兮惚兮,其中有物。窈兮冥兮,其中有精;其精甚真,其中有信。

第六章:

　　谷神不死,是谓玄牝。玄牝之门,是谓天地根。绵绵若存,用之不勤。

第三,《老子》中多处使用对偶、排比、顶针等修辞手法,结合上文谈到的用韵,使本来讲哲理的文章读起来一点也不枯燥,像诗歌一样朗朗上口。

对偶的例子有:

　　无,名天地之始;有,名万物之母。(第一章)

　　贵以贱为本,高以下为基。(第三十九章)

　　其出弥远,其知弥少。(第四十七章)

　　祸兮福之所倚,福兮祸之所伏。(第五十八章)

排比的例子有:

　　自见者不明;自是者不彰;自伐者无功;自矜者不长。(第二十四章)

　　将欲歙之,必固张之;将欲弱之,必固强之;将欲废之,必固兴之;将欲取之,必固与之。(第三十六章)

　　大方无隅;大器晚成;大音希声;大象无形。(第四十一章)

　　不可得而亲,不可得而疏;不可得而利,不可得而害;不可得而贵,不可得而贱。(第五十六章)

顶针的例子有:

　　知常容,容乃公,公乃全,全乃天,天乃道,道乃久。(第十六章)

　　人法地,地法天,天法道,道法自然。(第二十五章)

　　道生一,一生二,二生三,三生万物。(第四十二章)

以道莅天下，其鬼不神；非其鬼不神，其神不伤人；非其神不伤人，圣人亦不伤人。（第六十章）

第四，《老子》善用比喻。运用比喻的手法来说明抽象的事物，在《诗经》便已广泛使用，也成为后世中国文学的一个传统。诸子散文也多善用比喻来阐述道理，而《老子》使用比喻的突出特点是喻体集中，水、婴儿、谷、母（牝）是《老子》中最常见的喻体，用以说明"微妙难识"的道理。

《老子》能够吸引读者，不仅仅因为思想上的深刻独特，文字上的精巧别致也是传诵千年的原因之一。

四、《老子》中的格言和成语

《老子》虽然只有五千多字，却称得上是字字珠玑，流传到今天的格言、成语比比皆是。

1. "功成不居"（第二章）：原文是"功成而弗居"。立了功而不把功劳归于自己、不占有功劳。

2. "天长地久"（第七章）：跟天和地存在的时间一样长，形容永久不变。现在多指爱情。

3. "上善若水"（第八章）：最完善的人格像水一样，柔弱不争，甘愿处下，滋润万物。

4. "金玉满堂，莫之能守"（第九章）：黄金美玉堆满了房子，但是没有人能守住这些东西。"金玉满堂"用来形容极其富有。

5. "功成身退"（第九章）：原文是"功遂身退"，还有一种版本是"功成，名遂，身退"。功业完成，退身在后，不肯张扬。这句话还演变成另一个成语"功成名遂"，指的是功业完成，名声确立。

6. "宠辱若惊"（第十三章）：得宠或受辱，心里都产生震动，形容十分看重个人的得失。后来又有与其意义相对的一个成语"宠辱不惊"，得宠或受辱都不为所动，形容不在乎得失。

7. "见素抱朴"（第十九章）：素，没有染色的生丝；朴，没有加工的原木。比喻品质纯洁高尚的圣人。

8. "少私寡欲"（第十九章）：寡，少。减少私心，降低欲望。

9. "俗人昭昭，我独昏昏；俗人察察，我独闷闷"（第二十章）：别人都精明清醒，只有我昏昏沉沉;别人都机智灵巧,只有我浑浑噩噩。这句话表现出老子淡泊处世的精神境界,也显示出他与普通人的差距。战国时代的屈原有一句话:"举世皆浊我独清,众人皆醉我独醒。"可以说屈原和老子的精神境界有异曲同工之妙。

10. "知人者智,自知者明"(第三十三章):了解别人是智慧,了解自己才是高明。后来又从这句话演变出新的成语"自知之明",用来形容了解自己,尤其是对自己的缺点了解得很透彻。

11. "大器晚成"(第四十一章):贵重的器物总是最后完成。比喻有大才能、能担当大事的人物要经过长期的锻炼,所以取得成就比较晚。

12. "知足不辱,知止不殆"(第四十四章):知道满足就不会受到羞辱,知道适可而止就不会有危险。

13. "大巧若拙,大辩若讷"(第四十五章):真正灵巧的好像很笨拙一样,真正有口才的好像不善于说话一样。形容真正有才华的人都很慎重,不随便显露出来。

14. "出生入死"(第五十章):从出生到死亡。后来形容为了某种事业敢冒生命危险。

15. "知者不言,言者不知"(第五十六章):明智的人不随便说话,随便说话的人就不是智者。

16. "和光同尘"(第五十六章):原文是"和其光,同其尘"。缓和自己的光芒,混同于尘世之中。比喻不露锋芒、与世无争的处世态度。

17. "祸兮,福之所倚;福兮,祸之所伏"(第五十八章):灾祸,正是幸福依附的地方;幸福,正是灾祸潜藏的地方。灾祸和幸福、坏事和好事在一定条件下会相互转化。有时也简化成"祸福相依"。

18. "根深蒂固"(第五十九章):原文是"深根固柢"。比喻基础稳固,不容易动摇。

19. "治大国若烹小鲜"(第六十章):小鲜,小鱼。治理大国,好像煎小鱼一样。煎小鱼不能不停地翻动,否则鱼就碎了;治理国家也不能扰乱百姓的生活,否则百姓就会受到伤害,甚至因此反抗君王。

20. "轻诺寡信"(第六十三章):原文是"轻诺必寡信"。轻易许下诺言的人,一定很少有信用。

21. "合抱之木,生于毫末;九层之台,起于累土;千里之行,始于足下"(第六十四章):粗大的树木,是从细小的嫩芽生长起来的;九层的高台,是从一点一点的土建起来的;千里的远行,是从脚下一步一步走出来的。比喻事情的成功都是由小到大逐渐积累的。

22．"慎终如始"(第六十四章):工作快结束时,仍然像开始时一样谨慎。也就是说,做事从始至终都要谨慎。

23．"哀兵必胜"(第六十九章):原文是"抗兵相若,哀者胜矣"。两军对抗,力量相当,悲愤的一方获得胜利。后来指受压迫而奋起反抗的军队,必然会取得胜利。

24．"被褐怀玉"(第七十章):被,披着。褐,粗布。身上穿着粗布的衣服,怀里抱着美玉。表示不显露、不炫耀自己,也比喻出身低微、外表普通,却有真才实学。

25．"天网恢恢,疏而不漏"(第七十三章):原文是"天网恢恢,疏而不失"。恢恢,非常广大的样子。天道像一个广阔的大网,虽然稀疏,却不会有一点漏失。比喻天道公平,任何坏人都会受到惩罚。现在也常被借用为"法网恢恢,疏而不漏"。

26．"民不畏死,奈何以死惧之"(第七十四章):人民不害怕死亡,为什么还用死亡来恐吓?

27．"以德报怨"(第七十九章):原文是"报怨以德"。用恩惠来回报自己与别人之间的仇恨。

28．"天道无亲"(第七十九章):亲,亲近、偏爱。自然的规律公正无私、没有偏爱。

29．"小国寡民"(第八十章):国家小,人口少。

30．"鸡犬相闻"(第八十章):原文是"邻国相望,鸡犬之声相闻"。邻国之间可以相互看得见,鸡鸣狗叫的声音可以听得见。形容距离非常近。这是老子设想的一种理想的生活状态,后来晋代的陶渊明在《桃花源记》中,也描述了类似的安逸生活的场景。

31．"信言不美,美言不信"(第八十一章):信,真实。真实的话不美妙动听,美妙动听的话不真实。俗语说:"良药苦口利于病,忠言逆耳利于行。"真实、正直的话虽然不美妙动听,却是最有价值的。

五、《老子》的版本流传

现在流传的《老子》,分上下篇,共八十一章。上篇共三十七章,第一章以"体道"为题;第三十八章以"论德"为题,是下篇的开始,下篇共四十四章。因此《老子》又名《道德经》。《老子》问世以来,一直受到人们的欢迎,历代注解有七百多种。

《老子》不只在国内流传,早在唐代,《老子》就被译成梵文,介绍到国外。至今《老子》已经有几十种译本,据调查,除《圣经》外,《老子》的译本最多。

在中国,流传最广的《老子》注本是"河上公本"和"王弼本"。河上公和王弼做注解所引用的《老子》文字略有差异。那么,《老子》本来的面貌究竟什么样呢?

在中国历史上,关于《老子》写作年代的争论特别多,有人说是春秋末年写的,有人说是战国末年写的,甚至有人说是秦汉时候写的。这个问题引起了很多学者的争论,可是由于没有足够的资料,一直没有得出让大家信服的结论。

1973年12月,在湖南长沙附近一个叫马王堆的地方,发现了一座汉代的古墓,出土了一批非常有历史价值的帛书,也就是写在一种丝织品上的书。其中恰好有《老子》这本书,而且有两种不同的版本。得到这个消息,学者们都非常高兴,仔细研究了这两种《老子》的文字。后来发现,第一种版本中有"邦"字,那么这本书最晚在公元前二百年左右就出现了。因为那个时候的皇帝叫"刘邦",而写书是一定要避开皇帝的名字的,这种现象叫"避讳"。它是判断一本书写作、出版年代的很有用的办法。有了这个公元前两百年就已经流传的《老子》,以前人们认为的《老子》出现在秦汉时代的说法就不对了。

考古总会给人们带来惊喜。当马王堆出土的《老子》还在被人们津津乐道时,二十年后又有一项考古发现令人又惊又喜。1993年,湖北省郭店一个战国中期的古墓中,又发现了《老子》,这一次是写在竹简上的。它比马王堆的帛书《老子》还早了一百年左右,是目前所见到的最古老版本。这样一来,说《老子》这本书写作于战国末期甚至秦汉时代,就又不对了。

马王堆帛书《老子》、郭店竹简《老子》和现在常见的《老子》文字、篇章顺序不太一样,三者互相印证,互相补充,正好可以让我们更真实地了解历史原貌,更恰当地领会老子的思想。帛书《老子》和竹简《老子》在地下沉睡了两千多年,终于带着神秘的历史痕迹重见天日。现在,关于《老子》还有许多谜没有解开,期待着考古给我们带来更多的惊喜。

参考文献

1. 陈鼓应《老子今注今译》,商务印书馆,2003。
2. 罗义俊《老子入门》,上海古籍出版社,2006。
3. 何宁《淮南子集释》,中华书局,1998。
4. 王先慎《韩非子集解》,中华书局,1998。

庄子与《庄子》

陶黎铭

庄子是中国文化史上的一位伟大人物。他既是一位哲学家,又是一位文学家,对中国哲学、文学都做出了巨大贡献,在中国文化史上占有重要的地位。

一、庄子的生平

关于庄子的材料,现在所知不多。除了战国时期某些著作的零星记载和《庄子》中提供的一些相当分散的材料,主要根据的还是司马迁的《史记》。但《史记》对庄子的叙述也没有单独成篇,它是作为《老子韩非子列传》中与老子、申不害、韩非并列的人物而出现的,全篇对庄子的介绍只用了280多个字。看来要想完整地了解庄子在目前看来是不可能的,就是现在对庄子的一些说法也受到人们的追问,例如《史记》说庄子是宋国蒙人,但没有说蒙在什么地方,最新的说法有多种,有的说是山东的东明,有的说是山东的曹县,有的说是河南的商丘,有的说是山东的民权,也有的说是安徽的蒙城。尽管如此,我们还是可以介绍一些庄子生平的若干片段。庄子姓庄,名周,具体生卒时间不清,大概属于战国的中后期,根据已有的研究成果可以认定公元前328—前295年他在世。他曾做过漆园吏,就是管理漆园的小官,不过没有做多久就辞官隐居了。在先秦哲学家中,可能他算是最穷困的了,根据他弟子的说法,生活窘迫的时候,他就靠打草鞋过日子,甚至有吃了上顿没有下顿、向别人借粮过日子的状况。有一次他去见魏王,穿的是补了又补的粗布衣服,草鞋上的带子也是断了再接的,但他并不为贫困所乱。所以当魏王问他为什么如此潦倒时,庄子马上说:"我是穷,不是潦倒,是生不逢时,如同落在荆棘丛里的猿猴,处势不便,未足以逞其能也。"《史记》还说了这样一件事,楚威王听说庄子很有才干,就派两名使臣带重金聘他为相,庄子笑着对使者说:"千金固然是重利,宰相当然也是高位,但你们不妨看看那祭祀的牛,虽然平时吃的是美味,披的是锦绣,但一旦成为大庙的祭品时,想做自由的小猪也不可能了。你们快走开,不要玷污我,我宁愿像条小鱼,在污浊泥水中自得其乐,也不愿受国君们的束缚。"在另一个故事中,庄子把自己喻为高洁的凤凰,而惠施所任的梁国宰相这一高位就像腐烂的老鼠不值一顾。

和先秦其他思想家不同,庄子终身不出,过着隐士生活。他也有学生,但为数不多,不像孔子有三千弟子,七十二贤人,确切记载的就有几十人。史书说他去齐国的时候,有几十辆车跟随,从者数百人。庄子的朋友也不多,在当时的学者名人中,他和惠施经常往来,《庄子》书中有不少他和惠施讨论、争辩的故事,所以惠施的死对庄子来说是少了一个可以互相启发、相互切磋的朋友。

二、关于《庄子》

我们现在看到的《庄子》是晋代郭象的本子,全书共三十三篇,分内篇、外篇、杂篇三部分:其中内篇有七篇,从《逍遥游》至《应帝王》;外篇有十五篇,从《骈拇》至《知北游》;杂篇有十一篇,从《庚桑楚》至《天下》。郭象的《庄子》其实只是诸多本子中的一本。《世说新语》中说到在向秀以前就有数十种《庄子注》了,不同版本的篇数多有不同。《汉书·艺文志》说,在汉代流行是五十二篇。到了晋朝,卷数和篇数就不同了。晋朝为《庄子》做注的主要有向秀、郭象、李颐等。向秀的为二十六或二十七篇,与现代的通行本相比,前者多了十九篇,后者少了七篇。其他的还有李颐的本子为三十或三十五篇,崔譔的本子为二十七篇。司马迁《史记》见过《庄子》一书,但只说著书十余万言,没有说明篇数,更没有内篇、外篇和杂篇之分。这种区分大致是汉代以后形成的。先秦时代的文字基本上是以篇章形式出现的,很少有将整本著作分成内外篇的,现在能够确定的是,将整本著作分成内外篇的是淮南王刘安,将《庄子》分成内外篇的可能在刘安之后,最晚是在班固时。确认是在汉代之后才将《庄子》分成内外篇,至少有两个意义:首先,内篇、外篇、杂篇的区分是后人对庄子的一种解读。这种区分,原本是没有多少严格的界限,"注者以意去取"。刘安将《庄子》五十二篇分成内外两篇;向秀的二十六篇,七篇为内篇,其余为外篇;郭象的本子在内篇外篇之外加了一个杂篇,把原来属于外篇的部分内容移入到杂篇,并对原来的五十二篇做了删裁。所有这些都是对庄子思想不同角度的认识与把握。其次,内篇、外篇、杂篇的区分目的是要把握它们之间的内在联系。内篇、外篇、杂篇区分后,后人都很注意它们的关系,有不少人对何篇出自庄子本人,何篇出自庄子后学相当注意。其实,"凡称子书,多非自著",一般出自后学记录编撰,或成书后不断修订重编而成,这就意味着《庄子》是一部逐渐累积编就的丛书,对真伪的考证意义不那么大。更值得关心的是《庄子》各篇包括先后主次在内的相互关系,对这个问题的研究成果可以提供不少有价值的看法:内篇、外篇、杂篇的关系是由早期到晚期,从庄子的主要思想到庄子后学思想的发展关系;内篇为思想的核心,外篇、杂篇是对内篇的发挥与证明,存在一种交互作用,可互相补充;内篇、外篇、杂篇三部分中的有些主题、论点甚至论据都是相同或者相近的。这里顺便提一下《庄子》的注本。历史上研究《庄子》的注本很多,常常是旧注未停,新疏又出,几乎无法统计。一般来讲,时间越往后推,《庄子》一书的注本就越好。目前学术界比较公认的注本中有:较好发挥《庄子》思想的著名的有晋郭象的《庄子注》十卷;影响较大的有明焦竑的《庄子翼》八卷;近人王先谦《庄子集解》八卷,以及目前流行最广、集注释之大成的郭庆藩的《庄子集释》。

庄子是世界上最善于用神话讲道理的少数人之一。在《庄子》中我们可以看到人与鱼的对话,河与海的交谈……他想用神话来暗示,书中要说的是不能直接说的,不能按字面意义去理解。庄子的书不像《论语》、《孟子》,写出来的就像家常话那样好懂,他常常用反话、胡话来表达自己的观点,这就牵涉到《庄子》的语言表达形式"三言"。

"三言"是指:"寓言、重言、卮(zhī)言。"所谓"寓言",是指虚构的托于别人说的话,或是禽言兽语,或是离奇的故事,更包括一些意不相及的历史人物那些脱离现实生活的对话等。所谓"重言",则有重复之意,指援引或摘录或重复前贤和古人以及自己的谈话或言论。所谓"卮言",简单地说,就是"支言",也就是支离而又诡诞,既不顾真理又强违世俗,完全是故意耸人听闻的语言。"卮"就是漏斗,漏斗的特点是中空无底,表明它是没有成见的,是自然的传声器。《寓言》篇讲:"在我说的话中,寓言占十分之九,重言占十分之一,卮言则天天有,这三种话语交替使用,浑然一体,有时很难截然分开。"例如:《逍遥游》中"北冥有鱼"整章都属于寓言形式,但其中所授引《齐谐》之言和棘回答殷汤的话,又属于重言,而"至人无己,神人无功,圣人无名"的这个结论,属于卮言。在庄子看来:夸赞儿子对父亲来说总不如别人显得真实,寓言的运用更能准确地表达自己的意蕴;引述前辈圣哲的言论传告了前辈的论述,他们通晓事理,具有长者的厚德,所以重言可信;运用卮言是为了防止主观臆断,它没有成见,没有固定的形式,随心表达、随时随物而变化,言论天天变化更新,跟自然的区分相互吻合,因循无尽的变化与发展,因此能持久延年。从总体上看,寓言是文章的基本形式,卮言是思想学说的基本内容,重言是对其思想学说的前人佐证。《天下》篇说:"以卮言为蔓衍,以重言为真,以寓言为广。"所以,寓言与卮言是形式与内容的关系,它们是统一的,而重言又统一在寓言与卮言之中。认识庄子,首先要读的是《内篇》的《逍遥游》与《齐物论》,它们集中表达了庄子的主要卮言——思想学说的内容,是庄子的代表作。《逍遥游》主要表达了他无为的道德哲学,《齐物论》主要表达了他的天道观和认识论,两者之间有着内在的联系。历代庄子的研究者都十分看重这两篇,认为它们具有一种提纲挈领的作用。明确寓言、重言、卮言的作品表达特征,有助于正确地把握《庄子》中的人物事件思想,也不会奇怪为什么我们知道的孔子与《庄子》中的孔子会有如此不同。

三、庄子的主要思想

庄子作为道家哲学的主要代表,提出了一种战国时代特有的、针对乱世而发的、并能在一切乱世中行之有效的学说。

1. 庄子之"道"

老子提出了"道",庄子继承并发挥了道。他在总结老子论"道"的基础上,不仅继承老子的天道有普遍、伟大、必然、万异、万同、均调、神秘等特点,进而提出道是无形无象的,是比天地更为古老的原始存在,最具有实在性。道有感触,有徵验,没有行动,没有形体;它可以被人所获得,但谁也不可能看见它。把它放在天地之先也显不出它的高,放在天地四方之下也不显深;它生在天地之先也显不出它的长久,它生在上古时代也显不出它的衰老。道是无形的,道化万物却是有形的,即使是阴阳之气,都是一种具体实物,那生天生地,使万物成为万物的非物质性的东西就是道。

道看不见听不到摸不着,但又无所不在,所以好多人都想打破沙锅问到底。当时有个东郭子就再三追问庄子:"你经常说的道究竟在什么地方?"庄子的回答是:"在蝼蛄与蚂蚁的身上,在小米与稗子里面,在瓦片与砖块之中,甚至在大小便里都有道。"庄子这一似乎越来越不对头的回答有他的道理。他认为,只有把道说得低下些,才能显出道的无所不在,道没有什么神秘性。

道与物有着根本的区别,庄子以道为全,以物为偏,道衍生万物,而物不过是变易的形影,是道的表现,万物之间发生着从这一种形影到另一个形影的转变,由于以形相生相易的万物都有成有毁,而道无成无毁,所以道是绝对的全,从道分出来的每一具体事物都是偏或不全。他以人籁、地籁与天籁的区分为例:"大地吐出的气,名字叫风。风不发作则已,一旦发作起来,整个大地数不清的窍孔都怒吼起来。在山林峭壁生长的百围大树上有无数的窍孔,窍孔千奇百怪,有的像鼻子,有的像嘴巴,有的像耳朵,有的像杯子,有的像脸盆,有的像舂米的臼窝,有的像泥坑,有的像浅池。它们发出的声音,有的像湍急的流水声,有的像迅疾的箭镞声,有的像大声的呵叱声,有的像细细的呼吸声,有的像放声叫喊,有的像号啕大哭,有的像在山谷里深沉回荡,有的像鸟儿鸣叫叽喳,真好像前面在唱,后面在和。这就是说,地籁是风吹万种窍穴时发出的声音,同理,人籁是气吹排列起来的各种不同的竹管时发出的声音。而天籁是让地籁、人籁天然发出不同声音的自然。"这就是道。(参见《齐物论》)这一看法得到了词源学的支持。道原先解释为行走的道路,以后又引申出规律法则的意思。譬如,古人看到太阳东升西落是按照一定的路线行走的,于是就把太阳在空中行走的路线叫做"黄道"。由于道路可以通天下,道又引申出天下万物的统一性,它涵盖了全的意思。

2. 万物一齐

世界上的万事万物都是有区别的:鲲鹏与小鸟相比,它们形体不同,飞翔的高低、远近也不同;女人有漂亮的,有丑陋的,树木有大有小。但这只是低层次的看法,如果站在高处,就可以发现这些差别是不存在的。这就是庄子说的"万物一齐"。

根据《说文解字》的说法,"齐"这个字是形容谷物的穗长得一样高。由于"齐"承认不同系列之间的事物有着明显差别,因此对齐的理解,有助于我们对庄子道的基本了解。庄子把万物一齐说成是"照之于天",它表明了一种超越有限,使有限成为无限的道的观点。《齐物论》说:一个事物是什么,那是人们给它的一种称呼。实际上事物是没有定准的,万物虽不相同,但有一点是一样的,它们都是由道而生,都可以统一为一个整体,即"通为一"。如同一个循环无尽的圆圈,万物成了在圆圈上运动着的一切,而道则是圆心,它不参加运动。这里牵涉到一个很重要的概念叫"天钧",钧的原型是陶轮。庄子对古代社会的生产生活有丰富的知识,中国新石器时代文化已经普及,产生了陶轮技术,其特征是环绕一个不动的轴心进行旋转,并从生产实践中派生出有关"旋转"、"均匀"、"匀称"等相关的观念。陶钧技术的发明使得器皿胎壁的加工达到了均匀与圆整的新境界。庄子把新石器时代以来的陶钧表象改造为天道运行的哲理象征，又效法天钧的运转回旋特性创造出蔓延无穷的卮言形式，让人们通过他的文章体悟天钧之道就是永远回归，永远均平。

要做到万物一齐，首先必须做到"齐物我"。《齐物论》的说法改变了对象习惯上的参照物，它与人们的常识相反，认为天下的事物没有比秋毫再大的了，而泰山应算是小的；没有比夭折更长寿的了，而传说中的活了八百年的彭祖算是短命的。因为天地与我并生，万物与我为一。从道的观点看，物我没有差别，如果单纯持差异的观点，那就会把人体内脏的肝和胆看成是楚国与越国之间那样遥远。人的最高境界是"至人无己，神人无功，圣人无名"。只有忘掉为功名所束缚的小我，只有丢失了我自己，才能和天地精神往来，进入没有矛盾和差别的境界。根据这个观点，庄子说："分散事物，也就是成全事物；而成全事物，也就是毁灭事物；所以无论事物是成全还是毁灭，都可以贯通为一体。"用木头做桌子，从木头的角度看，是毁，从桌子的角度看是成，从道的观点看，无成无毁，它们之间没有什么区别。庄子在《齐物论》中讲了朝三暮四的故事：养猴人给猴子分橡子，说早上分给每个猴子三个，晚上分给四个。猴子们听了非常愤怒，觉得那么少根本不够吃，于是就闹起来。养猴人便改口说：那么就早上四个，晚上三个吧。猴子们听了都高兴起来。朝三暮四变成朝四暮三，在猴子看来是天壤之别，但在人看来却都是一回事。所以庄子说："大知闲闲，小知间间；大言炎炎，小言詹詹。"才智超群的人广博豁达，只有点小聪明的人则乐于细察、斤斤计较；合于大道的言论就像猛火烈焰一样气焰凌人，拘于智巧的言论则琐细无方、没完没了。

齐万物的另一个含义是齐是非。庄子认为，无穷无尽的是非之争及人所执著的是非观念，产生于人的情感，由于情感之爱总是有所倾斜，最终会形成成见，所以抑制情感与偏见是放弃是非之争的根本办法。庄子在与惠施讨论情欲问题时强调，人本来不应该有情欲，就是说，人们不应该用内心的喜爱和憎恶来伤害自己的身体。是非之争是一种无谓的争论，它消耗着人的神智和精力。像名家热衷于讨论的什么白马非马、离坚白、合同异之类的命题在我看来大可不必，丝毫没有意义，任何东西，不管你想肯定还是否定，都可以找到证明：你可以竖起自己的手指说这是手指，说他人的手指不是手指；别人也可以说他的手指是手指，说你的手指不是手指。你可以用白马来说明白马非马，其他人也可以用白马来说明白马是马。事实上每个人都有自己的标准，这种标准构成了成见，用成见来判断事物的真假和认识的是非是没有什么意义的。人总喜欢做出区分,有彼有此,有是有非,想方设法要弄出个谁是谁非,谁输谁赢,这就像竹管观天,实在太可笑了。一个事物从其自身说,可以称此;从他方面说,可以称彼;彼产生于此,此产生于彼,彼此同时产生。究竟有没有彼此的区别呢? 用道的观点看,双方都找不到各自的对立面。生的同时出现死,死的同时出现生,对的同时出现错,错的同时出现对,庄子认为这就是道的枢纽,枢纽的核心被说成是"环",意思是说,人的认识像开关一样,可以在两者之间随意转动,所以世界上很难分辨正确与错误。人睡在潮湿的地方会腰痛,但泥鳅却很自在;人爬到树上会害怕,但猴子却很悠闲;西施是公认的美人,但鱼看见了就深入水底,鸟见了就飞向高空。因此圣人不计较是非,不经是非之途去认识自然之道。

那么为什么有人要辨是非呢? 庄子分析了风声与人声,风声指的是风吹的声音,风吹千万个窍穴而声音不同。人也因自己特定的有限的观点或意见而相异,并各持己见,总以自己的意见为是,别人意见为非。不同的人有不同的标准,如果人们各按自己片面的观点来辩论,再加上人们认识的对象处在不断变化中,方生方死,方死方生,方可方不可,方不可方可,因是因非,因非因是,这就很难辨别是非,也就没有必要判定孰是孰非了。这样一来,在是非面前保持沉默、学会沉默就显得相当重要与必要了。

3. 不知之知

玄学时代,言意之辩是人们讨论的一个重要话题,它牵涉到知识是怎么形成的,人的认识途径是什么,语言对真理的认识有什么意义,人是不是应该得意忘言,得意忘象等一系列的认识论问题,这些问题的起源需要追溯到庄子的知识观。

庄子要追求的知识是一种不知之知。这种知识与世俗的看法不同:

(1) 它不是人们通常所理解的典籍文献所载的关于世俗的知识《天道》叙述了这样一件事,齐桓公在堂上读书,工匠轮扁在堂下砍削车轮,当他得知齐桓公在读关于圣人话语的书时,就有了如下一段对话,轮扁说:"圣人还在世吗?"齐桓公说:"已经死了。"轮扁说:"那么国君所读的书,全是古人的糟粕啊!"齐桓公说:"寡人读书,制作车轮的人怎么敢妄加评议呢! 有什么道理说出来那还可以原谅,没有道理可说那就得处死。"轮扁说:"我用我所从事的工作观察到这个道理。砍削车轮,动作慢了松缓而不坚固,动作快了涩滞而不入木。不慢不快,手上顺利而且应合于心,口里虽然不能言说,却有技巧存在其间。我不能用来使我的儿子明白其中的奥妙,我的儿子也不能从我这儿接受这一奥妙的技巧,所以我活了七十岁如今还在砍削车轮。古时候的人跟他们不可言传的道理一块儿死亡了,所以国君所读的书,正是古人的糟粕啊!"

(2) 真正的知识应该离开言语。庄子说书不是知识,是因为他认为书没有超越言语,读书可以通过言语传达意义,但不知道意义的出处,而意义的出处是不可以用言语来传告的,好多人不懂得"知道的不说,说的不知道"这个道理。言者不知,知者不言,真正的知道就是不知道。《庄子》中说,知这个人向人求教,但都没有问出什么,于是他对黄帝说:"我问无为谓,无为谓不回答我,不是不回答我,是不知道回答我。我问狂屈,狂屈内心里正想告诉我却没有告诉我,不是不告诉我,是心里正想告诉我又忘掉了怎样告诉我。现在我想再次请教你,你懂得我所提出的问题,为什么又说回答了我便不是接近于道呢?"黄帝说:"无为谓他是真正了解大道的,因为他什么也不知道;狂屈他是接近于道的,因为他忘记了;我和你终究不能接近于道,因为我们什么都知道。"中国古人喜欢用最精练的话语表达深刻的话题,喜欢用一句话、甚至一两个字来概括自己的思想,最好的是不说话,双目一击道存焉,都可以看做这种表达方式的反映,人们常说的雄辩是银,沉默是金,实际上就是言者不知、知者不言的另一种表述。

(3) 不知之知不是无知,而是关于一的高层次知识。老子把知分为"为学"、"为道"两类,庄子的看法有所不同,他在《庚桑楚》中说:"知者,接也;知者,谟也;知者之所不知,犹睨也。""接"讲的是感性认识;"谟"讲的是思维对感性材料的加工,属于理性认识;"睨"是从"坐忘"中获得的知识,眼睛似睁非睁,属于不知之知,接近于直觉认识。眼睛似睁非睁相当形象贴切,眼睛睁开了,又闭上了;看到了,又不看了。这就揭示了不知之知的一个特点:不知不是无知,无知是原始的无知状态,而不知状态是先经过有知的阶段之后才达到的;前者是自然的产物,后者是精神的创造,不知要求弃知,知识的任务是做出区别,弃知就是忘记区别,忘记有深义;圣人并不是保持原始的无知状态的人,他们是具有丰富知识能够做出区别并忘记区别的人。这样就划分了知识的层次。《养生主》中有一篇相当著名的寓言叫"庖丁解牛"。庖丁宰牛,他的手所触到的地方、肩膀所靠的地方、脚所踩到的地方、膝盖所顶到的地方,皮肉与骨骼"嚓嚓"地很快就分离,用刀来肢解的时候,发出的"咔嚓咔嚓"的声音就像歌声一样悦耳动听。当时梁惠王看了很吃惊,问他的技术怎么会妙到这个地步?庖丁谈了他学会宰牛的过程:初学宰牛时看到的只是完完整整的一头牛；过了三年，看到的是皮肤的纹理与和骨肉的间隙，而看不到完整的牛；到了现在，已经不需要用眼睛来观察了，凭借精神就能驾轻就熟，刀在手中运用自如，所到之处都迎刃而解，不需要用感官去分辨各器官组织的区别。庄子在此说明的是，庖丁解牛的三个阶段，恰恰就是掌握知识的三种功夫及所能达到的三种境界，而最高境界是一种道的知识，是不在意具体区别的知识，是关于精神自由的知识。这似乎可以与19世纪的德国古典哲学家黑格尔联系起来。黑格尔把人的认识分成感性、知性、理性三个阶段：感性形成的是对事物的混沌模糊的整体印象；知性是对构成事物的各要素加以抽象推理，分门别类，然后形成了各自独立的局部知识；理性是对事物的融会贯通，最终形成了完整的认识，它是多样性的统一。这时候，人无论从哪一个角度或哪一个环节着手，都能够观一斑而知全貌，而不执著于某一个局部知识。

4. 安之若命

道是关于一的知识，万物归一最终形成的是必然安之若命的人生态度。庄子的安之若命在政治上主张不治之治，认为不治之治是最好的治，如果政府不顺其自然，硬把社会法典强加于人，效果则适得其反，如同给马套上笼头，给牛穿上鼻钳，加长野鸭的腿，截短白鹤的腿，这种把自然自发的东西变成人为的东西，是"以人灭天"，其结果只能是痛苦和不幸。庄子说的很明确："依靠曲尺、墨线、圆规、角尺而端正事物形态的，这是损伤事物本性的做法；依靠绳索胶漆而使事物相互紧紧粘固的，这是伤害事物天然禀赋的做法；运用礼乐对人民生硬地加以改变和矫正，运用仁义对人民加以抚爱和教化，从而抚慰天下民心的，这样做也就失去了人的本性。"在另外的场合，他把人治的东西比做脚的大拇趾跟二拇趾连在一起了，成了畸形的骈拇和大拇指旁多长出一指的枝指，它们绝对不是天下的至理和正道。因为不治之治的理据在于自然，万物归于自然，人也不能违背自然。所以《庄子》中就记载了这样的事情：庄子快要死了，弟子们打算用很多的东西作为陪葬。庄子说："我把天地当做棺椁，把日月当做连璧，把星辰当做珠玑，万物都可以成为我的陪葬。我陪葬的东西难道还不完备吗？哪里用得着再加上这些东西！"弟子说："我们担忧乌鸦和老鹰啄食先生的遗体。"庄子说："弃尸地面将会被乌鸦和老鹰吃掉，深埋地下将会被蚂蚁吃掉，夺过乌鸦老鹰的吃食再交给蚂蚁，怎么如此偏心！"说是偏心，这多少有点戏说的味道，死是对自然的回归，是他最基本的看法。庄子的妻子死了，他又敲盆又唱歌，因为他认为人实际上本来就没有生命，没有形体，没有精气，现在的人是从无形中慢慢演变而成的,然后生死互相循环。死实际上恢复到了原先的样子,人如果哀痛不已,实在是不懂天命。死还是一种解放,他借用骷髅的话说:"人一旦死了,就可以从苦恼中解脱出来,没有忧愁、没有羁绊,整天逍遥自在,悠然自得,上没有国君的统治,下没有官吏的管辖;没有一年四季的冷冻热晒,也无需耕种收割的辛劳,从容安逸地把天地的长久看做是时令的流逝,即使南面为王,也常常要绞尽脑汁,四处算计,绝对不可能超过我死后的快乐与自由。"显然,把生死置之度外,"不知悦生,不知恶死",是人获得幸福的办法,是获得最大精神自由的表现。

安之若命并不意味着庄子趋死避生,不怕死也不厌生是生死观的一大特点。为了有效地保护自己,他明确将不材之才作为人的培养目标。不材之才要与无用之用联系起来。庄子认为,对别人无用,就是对自己大用,因为这样别人就不会侵犯自己,人只有隐藏起自己的才智,变成无用之人,才能保全自己。在一篇犹如山水画一般秀丽的寓言中讲了庄子的一个故事:有一次庄子走过一片树林,看到一棵大树,枝叶非常茂盛,但伐木人却绕过它去砍别的树,庄子问为什么,得到的回答是说它没有一点用处。由此庄子得出结论:"这棵树正是不中用才能终享天平。"随后庄子又来到一个老朋友家,主人很客气,要宰鹅来款待客人。仆人问:"鹅一只会叫,一只不会叫,该宰那一只?"主人回答说:"杀那只不叫的。"第二天,学生问庄子,"大树因为不成材,方能终其天年;鹅因为不成材,结果被杀掉。人到底应该怎么办才好?"庄子的回答是,人应该处在"材与不材"之间,这样才能扩大生存的空间,如果同当时天下大乱、生命朝不保夕这一背景联系起来,就可以看到庄子时代的人所面临的生存困境。

四、庄子的文化背景

对庄子思想的准确把握,要注意庄子的文化背景。毫无疑问,庄子本身就是文化,然而,文化有广义狭义之分。从结构上看,文化可以有不同的层次,按表达得比较完整的四层次说,文化可以分为物质文化、行为文化、精神文化、制度文化。过去我们对庄子的解读主要是在精神生活领域中进行的,从精神与物质、上层建筑与经济基础的宏观联系中来认识,而较少从可以感知的、具有物态实体的文化事物,从日常生活中以民风和民俗形态出现的行为模式,从婚姻、家庭、政治、经济、宗教等等制度以及组织形式出发来认识庄子。加强这方面的关注,有助于打开我们的视域,有助于我们准确地把握庄子思想的形成、进程、内涵,并可能产生一些新的理解。可以试举几例：

1. 混沌与馄饨

在庄子那里混沌是一个相当重要的概念，它是在庄子寓言中被虚构出来的人物，也是对道的本质的描述。从认识的角度上说：混沌从表面上看是冥冥无知的，但这是大智若愚，是对大道超越感官的体悟；就本体而言，混沌存在于天地万物之先，是一种万物未萌之前世界冥冥未分的圆融同一的境界，宇宙万物就是从混沌中产生的。就社会意义而言，浑沌则顺其自然，是无为而为。"混沌开窍"是以人害天，结果就是死亡。混沌的这些特征，很容易联想起中国的食品馄饨。

饺子在中国已有 2600 多年的历史，这应该是在庄子生活的年代之前，在一本专门研究秦汉以前多种礼仪的论著《礼记》中，就记载了饺子这种食品。古代中国人认为这是一种密封的包子，没有七窍，所以称为"浑沌"，依据中国造字的规则，后来才称为"馄饨"。这时候的馄饨与水饺说的是一回事，只是到了唐代，饺子与馄饨才开始区分开来。饺子常常与中国的传统节日相连，譬如冬至，中国的民谚说："冬至不端饺子碗，冻掉耳朵没人管。"春节是中国最隆重的传统节日，有"初一饺子初二面，初三合子围锅转"的说法。合子也是一种饺子，只是做法不同。实际上大年除夕这顿饺子中国人最为看重、最为讲究，全家人团聚在一起高高兴兴地包着饺子。饺子的馅由各式各样的材料糅合而成，它们没有固定的形状，圆圆的皮裹上馅，是一种变化和神秘，包含着人们对来年发展的期望。饺子里面有乾坤、有阴阳、有天地、有男女，这一长期积淀下来的文化意蕴与庄子的混沌是相同的。

2. 道与一

要理解庄子的道，理解庄子道的性质、作用，需要抓住"一"这个概念，一在庄子哲学中有很重要的地位，他常说要天人为一、道我合一、是非合一，经典的表述是在《齐物论》中讲到"天地与我并生，而万物与我为一"，这里的"一"就是道。为什么"一"等同于道，这与中国人对数字"一"的看法有关。"一"在汉字中可算是最简单的一个字，笔画最少，书写最方便，如果"一"字不识，那就是目不识丁了。人们难以从字形中看见多少神话表象。但"一"的大写是"壹"，原型是壶，在小篆体中字形为有盖的壶，壶在古时候又可以称为葫芦。这就牵涉到近来中外学者已经注意到的中华葫芦文化的主题。葫芦文化在古时候就已经发达起来了，人们先后在浙江的河姆渡与陕西的半坡遗址中，发现了大约公元前 5—前 4 世纪前的葫芦或葫芦状的陶器。中国古代宇宙论认为,创世以前的混沌状态是以天地合为一体的有机整体为特征,具体形象为葫芦,从混沌到世界的创世过程,被看做是葫芦从中央剖开,把葫芦一刀分成两半,成了两只瓢。所以,《说文解字》对"一"的解释是:"惟初大极,道立于一,造分天地,化成万物。"所有的事物,所有的道理都是由一而发端的。根据这个道理,中国的"一"与阿拉伯数字的"1"的含义大不一样,除了表示是数目最小的正整数外,还具有相反的意义,例如大、全体、完全等,汉语中常见的表述"一切、一生、一屋子、一路平安、一身正气、一家之长"都有这类意思。知道了"一"的文化内涵,对我们理解"知一者无一不知,不知一者无一能知"这类庄子的言语非常重要。

3. 楚文化的影响

庄子思想是在楚文化的土壤中孕育、发展起来的,楚文化对庄子影响的痕迹在《庄子》中多处可见,《史记》中记载的庄子拒绝接受楚王的聘请就是一例。在春秋战国时代,楚国国土上发展起来的楚文化具有一种独特的精神,仅仅那长江水,从三峡奔腾而下,一泻千里,多姿多采,纵横于江汉平原,就可以给人充满清奇灵巧、奇思异想、浪漫神秘、崇尚自然、信奉鬼神的创造力。这种创造性充分体现在《庄子》一书中。以语言为例:除了运用前人创造的词汇外,有许多汉语词汇或者是他自己的创造,或者是以旧翻新,赋予其独特的含义。除了"因、独、禅、侗、业、倡、佷、偃、窅、窗、寥、枪、坑、垢、垾、壤、湮、怫、恂、悖、悄、扼"等单音节的词外,还有许多双音节的词汇,涉及面相当广泛,包括哲学范畴、心理描写、人物刻画、政治伦理、自然状态,诸如"天道、天人、天机、天和、天真、天倪、天籁、天放、大本、大方、长生、大冲、大一、太虚、坐忘、有待、心斋、玄德、滑心、尘埃、浑沌、精微、桎梏、真人、全人、细人、内视、小成、大言、役役、徐徐、淳淳、物物、剪剪"等。有人曾做过统计,说《辞海》收入庄子创造或有独特含义双音词的条目有169条。

4. 成语

中国人喜欢用简短扼要、精辟得当的言语表达思想,成语是最常用的一种表达工具。在今天的汉语成语中,差不多有三分之一来自楚国,与楚文化有关,其中就有庄子的贡献,江苏人民出版社出版的《成语词典》,收入成语六千八百多条,出于《庄子》的近二百条。庄子是善于用成语来表达自己思想的大家,《秋水》中有一段公孙龙与魏国公子的对话,篇幅不长,就可以看到"使蚊负山、商蚷驰河、埳井之蛙、用管窥天、用椎指地、学步邯郸"六个成语典故,一大批人们相当熟悉的、至今还在经常运用的成语,例如《逍遥游》中的"不近人情、大相径庭、大而无当、越俎代庖、扶摇直上、鹏程万里",《齐物论》中的"槁木死灰、朝三暮四、沉鱼落雁",《养生主》中的"踌躇满志、目无全牛、庖丁解牛、游刃有余",《大宗师》中的"善始善终、莫逆之交",《天地》中的"大惑不解",《达生》中的"昭然若揭、呆若木鸡、鬼斧神工",《山木》中的"君子之交、似是而非、螳螂捕蝉黄雀在后",都源于《庄子》。

　　语言的创造,概念的创新,是新思想产生的前奏,甚至其本身就是新思想的一部分,独特的楚文化是庄子思想创新的不息源泉。

参考文献

1. 颜世安《庄子评传》,南京大学出版社,1999。
2. 郭庆藩(清)《庄子集释》,中华书局,1997。
3. 陈鼓应《庄子今注今译》,商务印书馆,2007。
4. 杨柳桥《庄子译诂》,上海古籍出版社,1991。
5. 刘笑敢《庄子哲学及其演变》,中国社会科学出版社。
6. 崔大华《庄学研究——中国哲学一个观念渊源的历史考察》,人民出版社,1992。

孙子与《孙子兵法》

张 英

《孙子兵法》问世于二千五百多年以前的春秋时代，作者以深富哲理的军事思想、字字珠玑的语言艺术，对前人和当时的战争经验进行了理论总结，不仅系统地阐述了战争和战争的基本规律，而且奠定了中国古代兵学及基本体系，成为秦以后治军用兵的鸿宝。所以，《孙子兵法》既是中国古代伟大的兵学家孙武军事思想的灿烂结晶，又是秦以前军事哲学、军事理论及战略战术的一大结集，也是中国古代军事思想及军事科学的奠基之作，故有"兵经"之称。其历史地位和文化价值，明代的茅元仪做了十分精彩并令人信服地概括。他在《武备志·兵诀评》中说："前孙子者，孙子不遗；后孙子者，不能遗孙子。"

孙子不仅是一位伟大的军事思想家，也是一位伟大的谋略家和哲学家。《孙子兵法》中所凝聚的思想光芒、蕴含的博大智慧，早已超出了军事范畴，以至于一切具有竞争或竞赛因素的领域及行业，如商业、企业、体育、外交、政治乃至人生，都从《孙子兵法》中汲取智慧和营养。现在，《孙子兵法》早已超越时空界限，成为一把开启人类智慧的金钥匙。

一、孙子的家世与生平

孙子，名武，字长卿，春秋末年生于齐国乐安（今山东省惠民县），生卒年月已不可考，其生活的年代大致与孔子（公元前551—前479年）同期。孙子的祖先本是陈国公子，名完，后陈国内乱，因避难逃奔齐国。古代陈、田两字音同，故公元前672年改称田完。田完的第五世孙叫田书，骁勇善战，齐景公时，在攻打莒国的战斗中立了战功，齐景公把乐安封赐给他作为采邑（即封地），并赐姓孙氏。这样，田书又叫孙书，他就是孙子的祖父。孙子生长在这样一个军事世袭贵族家庭，从小就受到军事文化的熏陶。而他所生活的齐国，原来是古代大军事谋略家姜太公的封地，后来又有大政治家、大军事家管仲的活动遗迹,留下了极其丰富的军事文化遗产。再后来,齐桓公称霸诸侯,齐国一度成为四方豪杰荟萃之地。这样的家庭环境和社会环境,为孙子的成长提供了丰厚的养分,使他青年时期在兵学方面就成了学识渊博的人才。

公元前532年,齐国发生了"四姓之乱",孙子的父亲孙凭担心受田氏的牵连,带领全家离开齐国逃到了南方的吴国(今江苏、安徽、浙江一带)。这时的孙子已经是一位谙熟兵法的青年。在吴国,他一面灌园种地,一面继续研究兵法。经过多年的努力,终于写成了《兵法十三篇》。

当时,吴王阖闾身边有一位他非常信赖的谋臣,姓武,名员,字子胥。他知道了孙子在吴国潜心研究兵法的事后,就主动跟孙子结交,并且成了朋友。伍子胥很佩服孙子的雄才大略,积极鼓动他为吴国效力。伍子胥利用跟吴王一起论兵的机会,先后七次向吴王阖闾举荐孙子,吴王终于被他的热心举荐所打动,决定见见这位被伍子胥称为军事奇才的人。

在伍子胥的引领下,孙子带着他的《兵法十三篇》到吴宫晋见吴王阖闾。据《吴越春秋》记载,孙子身材高大,相貌英俊,声音洪亮,双目炯炯有神。孙子的英武气质让吴王十分喜悦,赐座以后就开始谈起兵法来。孙子先把《兵法十三篇》呈上,然后对吴王说:"我对用兵的见解,都写入《兵法十三篇》里了,请您展观。"

吴王阖闾也是个粗通兵法的国君,急于想知道《兵法十三篇》的详细内容,于是就请孙子先回馆舍休息,约定改日再请他入宫详谈。

吴王很快就读完了《兵法十三篇》,对孙子深富哲理的用兵之道和充满智慧的计谋非常佩服,马上约请孙子进宫见面。吴王对孙子说:"您的兵法我已经逐篇拜读了,但是,您的这些办法,不知道真正实行起来怎么样,您能不能实际演练一下,让我们看看?"孙子回答说:"可以。"于是,吴王就命令从宫中调来一百八十个宫女临时充当士兵供孙子演练阵法。这就是著名的"吴宫教战"的故事。

吴王阖闾充分了解了孙子的军事才能,于是就接受了伍子胥的举荐,任命孙子为吴国的上将军,让他跟伍子胥一起辅佐自己争强争霸。

吴国地处长江下游(今江苏、浙江、安徽一带),是周王朝众多封国之一。据史书记载,周朝初期,周天子按照公、侯、伯、子、男五等进行公封,当时大大小小的封国总共有一千七百多个。到了周平王东迁以后,由于周王朝衰落和各封国之间政治经济发展不平衡,因而出现了诸侯国相互兼并争霸的局面。吴国西边有强大的楚国，南部与越国为邻，北边与齐国和鲁国相望。由于地缘的关系，自春秋中期以来，吴国和楚国之间的战事就连绵不断。楚国地处长江上游，又是南方的大国，春秋以来吞并了不少小国，因而在力量对比上，吴国一直处于弱势，孙子成为吴国的上将军时，这种局面也没有改变。阖闾是个有野心的国君，他急于在长江流域争霸，于是就问计于孙子。孙子说："自古用兵之道，在于先除内患，之后才可外征。大王您若想向西征讨楚国，必须先除掉二公子。"

孙子所说的二公子，指的是原来吴国的公子掩馀和烛庸。说起来，这是一段吴国王室内部自相残杀的历史。吴王诸樊有个儿子叫光，人们都称他为公子光，是个很有野心的人。诸樊还有三个弟弟：馀祭、夷昧和季札。按照周朝的继位传统，王位可以父子相继，也可以兄弟相继。诸樊死的时候，没有把王位传给公子光，而是传给了二弟馀祭，后来馀祭又传给了三弟夷昧，夷昧死时应该把王位传给四弟季札，但是季札不愿意继承王位，于是就逃走了。夷昧有个儿子叫僚，夷昧就把王位传给了自己的儿子僚，公子光对此极为不满。于是寻找能够刺杀吴王僚的人。伍子胥推荐了专诸。后来专诸把刀藏在鱼肚子里，利用向吴王僚献鱼的机会将他刺死。于是公子光夺取了王位，他就是后来有名的吴王阖闾。吴王僚被杀的时候，公子掩馀和烛庸正奉命率军攻打楚国，听到阖闾篡位的消息，二人不敢返回吴国，于是就投降了楚国，被楚王分封在吴国和楚国之间的舒城（今安徽庐江西南）。所以，孙子建议吴王阖闾先除掉这两个内患和伐楚的障碍。吴王听从了孙子的建议，亲自和伍子胥一起率兵出征，一举攻克了舒城，扫平了进兵楚国的道路。

攻克舒城，吴王阖闾非常高兴，他想乘胜进兵楚国，直捣楚国的首府郢都。孙子听到这个消息，急忙赶到军中去劝说吴王放弃这个想法。他对阖闾说："用兵打仗，关系到国家、将士和老百姓的生死存亡，必须考虑敌我双方的情况，比较双方的力量和条件，估量胜负的可能性，量力用兵，才能够做到攻必克、战必胜。如果不考虑敌我双方的实际情况和力量对比，贸然出战，后果不堪设想。吴国这些年一连打了几次仗了，将士和老百姓都很疲劳，吴国的经济也因为打仗受到很大的影响，国家、军队和老百姓都需要修整一段时间。而现在楚国的面积比吴国大，兵力也比吴国强，在这种情况下大规模地去讨伐楚国，胜利的可能性很小。所以，伐楚的事请大王不要操之过急，还是从长计议吧。"吴王听从了孙子的劝告，放弃了马上讨伐楚国的想法，但是他让孙子和伍子胥两位将军尽快想出战胜楚国的办法来。

孙子认为，吴楚力量对比悬殊，想直接进攻楚国而取胜是非常困难的事情，必须先削弱楚国兵力,改变楚强吴弱的现状,才可能取胜。于是,孙子和伍子胥一起为吴军制订了一个"疲楚"、"误楚"以有效地消耗楚国兵力和财力的妙计。他们把吴国的军队一分为三,每次用一支军队去袭击和骚扰楚国的边境,三支军队轮番向楚国发动进攻。楚王接到吴军大举进攻楚国的报告,马上出动全国的军队奔赴边境抵抗。楚军队一到,吴军队立刻撤退,并不直接跟楚国军队作战。楚军长途奔来,无法长期驻扎在边境上,看到吴军已经退回去,就班师回朝了。可是,楚军刚一退兵,吴国的另一支军队又开始向楚国进攻,楚王接到报告,只得再派大军去抵抗。如此三番,吴军不仅以逸待劳,还可以轮番修整,而楚军却不断地来回奔波,弄得筋疲力尽。连续六年,孙子一直采取这种"彼出则我归,彼归则我出"的车轮战法,不仅消耗了楚国大量的人力和物力,楚国军队的战斗力也跟着削弱了。在这种以消耗楚国兵力为目标的"疲楚"、"误楚"车轮战中,吴军不仅成功地实现了既定的战略目标,而且还相继获得了掠地的战果。公元前511至公元前509年,吴军先后占领了楚国的六(今安徽六安县境)、灊(今安徽霍山县北)和居巢(今安徽六安县东北)。

吴王阖闾非常赞赏孙子的谋略和战法,他在宫中不断收到楚疲吴逸、楚败吴胜的消息,知道吴军士气必定高昂,按捺不住急于称霸的念头,于是又想马上乘胜大举进击楚国。关于此事,司马迁在《史记·吴太伯世家》中这样写道:"光(吴王阖闾)欲入郢,将军孙武曰:'民营,未可,待之。'"在这里,孙子虽然仅仅说了三句话六个字,但是却表达了一个非常重要的战略思想,那就是吴国攻打楚国的条件还不成熟,需要积蓄力量,需要等待时机,不能打无把握之仗。

吴国坚持继续运用孙子的"疲楚"、"误楚"战略,六年之后,攻打楚国的机会终于来了。原来楚国昭王新继位,他既年轻没有治国经验,又昏庸不肯听取意见,把治国的大权全部交给了令尹(相当于宰相)囊瓦。囊瓦为人不仅专横跋扈,而且嫉贤妒能,把楚国内政和外交都搞得一团糟。到了公元前506年夏天,晋国指使蔡国(在今河南省新蔡)灭掉了沈国(在今河南省平舆县)。当时,蔡国和沈国都是楚国的附属国,囊瓦见小小的蔡国竟然也敢犯上作乱,欺凌强大的楚国,非常生气,于是派大军压境,包围了蔡国。蔡昭侯(蔡国国君)见情势危机,只好向楚国的近敌吴国求救。为了表示诚信,蔡昭侯还提出愿意把自己的独子送到吴国做人质。吴王遂问计于孙子和伍子胥。孙子说:"主不可以怒而兴师,将不可以愠而致战。"(《谋攻篇》)意思是战争是关系到国家、将士和老百姓生死存亡的大事,国君不能因恼怒就发动战争,将帅也不可因气愤就进行决战。现在楚国却因怒而发兵,而楚将子常为人很贪,唐国(楚的属国之一)和蔡国早就对他有所怨恨,楚军上下必不同心。我们经过六年的疲楚之战,已经有效地消耗了楚国的兵力和国力,现在蔡国叛楚求救,真是天赐良机!大王可以答应蔡侯。"阖闾说:"破楚方可称霸东南,此次可一举成功否?"孙子回答说:"王必欲大伐,必得唐、蔡乃可。"(《史记·吴太伯世家》)这是一个很重要的战略问题。孙子认为,楚是一个大国,也是一个强国,经过六年疲楚之战后,虽然国力和兵力有所削弱,但吴国要想一举吃掉楚国并不是一件容易的事情,必须在战略上进行整体谋划,先打破唐、蔡与楚国的联盟关系,剪除其羽翼,再联合唐、蔡讨伐楚国,这样方可成功。

吴王阖闾接受了孙子的建议,欣然答应了蔡侯的请求,收下蔡侯儿子做人质,允诺出兵救蔡。

公元前506年冬,吴王调集全国兵力,任孙子为大将,伍子胥和伯嚭为副将,胞北夫概为先锋,阖闾亲自率领大军出战。

按照孙子制订的战略计划,吴国先后顺利地收服了蔡国和唐国,然后组成吴、蔡、唐三国联军,直插楚国的纵深。当时,吴、蔡、唐虽是三国联军,但整体兵力并不占优势,再加上是入敌国作战,取胜的难度很大。孙子充分发挥了他的智慧和军事才能,每每出奇制胜,打得楚军措手不及。当年11月19日(农历),吴楚两军在大别山、小别山(今安徽境内)决战,吴军一举击溃楚军主力,为最终打败楚军并占领楚国的郢都奠定了坚实的基础,这就是历史上著名的柏举之战。

柏举决战之后,楚军大举溃逃,孙子不给楚军一点喘息的机会,指挥吴军长驱追击,十一天之中行军七百里,五战五胜,直捣楚国的郢都。农历11月28日,吴军攻破郢都,楚昭王只好带着妹妹和几个亲信仓皇地逃到随国(今河北省随县)去了。

吴国出征的时候,只有三万兵力,而当时的楚军却有二十万。孙子不仅创造了战争史上以少胜多的奇迹,而且他的军事思想和战略战术都在伐楚之战中得到淋漓地发挥和实战的检验,为后代兵学留下了宝贵的财富。

吴军打败了西边的强敌楚国,声威大震,吴国自此进入了强国的行列。吴王阖闾遂称霸于东南,北边威凌于齐国和晋国,南边征服了越人。吴国由弱而强的变化,显然是与孙子杰出的军事才能分不开的。所以,司马迁在《史记·孙子吴起列传》中说吴国:"西破强楚,入郢,北威齐、晋,显名诸侯,孙子与有力焉。"

除了辅佐吴王图强、建立卓越的战功之外,孙子最伟大的成就是给中国、也是给全人类留下一部哲理深邃、智慧绝妙、影响深远、万古流芳的军事著作——《孙子兵法》。遗憾的是,关于孙子一生的详细事迹和最终结局却无从了解。我们只能从司马迁《史记》仅有的记述得知:"孙武既死,后百余岁,有孙膑。……膑亦孙武之后世子孙也。"

二、孙武与孙膑

中国历史上有两部"孙子兵法",一部是孙武写的,流传了下来,但孙武的事迹史书上记载得却很少。一部是孙膑写的,后来失传了,但孙膑的事迹流传下来的却比较多。自从《孙膑兵法》失传以后,一些学者开始怀疑历史上是否真有孙武其人,有的学者甚至认为孙武与孙膑实际上就是一个人。所以,很长时间以来,不少人把两个"孙子"混为一谈,以至于发生很多误会。因此,这里有必要进行简要说明,以正视听。

孙武是春秋末期人,生于齐国,成长并完成兵法书于吴国。孙膑是战国中期人,是孙武的后世子孙,生于齐国,落难于魏国,最后成就于齐国。孙武和孙膑虽然相距百余年,但二人都生活在战争频繁的春秋战国时代,都久经沙场,戎马一生。他们不仅是那一时代声威显赫的名将,而且他们的兵法也都传世久远,影响百代。《孙子兵法》原称"十三篇",《汉书》称其为《吴孙子兵法》,以与《齐孙子》(即《孙膑兵法》)相区别。东汉末,《齐孙子》失传,《吴孙子兵法》便被直接称为《孙子兵法》,相沿至今。

孙武的事迹载于《吴越春秋》,这是一部叙述吴越争霸历史的著作,作者是东汉时期的赵晔。因先秦时期的《左传》没有记述孙武的事迹,而汉以后《孙膑兵法》又失传了,所以在宋代,陈振孙、叶适等学者开始质疑春秋时代的孙武是否存在。到了清代,一些考据学家也认同陈、叶的看法。与此同时,日本的一些兵学研究者也认为,《孙子兵法》是出自战国中叶的孙膑之手,孙武其人根本不存在,而更多的人则是把孙武和孙膑混为一谈。直到1972年4月,在山东临沂银雀山汉墓出土了一批竹简,其中既有《孙子兵法》,也有《孙膑兵法》。两部兵法同时出土,终于印证了司马迁《史记》中关于孙子记述的真实可靠性,也结束了自宋代以来关于孙武与孙膑兵法真伪之争。

早在先秦时期,《孙子兵法》就广为流传,《韩非子·五蠹篇》中记载:"境内皆言兵,藏孙(孙武、孙膑)、吴(吴起)之书者家有之。"汉代,把《孙子兵法》当做官兵的军事教科书。汉末军事家、政治家、文学家曹操,研读《孙子兵法》并写成"孙子略解",

俗称"曹注孙子"。迄今为止,在流传下来的版本中,"曹注孙子兵法"是做注最早并影响深远的版本。隋唐之后,孙子受到更加广泛地关注,为《孙子兵法》做注的人越来越多,宋代把自曹操以来最重要的注释和注解汇集起来刊印,这就是著名的版本《十一家注孙子》(曹操、孟氏、杜牧、陈皞、贾林、李筌、梅尧臣、王晳、何延锡、张预、杜佑)。到了北宋元丰三年(1080年),宋神宗颁布诏令,让校定《孙子》、《吴子》、《六韬》、《司马法》、《三略》、《尉缭子》、《李靖问对》等七部兵书,并镂版印行,以作为考选、训练军官的武学经典,这就是有名的《武经七书》。

《孙子兵法》被视为兵经鼻祖,居于《武经七书》之首。《十一家注孙子》和《武经七书》是存世最早的刻本,也是最重要的善本。

现在,《孙子兵法》的版本众多,最受学者们重视的是山东银雀山汉墓出土的竹简《孙子兵法》,可惜的是,因有许多残简,所以不能看到全部内容。

山东银雀山汉墓出土的《孙膑兵法》也有许多残简,经过专家小组精心整理后,由文物出版社于1975年1月出版,共一万一千余字。其后专家小组又对1975年版《孙膑兵法》做了修正和增补,定《孙膑兵法》为十六篇,共收四千八百九十余字,1985年由文物出版社出版。

对比两部兵法,可以发现,作为后世子孙的孙膑,不仅在军事思想、战争谋略等方面出色地继承和发扬了孙武的思想和智慧,而且在实际指挥作战中,把孙武的思想和谋略运用得淋漓尽致,难怪在《齐孙子》失传之后,人们很自然地把他们俩当做一个人。由于孙膑与孙武有着如此密切的关系,要想充分地了解孙子(武)的思想和智慧,我们就不能完全抛开孙膑和他亲自指挥的那些辉煌的战斗,如著名的桂陵之战、马陵之战等。可以肯定地说,自《孙子兵法》问世以来,中国历代的名将和他们指挥的著名战役,无不从《孙子兵法》中汲取营养和智慧。因此,通过研究历史上著名的战役,也是了解和理解《孙子兵法》深邃思想和智慧的重要途径。

三、《孙子兵法》的思想与智慧

兵法,是一门谋胜的学问,其核心就在于如何制胜而不败,如何把取胜的代价最小化,把胜利果实最大化。《孙子兵法》不仅把制胜的战略思想、战术方法讲得深入而透彻,并且把谋胜的智慧发挥到极致。直到现在,人们依然深刻地感受到孙子兵法十三篇,篇篇是鸿宝,字字是珠玑,每一个战略、每一种计谋、每一项战术,都闪耀着思想和智慧的光芒。唐太宗李世民当年与李卫公论兵的时候,就深有感慨地说：“观诸兵书，无出孙武。”（见明印本《武经七书·唐太宗李卫公问对直解》卷中）日本著名学者山鹿素行在《孙子谚义·自序》中也说《孙子兵法》："《始计》、《用间》在首尾，通篇自有率然之势。"（《孙子兵法·九地篇》："率然者，常山之蛇也。击其首则尾至，击其尾则首至，击其中则首尾俱至。"）意思是说，《孙子兵法》以《始计篇》为首、《用间篇》为尾，其余十一篇为躯体，整体环节贯穿相连，构成一套完整的体系，犹如常山之蛇，无懈可击。

《孙子兵法》的内容博大精深，最独特最精髓的思想是：主张"慎战"，提出"不战而屈敌人之兵"才是上策；主张"先计而后战"，提出"兵贵胜不贵久"的战术原则；揭示出"诡道"是战争的基本特征，"虚实"是用兵作战的灵魂；令文齐武是治军的法则，等等。除了军事理论、战略战术原则、谋攻用间技巧等精彩的内容广为人知之外，《军争篇》、《九变篇》、《行军篇》、《地形篇》、《九地篇》等内容，在现代军事科学中得到延伸，比如军事心理、军事地理、军事后勤、军事管理等。此外，孙子在阐述其运筹帷幄、决胜千里的伟大军事思想时所体现出来的系统的思维方式、辩证思考的方法、奇思妙想的智慧以及对军事运动基本规律和基本原则的把握，都达到了那一时代认识能力的最高境界，其文化价值既体现在军事学说方面，也体现在独特的思维和智慧方面。

（一）军事思想

1. 安国全军的慎战观

军事科学的本质是言战和谋胜、制胜。孙子作为中国古代兵学的奠基者，其最伟大的思想之一，就是在《孙子兵法》中系统地表达了慎战思想，即主张慎重对待战争，不要轻启战事。

《孙子兵法》开篇就说："兵者，国之大事，死生之地，存亡之道，不可不察也。"（《始计篇》）意思是说：战争是国家的大事，关系到将士和老百姓的生死，关系到国家的存亡，不可不慎重考察对待。在第二篇里，孙子阐述了战争日费巨万，关乎国计民生。他说："凡用兵之法，驰车千驷，革车千乘，带甲十万，千里馈粮；则内外之费，宾客之用，胶漆之材，车甲之奉，日费千金，然后十万之师举矣。"（《作战篇》）意思是说：用兵作战的一般规律，要用轻便进攻型战车千辆，重型防守战车千辆，穿盔带甲的士兵十万，还要奔波千里运送军粮，除了用于前方的费用之外，后方还有招待各国使节的用度，制作和维护作战器械的费用，国家每天要耗资巨万，然后十万大军才能出征。这是从经济的角度,进一步表达了慎战的思想。在《火攻篇》里,孙子提出了"三非"原则即:"非利不动,非得不用,非危不战。"意思是说:没有好处不要行动,没有取胜的把握不要用兵,不到危险和紧迫关头不要开战。"三非"原则集中体现了孙子就利远害的慎战思想。孙子认为,战事的取舍,要以利国利军利民为原则,他告诫国君和将帅:"主不可以怒而兴师,将不可以愠而致战。合于利而动,不合于利而止。怒可以复喜,愠可以复悦,亡国不可以得存,死者不可以复生。故明君慎之,良将警之,此安国全军之道也。"(《火攻篇》)意思是说:国君不可因一时的愤怒而发动战争,将帅不可因一时的怨愤而出阵求战。符合国家利益才用兵,不符合国家利益就停止。因为,愤怒还可以变为欢喜,怨愤还可以转为高兴,但是,国家灭亡了就不能再复存,人死了也不能再复生。所以,对待战争,明智的国君应该慎重,优秀的将帅应该警惕,这是安定国家、保全军队的根本道理。孙子的慎战思想继承的是中国自古以来的重文治轻武功的传统,比如《管子》中就说:"一期之师,十年之蓄积殚;一战之费,累代之功尽。""贫民伤财,莫大于兵。"意思是说:军队一次出征,用尽了国家十年积蓄的财富;一次决战所消耗的费用,就会把几代人积累的财富荡尽。所以,毁坏老百姓的财物,没有比战争更大的了。孙子的功绩在于把这种慎战思想传统进行提炼升华并形成系统性。

孙子"安国全军"、"非危不战"的慎战思想极大地影响了中国古代的兵学理论,比如孙子的后人孙膑,不但继承了孙子的慎战思想,而且阐述得更为透彻。《孙膑兵法·见威王》中记录了孙膑对欲兴战而称霸的齐威王说的一段话:"夫兵者,非士恒势也。此先王之传道也。战胜,则所以在亡国而继绝世也。战不胜,则所以削地而危社稷也。是故兵者不可不察。然夫乐兵者亡,而利胜者辱。兵非所乐也,而胜非所利也。"这段话的意思是说:战争胜负没有永恒不变的,这是前代帝王传布下来的道理。如果战争胜利了,当然可以免除国家危亡,社稷得以延续;要是战争失败了,就要割让土地而危及国家社稷了。所以,轻率好战者会导致亡国,为贪求胜利而轻率开战者会受挫遭辱。因为战争不是可以轻率进行的,胜利也不是能随意贪求的。不仅深深地影响了孙膑,也深刻地影响了孙膑之后的历代兵学家们,在他们的兵法著作中,也无不继承和发扬了孙子慎战的思想,认为"兵凶战危"、"兵不可玩"。

孙子的慎战思想是以利国、利军、利民为原则的,其标准就是"安国全军"、"非危不战"。孙子的慎战思想,不仅奠定了中国古代军事理论的优良传统,也反映了中华民族热爱和平、珍惜和平、非危不战的战争观念和文化传统。

孙子的慎战思想,不仅是对中国军事科学的卓越贡献,也是对世界军事科学的卓越贡献。作为杰出的将军和军事理论家,孙子不迷信徒恃武力能解决纷争和胜负,这一充满睿智和哲理的思想,即便是从一般的思想方法来看,也是非常卓越而伟大的。

2. 先计而后战的谋略观

通观《孙子兵法》十三篇,无论是阐述战争指导思想、战略计谋还是论述具体的战术方法,始终都伴随着一个思想灵魂,那就是就利避害、化害为利,而通往这一目标的根本途径,就是《孙子兵法》中处处所体现的先计而后战的思想。

《孙子兵法》以"始计"为开篇,这里的"计",就是计算、谋划、运筹的意思。孙子认为:战争是国家的大事,关系着将士的生死和国家的存亡,必须认真的考察、计算、谋划和运筹,提出要先"经之以五事",即"道、天、地、将、法",简称"五事";"校之以计而索其情",即"主孰有道?将孰有能?天地孰得?法令孰行?兵众孰强?士卒孰练?赏罚孰明?"简称"七计"。孙子认为:平时,要从"道"(治道)、"天"(天时)、"地"(地利)、"将"(将帅)、"法"(法令)等几个方面来经营军事;战前,要先审度、比较敌我双方在国君德政、将帅才能、天时地利、法令威信、兵力强弱、士卒素能及赏罚严明等方面的情况,以获得对战争情势的认识。经营好"五事",可以使国家上下团结一致,生死与共,老百姓就不会畏惧危险。审度和比较敌我双方的情况,就可以预知战争胜负。

值得注意的是,对于决定战争胜负的因素,孙子并不单纯看双方军事力量强弱的对比,而是从国家政治的凝聚力、将帅的德才、天时地利条件、法令行使能力、兵力强弱、士卒军事素质和军队赏罚是否严明等诸方面进行综合考察。孙子认为:战争的角逐并不仅仅在战场上,也不仅仅是在军队之间,而是包括国君德政、将帅才能、国法军法严明程度、士卒多寡及战斗能力强弱等多种因素。孙子的这一认识,既告诫了当代国君治国和治军是与战争胜负密切相关的,单纯地穷兵黩武并不能取胜,又给后代统治者在处理文治武功的关系上提供了理论依据。

在具体的战略战术方面,孙子的先计而后战的思想处处都有体现,比如:

《始计篇》说:"多算胜,少算不胜,而况于无算乎?"意思是说:筹划周密、条件具备就能取胜,筹划不周、条件缺乏就不能取胜,更何况不作筹划、毫无条件呢?

《军形篇》说:"先为不可胜,以待敌之可胜。……是故胜兵先胜而后求战,败兵先战而后求胜。善用兵者,修道而保法,故能为胜败之政。"意思是说:先要创造条件,使敌方不能战胜自己,然后再捕捉时机战胜敌人。……所以,胜利的军队总是先有胜利的把握,然后再寻求与敌方决战;而失败的军队却相反,总是先交战,而后企求侥幸获胜。

《谋攻篇》说:"知彼知己,百战不殆;不知彼而知己,一胜一负;不知彼不知己,每战必殆。"意思是说:既了解敌人,又了解自己,即使百战都不会有危险;不了解敌人,只了解自己,那么有时能胜利,有时会失败;既不了解敌人,也不了解自己,那么每次打仗一定都有危险。

《军形篇》说:"修道而保法,故能为胜败之政。"意思是说:修明政治,完善军备,就可主宰胜负,立于不败之地。

从治国备战、运筹帷幄、获取敌情到决胜千里,《孙子兵法》始终贯彻着"先计而后战"的思想。从小处说,"先计而后战"是孙子提出来的一种谋略,从大处说,它体现的是孙子的战略运筹思想,因而"先计而后战"成为孙子谋略观的核心,同时也是孙子慎战思想的延续和深入,即主张在慎战的前提下重视战争,做到未雨绸缪,有备无患,不打无把握之仗。

孙子的战略运筹思想具有普遍意义,比如,制定经济的发展战略、商贸的竞争战略、体育的竞赛战略、企业的管理战略、人生的进取战略,等等,同样要对竞争各方的实力、条件和特点进行全面的比较,权衡利弊,制订最佳战略,即要"计",要"谋",其结果同军事战略运筹一样,"多算胜,少算不胜"。

3. 不战而屈人之兵的战略观

"不战而屈人之兵"是孙子提出的最著名的战略思想,也是孙子军事思想最大的亮点之一。他所达到的思想高度,一直让古今中外的人们兴叹不已。

孙子在《谋攻篇》中说:高明的战略,并不仅仅以取胜为标准,还要看取胜所付出的代价和战果的大小。一般的战争指导原则是:使敌人举国降服是上策,而击破敌国就略逊一筹;使敌军整个降服为上策,而打垮敌军就略逊一筹。所以孙子提出:"百战百胜,非善之善者也;不战而屈人之兵,善之善者也。"意思是说:百战百胜并不是最高明最完善的战略,不经交战而使敌人降服,这才是最高明最完善的战略。所以,"不战而屈人之兵"成为孙子战略思想的核心,围绕这一核心,孙子提出了非常著名的"伐谋"、"伐交"、"伐兵"和"攻城"等具体而系统的战略思想。

孙子认为,军事战略不只局限于短兵相接的战场,还包括国家的政治、外交等诸多方面,军事战略的优劣则依次是:"上兵伐谋,其次伐交,其次伐兵,其下攻城。攻城之法,为不得已。"意思是说:用兵的上策是挫败敌人的战略,其次是挫败敌人的外交,再次是打败敌人的军队,下策是攻打敌人的城池。攻城是不得已的办法。被列为《武经七书》之一的《六韬》就继承了孙子的这一战略思想,明确提出:"争胜于白刃之前,非良将也。"古人李筌领会了孙子战略思想的精髓和高明之处,在《孙子·用间篇》之末,他语重心长地提醒朝中执掌用兵大权的武将们说:"孙子论兵,始于计而终于间者,盖不以攻为主。为将者可不慎之哉?"

孙子"不战而屈人之兵"的战略思想具有深邃的哲学内涵,随着时代的推移和军事科学的深入发展,孙子提出的这一战略命题,也为现代军事战略理论的发展提供了哲学基础,比如当今世界的"威慑战略",就是以孙子的这一战略命题为理论依据的。英国著名学者利德尔·哈特在为格里菲思所译《孙子兵法》写的序言中道:"在导致人类自相残杀、灭绝人性的核武器研制成功后,就更需要重新而且更加完整地翻译《孙子》这本书了。"他在自己的著作《战略论》中进一步阐述了理由。他说:"最完美的战略,也就是那种不必经过激烈战斗而能达到的战略——所谓不战而屈人之兵,善之善者也。"另据有关材料说,冷战时期,美国战略研究中心曾于1978年提出了一项由美、欧、日共同"围堵"苏联的"核战略",其核心就是运用了孙子"上兵伐谋"的战略思想。如今世界上所流行的"威慑战略",就包含了政治孤立、经济制裁、军事打击等现代的"伐谋、伐交、伐兵"手段,只不过是"不战而屈人之兵"战略思想的现代版而已。

4. 奇正相生的制胜论

两军阵前,如何制胜,这是军事战略确定之后要解决的作战指导思想和战术原则问题。孙子只提出了六个字:"以正合,以奇胜。"即出奇制胜。

《孙子兵法》中有两个非常重要的概念:一个是"形",即军形,指军事的实力;一个是"势",即兵势,指的是军队的态势。孙子认为,战场上的形、势虽然千变万化,但战势归根结底不过"奇"、"正"两种。那什么是"正"? 什么是"奇"呢? 在孙子看来,"正"就是合乎常规,"奇"就是打破常规。那"常规"又是什么呢? 是以往的经验,是既定的认识,是人们已经养成了的思维方式和应对方法。"奇"就是要反其道而行之,达到出其不意、攻其不备而取胜的目的。孙子认为:"战胜不复,而应形于无穷。"意思是说:取胜的方式是不能重复的,应该根据不同的情况,变化无穷。由此可知,"正"和"奇"是一对变量。比如,"背水布阵"是兵法大忌,这是常规,属于

"正",但是项羽却根据敌我双方的兵力、将士心理等情况,一反常规,破釜沉舟,背水布阵,一举打败敌军。在这次战役中,项羽的"破釜沉舟,背水布阵"就属于"奇"。再如著名的"田忌赛马"的故事,也是运用的"奇"、"正"之变的原理,它们的性质是相对而言的。所以,孙子在《兵势篇》中说:"战势不过奇正,奇正之变,不可胜穷也。奇正相生,如循环之无端,孰能穷之?"意思是说:指导作战的方法不过"奇"、"正"两种,可是"奇"、"正"的变化却是无法穷尽的。"奇"、"正"之间的相互转化,循环往复,就像一个没有终点的圆圈,谁又能穷尽它呢?所以孙子说:"能因敌变化而取胜者,谓之神。"意思说:能根据敌情变化而出奇制胜者,就可以称为用兵如神。的确,虽然"以正合,以奇胜"只有六个字,非有大智慧者则很难做到。因此,"以正合,以奇胜"就像是一座无法穷尽的智慧宝藏,生生不已,变化无穷。这也正是《孙子兵法》充满神奇和神秘色彩,并被视为人类最高智慧结晶的原因。

战争,角兵力,更角智谋。而兵法,则是把兵力和智谋运用到最佳境界的学问,孙子的"以正合,以奇胜"的制胜理论,则达到了这一学问的最高境界。

(1)孙子以辩证的观点来看待"奇"与"正"的性质,揭示了"奇"与"正"的属性是相对的,"奇"、"正"仅二字,却涵盖了千变万化的战争情况,它们的性质和关系会随着客观情况的变化而转化,这为后世军事科学的发展奠定了辩证的哲学基础。

(2)孙子以辩证的方法来处理"奇"、"正"之间关系,"以正合,以奇胜"是制胜的规则,使之成为创造军事奇迹、凝聚人类智慧的渊薮,以至于现代生活中一切具有对抗、竞争、竞赛、竞技因素的领域或行业,都可以从孙子提出的这一规则中汲取智慧和营养。

(3)孙子成功地实践了"以正合、以奇胜"的制胜理论,率领吴国军队一举打败强敌楚国,创造了以少胜多的奇迹,这就是著名的吴楚柏举之战。在这次战役中,孙子把出奇制胜的法则运用到极致,因而这一战被后人视为孙子"以正合、以奇胜"制胜理论的注释和实用典范。也许,现实正如孙子说的那样,人皆知其胜,不知其所以胜。孙子的回答很精要:"三军之众,可使必受敌而无败者,奇正是也;兵之所加,如以碫(砺石)投卵者,虚实是也。"意思是:整个军队遭到敌人的进攻而立于不败,依靠的是奇正战术的变化;对敌人所实施的打击如同以石击卵一样,靠的是避实击虚原则的正确运用。由此可知,"奇正"、"虚实"是孙子制胜的法宝。

5. 兵以诈立的诡道观

军事斗争不同于其他领域的社会生活,其基本特征是什么?将帅要有什么样的才能？对于这个问题,孙子的回答惊世骇俗。他在《始计篇》中说:"兵者,诡道者也。"意思是说:用兵打仗是一种诡诈之术。在《军争篇》又进一步强调说:"兵以诈立。"意思是说,诡诈多变是用兵取胜的根本。关于"诡道"的内涵,孙子解释说:"故能而示之不能,用而示之不用,近而示之远,远而示之近,利而诱之,乱而取之,实而备之,强而避之,怒而挠之,卑而骄之,佚而劳之,亲而离之。攻其无备,出其不意。此兵家之胜,不可先传也。"意思是说:能打,要装做不能打;要打,却装做不想打;明明要打近处,却装做要向远处进攻;进攻近处,而要假装进攻远处。敌人贪利,就用小利引诱他;敌人混乱,就乘机攻取他;敌人力量雄厚,就注意防备他;敌人兵强气锐,就暂时避其锋芒;敌人暴躁易怒,就想办法折损他的锐气;敌人卑怯慎行,就想办法使之骄横致败;敌人修整良好,就想办法使之疲劳;敌人内部和睦团结,就想办法离间他们;要在敌人没有防备处发起进攻,在敌人意料不到时采取行动。这就是将帅指挥艺术的奥妙,是不能预先呆板规定的。孙子不仅准确而精辟地概括出用兵打仗的基本特征和军事指挥艺术的奥妙,而且在用兵思想上突破了以往"动之以仁,行之以礼"的传统军事思想的束缚,直言不讳地揭示出军事斗争与其他领域最大的不同点就是奉行诡诈,这是用兵打仗和军事指挥艺术的不二法门。

兵法的要旨在于谋胜,制胜的要旨在于"攻其无备,出其不意",这是孙子"诡道观"的逻辑基础。而要出奇制胜,就必须通过施谋用诈来掩饰自己的真实意图,蒙蔽敌人,让敌人摸不透,猜不着,想不到,不由自主地陷入困境,这就是孙子"诡道"的核心——虚虚实实。

《虚实篇》是《孙子兵法》中大放异彩的篇章,历来最受世人瞩目。其中唐太宗李世民的评价最具有代表性。他说:"孙武十三篇,无出虚实。夫用兵识虚实之势,则无不胜焉。"(《与李卫公论兵》)《虚实篇》之所以获得如此高的评价,就在于所阐述的"诈术"不仅是孙子用兵智慧的最高结晶,而且具有实践意义和普遍的指导意义。比如:"致人而不致于人","出其所不趋,趋其所不意","攻其所必救"、"乖其所之"(注:诱使敌人改变进攻方向)、"形人而我无形"(注:迫使敌人暴露真情而隐藏好自己的真情)、"避实而击虚"。孙子认为,用兵和指挥作战的最高境界是:"微乎微乎,至于无形;神乎神乎,至于无声。故能为敌之司命。"意思是说:微妙到看不出任何形迹,神奇到听不到一丝声音,这样我军就主宰敌人的命运了。"故形兵之极,至于无形;无形,深间(隐藏很深的间谍)不能窥,智者不能谋。"在孙子看来,"无形"是用兵的最高境界,也是"虚实"的最高境界。

兵以诈立的诡道观,是孙子军事思想独特的贡献,他第一个提出"虚实"这一重要范畴并对它进行了深入而系统地阐述。虽然随着时代和科学技术的不断进步,现代战争条件下的伪装技术、模拟技术有了高度发展,"诡道"的内涵和"虚实"的范围和层次,都更为广泛,更为复杂。但是,孙子以"虚实"为核心的诡道观并不过时。因为他揭示的是军事斗争的基本特征和军事指挥艺术的奥妙所在,具有普遍的指导意义。

6. 君命有所不受的独立指挥观

"将在外,君命有所不受。"这句中国人妇孺皆知的名言,是孙子提出的又一伟大军事思想——战场上主将要拥有独立的指挥权。

孙子在《九变篇》中说,大凡用兵的法则是:主将接受国君的命令,组织军队,征集军需,出征时在沼泽连绵的"圮地"上不可驻扎,在多国交界的"衢地"上应结交邻国,在难以生存的"绝地"不要停留,在难以进退的"围地"要巧设计谋,陷入走投无路的"死地"就要坚决奋死。据此,孙子提出了"五不"原则:"涂(途)有所不由,军有所不击,城有所不攻,地有所不争,君命有所不受。"即军队最高将帅的指挥,要根据军队所遇情况的利弊来决定取舍,如果对军队和取胜不利,那么,有的道路不要走,有的敌人不要打,有的城邑不要攻,有的地方不要争,国君的命令有的也不要执行。

在春秋战国以前,夏、商、西周都是高度集权化的军事领导体制,国君既掌握军队也掌握军队的指挥权。但是到了春秋以后,随着战事增多,战争的规模、战场的地域、作战方式等不断发展变化,文武官员开始分职,出现了专职的将帅,国君则以授命的方式派将帅指挥军队作战,即将帅"受命于君",完成作战任务。但掌握军权的国君,既规定作战任务,又规定作战方式,常常还要坐在金銮宝殿发布一道道命令,遥控前方的指挥,于是就出现了国君在后方瞎指挥前方军队的弊端。孙子在《谋攻篇》中具体分析了国君干涉指挥所带来的三种危害。他说:"不知军之不可以进而谓之进,不知军之不可以退而谓之退,是谓縻军。不知三军之事,而同三军之政者,则军士惑矣。不知三军之权,而同三军之任,则军士疑矣。三军既惑且疑,则诸侯之难至矣,是谓乱军引胜。"意思是说:不了解军队不能前进而命令前进,不了解军队不能后退却命令后退,这叫做束缚军队。不懂得军队的内部事务却去干预军队的行政,就会使将士们迷惑。不懂得用兵的策略和权宜机变,却干涉军队的指挥,就会使将士产生疑虑。军队既迷惑又心存疑虑,那么诸侯乘机侵犯的灾难就该降临了,这叫做自乱军心招致敌人获胜。所以孙子说:"将能而君不御者,胜。"意思是说：将帅有指挥才能而国君又不干预指挥，必定胜利。基于这种情况，孙子大胆地提出了"君命有所不受"的命题，这在军事指挥史上是非常了不起的见识。

所谓"君命有所不受"，意思是国君的命令有的可以执行，有的可以不执行。那取舍的标准是什么呢？孙子在《地形篇》中说："故战道必胜，主曰无战，必战可也。战道不胜，主曰必战，无战可也。"意思是说：根据战争规律分析而有必胜的把握，国君说不打，但坚持打是可以的。根据战争规律分析而没有必胜的把握，国君说一定要打，但不打是可以的。也就是说，君命执行不执行，主要看其决策是否正确，是否符合战场实际情况。这对主将来说是很大的挑战。首先，他必须判断国君的命令的确是不符合战场实际情况的，执行了会招致失败；其次，他必须有足够的勇气和胆量承担违反君命的后果。所以孙子认为，优秀的将帅只应该具备这样的武德："进不求名，退不避罪，惟民是保，而利合于主，国之宝也。"意思是说：进不谋求战胜的功名，退不回避违名的罪责，一心考虑的就是保全百姓并符合国君的利益，这样的将帅就是国宝！

孙子"君命有所不受"的思想是非常伟大的。在现实生活中，有一些国宝类的名将不顾君命，坚持"惟民是保"，独立指挥，获得胜利并得到君王的嘉许。也有许多由于君王瞎指挥、乱干预而招致"乱军引胜"的战例，其中以宋朝最为典型。在宋朝，主将率军出战，必须按皇帝规定的阵图布阵，而皇帝规定的阵图常常不符合瞬息万变的战场情况，使得主将"依从则有未合宜，专断则是违上旨"。所以，宋军作战，败多胜少。还有许多"进不求名，退不避罪，惟民是保"的名将，虽然取得了重大胜利，但因"不受君命"而最终招致杀身之祸，成为千古奇冤！广为人知的例子如宋代的岳飞、明代的袁崇焕。

7. 令文齐武的治军观

为兵之道，自古重视治军。拿破仑曾说：一支军队的实力，四分之三是由士气构成的。那么，怎样治军以建立高昂的士气？中外军事学家有不同的理论和方法，而孙子提出的"令之文，齐之武"的治军观，则成为一个基本而普遍的治军法则被人们传承下来。

"吴宫教战"，是孙子"令之以文，齐之以武"治军思想的生动体现，其系统理论，则被记录在《孙子兵法》之中。他在《行军篇》中说："卒未亲附而罚之则不服，不服则难用也；卒已亲附而罚不行，则不可用也。故令之以文，齐之以武，是谓必胜。"意思是说：士卒还没有亲近依附就施行惩罚，那么他们就会不服，不服就难以使用；士卒已经亲附,而军纪军法仍得不到执行,那么他们就无法去作战。所以,要用道义教化士卒,用军纪军法整饬部队,这样就必能取胜。

"令之以文,齐之以武"是孙子治军的基本纲领,而在"文"、"武"的具体内涵方面又是非常丰富的。比如:在"令服"与"可用"的关系方面,提出:"视卒如婴儿,故可与之赴深溪;视卒如爱子,故可与之俱死。"意思是说:对待士卒像对待婴儿那样慈爱,士卒就会跟你一起赴汤蹈火;对待士卒像对待自己的爱子一样充满厚爱,士卒就会跟你一起出生入死。即孙子主张以怀柔宽仁的手段培养士卒效死的思想和意志。在"宽"与"严"的关系方面,提出:"厚而不能使,爱而不能令,乱而不能治,譬若骄子,不可用也。"意思是说:厚待士卒而不使用,施以仁爱却不教育,违反军纪军法而不惩治,那就像娇惯的孩子一样,是不能用来作战的。在"信"与"威"的关系方面,提出:"令素行以教其民,则民服;令不素行以教其民,则民不服。令素行者,与众相得也。"意思是说:平时有令必行,士卒就会养成服从命令的习惯;平时有令不行,士卒就会养成不服从命令的习惯。即孙子认为,先"信"而后才能"威","信"与"威"都是养成的。在"赏"与"罚"的关系方面,孙子提出:"施无法之赏,悬无政之令,犯三军之众,若使一人。"意思是说:在战场上施行超出惯例的奖赏,颁布超出常规的号令,指挥全军就如同指挥一人。

孙子的伟大之处在于他清醒地看到了厚与使、爱与令、信与威、赏与罚、乱与治等都是治军问题上的矛盾,其卓越贡献在于把这些矛盾统一到"令之以文,齐之以武"的纲领之中,把"文"视为"武"的基础,辩证地处理了"养兵"与"用兵"的关系,不仅为中国古代治军理论提出了一个巨大的思想框架,而且"文"、"武"相济,"刚"、"柔"并用的治军方法,对后世影响深刻,特别是"视卒如爱子"的思想行为成为将帅武德高尚的标准之一,像先秦的吴起、汉代的李广、宋代的岳飞等名将,皆深受孙子这一治军思想的影响,爱兵如子,用兵如虎,名扬古今。

两千多年以来,虽然历代兵法家在治军理论、治军方法等方面有了很大的发展,但就总体而言,没有超出"令文齐武"的范畴。即便到了现代,军队的政治教育与军纪法规、思想教育与严格管理,奖励军功与军法惩治,依然是孙子"令之以文,齐之以武"思想的延续。所以,孙子"令文齐武"的治军思想,不仅开创了军事科学中军队教育管理理论的先河,其提出的"文"与"武"对立统一的管理思维模式和框架,也为现代各行各业的管理学说,提供了理论基础和借鉴。这也是《孙子兵法》能够超越军事领域而被广泛运用的原因之一。

（二）独特智慧

孙子的贡献不仅仅在军事学方面，他的系统而辩证的思维方式，绝妙而充满智慧的谋略，机动灵活的竞胜规则，生生不已的应变策略，知性第一的决事原则，以及重视心、气的思想，都蕴含着深奥的哲理、独特的思维、绝妙的智慧，对人类认识问题和解决问题，都具有普遍的指导意义，这是《孙子兵法》超越军事学而对整个人类思想文化的卓越贡献。

1. 系统性思维和优化原则

通观《孙子兵法》，孙子在阐述"慎战"、"谋胜"思想和方略之中，追求一个"全"字。比如："全国"、"全军"、"全胜"、"全策"、"全利"，等等，这里的"全"是保全、使完整和完善的意思。孙子追求的"全"如同孔子思想的"仁"、老子思想的"道"一样，是一种最高境界，也是其学说的核心和精髓所在。在怎样实现"全"这个问题上，孙子则是以系统性思维和优化原则来提出对策。比如在"全国"、"全军"的问题上，提出了"慎战"、"先计而后战"、"不战而屈人之兵"等系统而严密的战略战术思想及优化对策。在"全胜"的问题上，对于战争，主张"上兵伐谋，其次伐交，其次伐兵，其下攻城"，力求不战而胜，巧战而胜，不以死打硬拼作为求"全"求"胜"手段；对于出国远征，孙子首先分析了久战兵力消耗对军队战斗力的影响，分析了旷日持久的战争费用对国家财力的消耗，认为久战不仅会使军队疲惫，挫伤锐气，而且会导致国家用度不足，因而提出了"兵贵胜，不贵久"；对于将领的才能和武德，孙子提出了"智、信、仁、勇、严"五个标准，认为只有具备了才智、信威、宽仁、勇武和严正的才能和品德，才称得上是良将，单有"勇"是不能胜任指挥作战的。古人有"一将无能，累死千军"的说法，这正像现代系统理论中的"木桶原理"，在整体结构中，任何一个要素不符合要求，都会危及全局。在"全策"问题上，每一个战略决策或战术决策都有一个子系统，比如关于"慎战"而"重战"，孙子提出了"五事"和"七计"，强调国家经营军事，取胜于无形，必须避免主观地、片面地、孤立地看问题，要从客观出发，系统而联系地、比较而分析地、调查而研究地搜求敌我双方的情况，以预测胜败并进行战略决策。孙子总是以普遍联系的观点进行系统性思维，制订出优化方案以实现"全"的目标。这一思维方式和决策原则，与现代科学中的系统性思维和在各种方案中选择最佳方案的优化原则具有同一性。虽然《孙子兵法》中没有明确提出系统性思维和优化原则的概念,但是他认识到了战争的胜负,是一个多因素的复合体,只有系统性考虑各个因素,选择最佳战略战术,才能够制胜。所以,在具体的分析和论述中无处不体现着这种思维方式,在具体的战略战术决策中,无不渗透着优化原则。在二千五百年以前拥有这样的思维智慧,是非常了不起的。

2. 辩证性思维和互相制约的思想

战争是"利"、"害"的对立统一体,而参战双方最终以"胜"、"败"的形式分割"利"、"害"。如何"因利而制权",把握"制胜"的各种因素,是将帅运筹帷幄、决胜千里的关键。孙子不仅充分地认识到"利害"、"胜败"之间既对立又统一的关系,而且能辩证地处理它们之间的关系,捕捉各种因素之间相互制约、相互转化的条件,做到"因敌变化而取胜"。比如在战争的利害关系上,孙子认为:"不尽知用兵之害者,则不能尽知用兵之利。"(《作战篇》)"是故智者之虑,必杂于利,而务可信也;杂于害,而患可解也。"(《九变篇》)意思是说:不完全懂得用兵之害的人,也就不能完全懂得用兵之利,只有从利、害两个方面考虑问题,制订出来的战略战术才能够行之有效。主张在利思害,在害思利,辩证地思考问题。

在利用军队的治乱、勇怯、强弱等对立现象以诱敌方面,孙子说:"乱生于治,怯生于勇,弱生于强。"(《兵势篇》)又说:"治乱,数也;勇怯,势也;强弱,形也。"(《兵势篇》)意思是说:向敌人诈示混乱,是因为有严整的组织,向敌人诈示怯懦,是因为有勇敢的素质,向敌人诈示弱小,是因为拥有强大的兵力。严整或混乱,是由组织编制好坏决定的;勇敢或怯懦,是由作战态势的优劣决定的;强大或弱小,是由双方实力对比而显现的。孙子认为,对立的事物之间是可以转化的,而转化的条件既来自事物的内部,也来自事物的外部,而关键的因素是如何制约和转化。他说:"故善动敌者,形之,敌必从之;予之,敌必取之。以利动之,以卒待之。"意思是说:善于调动敌人的将帅,伪装假象迷惑敌人,敌人就会听从调动;用小利引诱敌人,敌人就会来取。用利益引诱敌人上当,用重兵伺机打击敌人。

3. 对抗和竞赛行为的规律和原则

战争是人类社会生活中一种激烈的对抗行为,有不同于其他社会活动的规律和准则,孙子发现并总结出了它的基本规律和准则。

"兵贵胜,不贵久。""兵之情主速。"即兵贵神速。这一速战速决的原则是孙子总结出的军事运动的一般规律之一。

军事运动应该具有怎样的速度,孙子描述得非常生动:"其疾如风,其徐如林,侵掠如火,难知如阴,不动如山,动如雷霆。"(《军争篇》)意思是说:军队行动迅速时犹如疾风骤起,行动舒缓时犹如树木森然不乱,攻击敌人时犹如烈火势不可挡,隐蔽时犹如浓云遮日,实施防御时犹如岿然不动的山岳,发起冲锋时犹如雷霆一样迅疾。这几个排比句,让我们深刻地感受到孙子用兵的速度和力量。日本战国时代的枭雄武田信玄深爱孙子的用兵之道,把这段名言辑为"风林火山"四个字,作为甲州军团的军旗。直到现在,每年4月一到"武田信玄节"时,日本山梨县甲府市到处都飘扬着"风林火山"的旗帜。

孙子还以激水奔流和鸷鸟捕食来比方军事运动速度作用。他说:湍急的奔流因为迅疾,所以能够把巨石漂走;鸷鸟高飞捕食,因为短促迅猛而锐不可当。用兵打仗,兵势要像张满的弓弩,进攻敌人犹如击发弩机,冲向敌人的军队犹如离弦之箭,迅疾而不可阻挡。"是故善战者,其势险,其节短。"(《兵势篇》)意思是说:善于指挥作战的人,造就的态势险峻逼人,进攻的节奏短促有力。两千多年以后,拿破仑也表达了同样的思想,他说:"军队的力量,好像机械学的运动量一般,是质量和速度的相称。"对抗或竞赛行为的这一基本规律和基本准则,现在已经被人们广泛运用到现代社会的各个领域。

"守则不足,攻则有余",即强攻弱守,这是孙子总结出的军事运动的一般规律之一。两军对阵,是攻还是守?取舍的原则是什么呢?孙子说,要先创造不被敌人战胜的条件,然后再捕捉时机战胜敌人:"不可胜者,守也;可胜者,攻也。守则不足,攻则有余。"意思是说:要想不被敌人战胜,在于防守严密;要想战胜敌人,在于进攻得当。实行防守,是由于兵力不足;实施进攻,是因为兵力有余。孙子说:善于打仗的人,总是确保自己立于不败之地,同时不放过任何击败敌人的机会。"故胜兵若以镒称铢,败兵若以铢称镒(注:铢、镒古代重量单位,一镒等于二十四两,一两等于二十四铢)。"意思是说,在力量对比上,胜利的军队就像以"镒"对"铢",占有绝对的优势,失败的军队就像以"铢"比"镒",处于绝对劣势。拿破仑也曾表达过同样的意思,他说:"战争无它巧妙,唯在以多兵胜少兵罢了。"话虽然有些偏颇,但在保持绝对优势兵力是取胜的法宝这一点上,还是正确的。

用兵不主故常,唯变所适,不可为典要:"能因敌变化而取胜者,谓之神。"(《虚实篇》)即运动发展的思想和机动灵活的原则。这是孙子总结出的军事对抗或竞赛运动的又一基本规律。

战争是决胜负的对抗行为,不能重复老一套的方式,应该适应不同的情况而变化无穷。所以孙子说:"其战胜不复,而应形于无穷。"(《虚实篇》)据《宋史·岳飞传》记载,宰相宗泽给岳飞一张布阵图,意欲让他依图布阵。岳飞回答说:"阵而后战,兵法之常,运用之妙,存乎一心。"意思也是强调灵活是用兵打仗的基本原则。

孙子所总结的基本规律和基本原则,不仅适用于军事领域的对抗行为,也适用一切非军事领域的带有竞赛、竞争因素的对抗行为。所以,现在喜欢读《孙子兵法》的人越来越多。

4. 先知而后行

"知彼知己,百战不殆",孙子的这句名言,已广为人知,广为人用。有人统计,在《孙子兵法》中,"知"字出现多达 79 次。著名的如:

"知之者胜,不知者不胜。"(《始计篇》)

"不尽知用兵之害者,则不能尽知用兵之利也。""故知兵之将,生民之司命,国家安危之主也。"(《作战篇》)

"知胜有五:知可以战与不可以战者,胜。识众寡之用者,胜。上下同欲者,胜。以虞待不虞者,胜。将能而君不御者,胜。此五者,知胜之道也。""知彼知己,百战不殆;不知彼而知己,一胜一负;不知彼不知己,每战必殆。"(《谋攻篇》)

"故善攻者,敌不知其所守;善守者,敌不知其所攻。"(《虚实篇》)

"知彼知己,胜乃不殆;知地知天,胜乃可全。"(《地形篇》)

孙子认为,将帅只有懂得用兵作战的规律,才能担起保国安民的重任;只有充分地了解敌我双方的情况,才能进行战略战术决策,保证战必胜,攻必克。孙子特别强调"先知"和"必知"。他说:"先知迂直之计者,胜。""五间(五类间谍:因间、内间、反间、死间、生间)之事,主(国君)必知之。"为什么孙子把"先知"看得那么重要呢?孙子说:"凡兴师十万,出征千里,百姓之费,公家之奉,日费千金;内外骚动,怠于道路,不得操事者,七十万家。相守数年,以争一日之胜,而爱爵禄百金,不知敌之情者,不仁之至也。"(《用间篇》)意思是说:大凡兴兵十万,征战千里,百姓的耗费和军费的开支,每天都要花费巨金,前方、后方都在行动,民夫、士卒疲惫地奔波于路途,以致七十万家不能正常从事生产。相持数年,就是为了决胜于一旦。如果各惜爵禄和金钱而不肯重用间谍,以至于因不了解敌人的情况导致失败,那就是不仁到了极点。孙子总结历史说:历史上那些英明的国君和贤良的将帅之所以一出兵就能战胜敌人,功业超出众人,就在于事先了解敌人的情况。孙子接着告诫说:"先知者,不可取于鬼神,不可象于事,不可验于度,必取于人,知敌之情者也。"意思是说:事先了解敌情,不可祈求于鬼神,不可用类似的事情去类比推测,不可用日月星辰运行的位置去做验证,一定要取之于人,即从那些熟悉敌人情况的人的口中去获取。

先知而后行,无疑是军事运动决胜的基础法则,但是,孙子关于知性第一、重视情报的思想,对于竞争激烈的现代社会,也具有普遍意义,特别是经济领域,谍报的硝烟不亚于军事。正如美国人威廉·皮科克所说的那样:商业战争与军事战争有极相似之处,经理们可以从一些战争原则中学到很多有关如何成功管理和经营的知识。据说美国通用汽车公司当年就是运用了孙子兵法,在1984年成功地达到年销售额八百三十九亿美元,成为世界第一。

除了灿烂的思想和伟大的智慧以外,孙子在表达思想的技巧方面,也非常有特色。

(1)善于用比喻和类推的方法阐述深奥的道理。比如,用天地、江河、日月、四时的循环往复,比喻"奇"、"正"无始无终的变化;用五色、五味、五声的无穷变化,比喻"奇"、"正"生生不已的变化;用风、林、火、山的特性比喻军事行动的特征。不仅表达思想生动形象,而且是深入而浅出。

(2)推衍举证,环环紧扣。论述一个道理,孙子喜欢以层层递进、步步加深的方式分析,最终推衍出结论,使论点具有说服力。比如《九地篇》,阐述不同的战略地形与相应的作战方式和处置方法,用的就是层层推衍的方法。此外,孙子还每每举史、举事以证理。比如,《行军篇》举黄帝战胜四方首领的战史,说明根据不同的地理环境进行作战的重要;《用间篇》则举伊尹在夏、姜子牙在周的历史,说明了解敌情的重要。

(3)词约义丰,言简意赅。《孙子兵法》的语言之凝练、蕴涵之丰富、表达之简洁、风格之优美,也是大家公认的。像"攻其无备,出其不意"、"知彼知己,百战不殆"、"以正合,以奇胜"、"避实而击虚"、"致人而不致于人"、"后人发,先人至"、"三军可夺气,将军可夺心"、"令之以文,齐之以武"、"进不求名,退不避罪"、"视卒如爱子",等等,均字字珠玑。

《孙子兵法》的思想和智慧就像一座淘不尽的宝藏,以上的介绍只是这座宝库的主干路线图,此外还有许多闪光的思想和智慧,有待大家自己去领略,本文只是给爱好《孙子兵法》的人引个路。

《孙子兵法》于公元8世纪先传到日本,15世纪再传入朝鲜半岛,18世纪传到欧洲,被誉为"东方兵学的鼻祖"、"第一部战略学术著作"。现在,全世界已有三十余种文字版本的《孙子兵法》出版。研读《孙子兵法》的人也早已超越了军事、体育、商业等领域,成为一种文化现象。以美国为例,据中国驻美使馆前几年的不完全统计,美国民间有近百个《孙子兵法》学会、协会或俱乐部。正如美国学者波拉克说的那样,孙子和孔子一样有永恒的智慧,这种智慧属于全世界,没有哪个国家能够垄断。的确,《孙子兵法》作为人类智慧的结晶,它属于中国,也属于全人类。

参考文献

1. 服部千村(日)《孙子兵法校解》,军事科学出版社,1987。
2. 张文穆《孙子解故》,国防大学出版社,1987。
3. 刘先廷、姚有志《说东周,话权谋》,解放军出版社,1987。
4. 中国军事艺术编委会《白话中国兵法》,成都出版社,1992。
5. 吴如嵩《中国十大兵书谋略指要》,中国工人出版社,1996。
6. 马俊英《孙子兵法》,光明日报出版社,2005。

墨子与《墨子》

杨蓉蓉

百家争鸣的春秋战国时期,是中国古代历史发展长河中的第一个黄金时代。这一时代留给后人的思想与智慧,不仅滋养了我们中华民族,也是全人类的宝贵精神财富。这一时期产生的思想家和思想流派,比如孔子与儒家、老庄与道家、墨子与墨家、荀子与法家等等,为后来两千多年的中国封建社会奠定了社会制度文化与观念文化的基础。从我们今天生活的现代社会来看,中国人遇到复杂问题时的处理方式与态度,中国人与他人或世界交往的思维和习惯,中国人的文化特征,中国文化的品格等等,所有这些都是与春秋战国时期的思想大爆发有关。因此,从这一点上说,了解春秋战国时期的思想文化,不仅仅是读书学习的需要,也是我们了解自己、了解中国文化传统的需要。

一、墨家产生的背景及历史际遇

正如我们所知道的,"春秋无义战",春秋战国时期发生的大大小小无数场战争,都是统治者之间为了争夺领土等利益而爆发的,当时的周王朝威仪不再,诸侯四起,礼崩乐坏,国与国之间战乱不断,百姓生活困苦不堪……我们不禁要问,为什么在社会生活的水火煎熬中还能产生和传播人类思想文明的火种?稍加思索就会得到答案:社会的混乱回馈了人类一个巨大的、令人意想不到的礼物——自由,思想和精神的自由。诸侯相争、社会政治的混乱使得没有一种力量能约束住人们自由的思考问题,也没有一种思想能够统治中国,因此,在社会缺乏固定的衡量对与错的价值标准而精神却高度自由的情况下,早期的中国人清澈透明,他们在思索和追问那些与生存、社会和价值有关的终极问题:人究竟是什么?人的本性是善还是恶?什么样的人生才是有意义的人生?人们应该通过什么途径实现自己的价值?什么样的社会才是合理的社会?……他们在为基本的生存与有意义地完满地活着之间寻找价值和标准,为规范社会寻找统一的章法与尺度,他们的哲思在社会混乱中创造了伟大的精神财富。在这一时期兴起了儒、道、法、墨等流派中,社会影响最大、门徒众多的学派是儒、墨两家。

如今的人们,对儒家思想耳熟能详。随着"国学热"的不断兴起,儒学在当代社会的影响更是蒸蒸日上。但鲜为人知的是,当年的墨家,其声名和影响完全不亚于儒家。到汉朝早期的时候,墨子仍然被视为智慧的代表,与孔子并称。但自汉武帝"罢黜百家、独尊儒术",儒学被推上统治地位之后,墨学才呈现出衰微之势,墨子似乎从中国思想界消失了。从这个时候开始,中国古代思想的一条清流断了,一片哺育了中国人精神的沃土荒芜了。直到清朝的重新校注《墨子》,两千年间,只有晋朝的鲁胜、唐朝的韩愈、宋朝的李觏和明朝的王世贞等曾经提及墨子,长期以来,墨子的思想被忽视、掩盖了。

假如墨子的思想对现代社会来说一点实际的用处也没有,那么,它的失落就不值得人们叹惋。但是,如果它的断绝只是由于人们的健忘、无知或偏见,那么,当人们重新开始发现它的光辉的时候,就会感到非常遗憾。而事实上,墨子的思想与现代社会所需的思想价值有着许多异曲同工之处。例如:在清朝末年,西学东渐,外敌当头,在此民族危亡的时刻,一批有识之士重新检讨"国故",他们从墨学中找到了救国救民的思想与方法,认为西学的精华尽在墨学之中。这是因为墨学中的科学原理、机械制造与西方的自然科学、机器生产是相通的,墨学中的逻辑思想与西方逻辑是相通的;墨子的"兼爱"、"尚贤"等政治思想与西方的自由、平等、博爱、民权等政治观念是相通的;墨子经世致用的功利主义与西方资产阶级的实用主义也是相通的。于是,墨学成了当时中国资产阶级进行改良与革命的思想武器,墨子在当时也得到了更多人的关注。而今天,我们所提倡的和谐社会、和平发展、科技兴国等社会新理念,不也与墨子的"兼爱"、"非攻"、崇尚科学有着千丝万缕的联系吗? 2006 年电影《墨攻》的火爆,使人们又一次生动具体形象地认识了墨子和墨家,然而,这样的墨家精神的回归,与儒家思想的如日中天、历时不衰相比,显得苍白而贫乏。因此,我们有必要对墨子和墨家,对中国思想史上长期被忽略的另一块宝藏,做一次深入的探查和研究。

墨子是个理想主义者,也是个伟大的实践家。他把自己的一生都无私地奉献给了社会,他朴素而执著地相信人与人之间、国与国之间完全可以建立和平、和谐、互助互爱的关系,并且为了达到这个社会理想而不遗余力地努力着。理想主义者的结局大多悲凉,他们对生活抱着太完满的期许,反而很难在现实中得到满足,因而失望沉沦在所难免。然而墨子却不是这样,墨子既能坚持理想,又知道实现理想之不易,所以他身体力行,用自己的人生来实践自己的追求。所以从个人来说,无论墨子的主张在当时社会获得了多大的尊崇与实现,他都是伟大的,因为执著与躬行本身已经见证了墨子人格力量的坚强和纯真。

二、墨子的生平

在谈论墨子的思想和墨家之前,我们须先说说墨子的生平。一个人的经历与环境会影响制约他的思想与行为方式,这是毫无疑问的,也是我们谈论一个伟大人物时常常要讨论他的生平的原因之一。然而,关于墨子的生平却是一团迷雾,除了流传至今的《墨子》一书之外,人们对他的生平事迹却是知之甚少。

关于墨子,一般书中会介绍说:他姓墨,名翟。其实这在学术界也是有争论的。至于他的籍贯,有学者说他是鲁国人,但也有学者认为他是宋国人。近年来,关于墨子籍贯的研究又有了新的说法,认为在今山东滕州。伟大而神秘的墨子生活在什么年代?享年多少?这是了解他的生平所不能忽略的,然而,先秦典籍对此并无具体记载。被人们公认为最可信的《史记》,偏偏又没有单独为墨子立传,只是在《孟子荀卿列传》的后面附有:"盖墨翟,宋之大夫,善守御,为节用,或曰并孔子时,或曰在其后。"短短二十四个字,草草交代。尤其遗憾的是,关于墨子的家世,只字未提。我们认为伟大的史学家司马迁并不偷懒,之所以行文如此寥寥,是因为在他的时代里,能保存下来的有关墨子的生平痕迹已经不多了,更何况今天的我们呢?然而人物的活动及学说的形成,和时代背景总是有着密切联系的,我们通过《墨子》书中的记载和后人考证的各种结果进行比较、分辨,从中也可以得出一个大致准确、可信的说法。

著名学者梁启超根据《墨子》书中所记载的墨子亲见的人、亲历的事为标准,再拿他文中所记事实做旁证、反证,推论墨子应生于公元前468年至前459年间,约当孔子卒后十余年;卒于公元前390年至前382年间,约当孟子生前十余年。后来一些学者的考证结果与此都没有多大差别,只是生年或略早,卒年或略前而已。因此说墨子生年约在公元前468年,卒年约在公元前390年,活了近80岁,大致应该是不错的。

三、墨家学派

　　早年墨子接受的是儒家的教育。春秋时期,旧有的奴隶制逐渐解体,一向被奴隶主贵族垄断的"官学"也随之衰落,开始走向民间,所谓"天子失官,学在四夷",即原来由周王室把持的学术教育权利,此时由于政治的变动,官学衰落,学术下移到了侯国,同时由侯国又下移至民间社会的局面。没落的旧贵族成员和一部分新兴的地主阶级及平民知识分子就构成了当时势力颇为强大的"士"阶层,即读书人,他们在社会上掀起了一股追求知识学问的热潮,到了春秋末年,私学讲学规模有了相当的发展。这些使得自称贱人的墨子也因此有了受教育的机会。墨子最初师从儒家,早期儒家的学校教育都是以六艺,即礼、乐、射、御、书、数作为教学的基本课程,墨子早年学习的内容就是这些知识。青年时期的墨子学习勤奋,《淮南子·主术训》说他和孔子一样"皆修圣贤之术,通六艺之论",说明他和孔子一样是位精通儒家六艺的读书人。不过,墨子最感兴趣的是射、御、书、数这类课程,尤其是有关各种机械制造的原理、技术方面的知识。墨子后来成为一名木制手工专家,正是从此开始的。墨子也熟悉除木工以外的其他各种工匠技艺,诸如丝染、皮革、制陶、建筑、冶金等。他平时在谈话和教育弟子时,也常用各种工匠的技艺来打比方、论证问题。与此同时,墨子还总结了数学、物理、力学等各种原理,既精通各种手工技术,又精通科学原理,这是墨子的特点,也是后来墨学的一个基本特色。

　　墨子的"礼"、"乐"等课程也学得很好,但他后来由于对儒家思想和主张不满,又从儒家中分离出来,自成一家,并成为儒家的反对派。墨子青年时期就开始私人授徒讲学,创立了与孔子儒学相抗衡的墨家学派。

　　孔子以"有教无类"之宗旨、"诲人不倦"的精神培养了大批学生,然而孔子的施教对象必须是备有学费的求学者。墨子则不然,墨子从他的"有道者劝以教人"的教育观出发,本着兼爱的精神,随时随地、以身作则地对学生进行教育;他不仅施教勤勉,还身体力行、亲力亲为,以其朴素、无私、坚强、隐忍的人格影响和感化着学生。师从墨子受学的都是来自社会下层的贫寒子弟,他们本着吃苦耐劳的品质,边学习,边生产,边行道,同甘共苦,自食其力。在这里,他们不仅学会了各种技术和知识,也体会到了互相间的平等、关怀和欢乐。

　　墨子的这种讲学内容和办学方法不久便吸引了许许多多的人参与进来,墨学很快成为与儒家相抗衡的墨家学派。墨子自称他是:"对上没有侍奉国君的任务,对下没有耕种的困难。"(《墨子·贵义》)是比较接近"农与工肆之人"的"士"阶层,因此,其组织中的墨家成员,也多属社会下层的人员或游侠。墨家成员据说有数百人之多,其领袖称为巨(钜)子,有严格的组织纪律,为了实现其主张,赴汤蹈火,在所不辞。孟子也称其为"摩顶放踵,利天下为之"(《孟子·尽心上》)。

墨家学派是一个有着严密组织和严格纪律的学术团体。这个团体具有以下几个特点:

1. 尚贤

团体的首领称为"巨子",其产生采用的是推举贤能的方法。"巨子"是被公认为最贤能的人,在团体中,他具有崇高的威望,备受尊重。墨子在世时,这首领自然是墨子;墨子以后,相继担任巨子职位的还有孟胜、田襄子等人。

2. 崇尚艰苦朴素

墨家的艰苦朴素,处处表现在墨子师徒的生活行为之中。墨子对待自己极为苛刻,墨子弟子曹公子自述在老师门下,穿着短褐之衣(粗布短褂),吃着喝野菜粥,早上吃了,晚上还不一定能吃上饭。墨子还要求后世之墨者一直保持这种艰苦朴素的生活,并宣称如果违背这一条就要被开除出墨家团体。

3. 纪律严明

墨家内部有所谓"墨者之法",按照这个规定,杀人者偿命,伤人者服刑。自上而下,一视同仁。墨子过世后,有一个叫腹䵍的人继任了巨子。当时他住在秦国,他的儿子杀了人,秦惠王念及他年老却只有一个独子,准备免了他儿子的死罪,但腹䵍却不听从秦惠王的劝告,把自己的亲生儿子杀了偿命。

4. 集学习、生产、军事于一体

墨家学派,不只是学习书本上的理论知识,他们还一边生产,一边投入到军事训练、作战。墨家子弟个个都是身体力行、自食其力的人,种地、做工,尤其是手工制造更成为墨者从事的日常工作和必须掌握的基本技能。墨家团体又是一支召之即来、来之能战的义勇军。他们抨击侵略、主持正义不遗余力。墨子死后另一个继任巨子的孟胜,带领自己的弟子为阳城君守城,在残酷的战争中,孟胜和他的弟子一百八十三人同时殉难。

5. 见义勇为,死不旋踵

"舍生取义"是墨子及其弟子们信守的一个基本原则,也是他们视为人生价值的最高体现。墨子看到社会上到处是以大欺小、以强凌弱的霸道和侵略,百姓流离失所,生灵涂炭,于是,毅然举起了"兼爱、非攻"的旗帜,决心以有限的力量维护社会的正义与和平。他将生死置之度外,到处奔走游说,即使陷入到被囚禁和死亡的地步,仍是大义凛然。在著名的止楚攻宋的故事里,尽管他知道公输般极有可能杀害他,可他还是义无反顾地赶到楚国,劝说楚王停止进攻宋国。

6. 推荐弟子到列国从政

墨子不断推荐那些学业有成的弟子到各诸侯国去从政,以推行墨家之道。如《耕柱》篇记载的荐耕柱子去楚国、荐高石子去卫国,《鲁问》篇中派公尚过去越、派曹公子去宋、派胜绰去齐国,等等。这些墨家弟子大多表现优秀,对于把墨家学说应用于社会政治,促进各诸侯国内生产的发展和各国之间的关系做出了贡献。墨子对于这些出去从政的弟子仍然管理很严,对其中能够坚持墨家思想路线、政绩突出的弟子予以称赞,而对其中个别的违背墨家思想路线的弟子则予以处分。另外,出去做官的墨家弟子有义务把薪俸收入的一部分供给墨家团体,不准独自享用,比如耕柱子就把自己在楚国做官积攒的二百金交给了墨子。

身处乱世的墨子有一种强烈的忧思人生和心系天下的情怀,墨子创立学派的目的就是要从思想上改造人生,进而拯救社会。随着学术地位的逐渐确立,影响日益扩大,除了派学生到各国做官外,墨子还开始以诸侯国王公大人们为对象的游说活动。他的足迹曾到达过北邻之齐,也曾南游至卫、楚等国。

司马迁写墨子字数虽少,却首先点出"善守御"这一点,向我们揭示了这显然是他后半生的主要事迹。他以较大的一部分精力,从事军事防御方面的工作,这是确定无疑的。可惜这方面的经历,我们能知道的很少,仅所知的也无法确定其时日。像墨子这样能文能武的人,在先秦诸子中是罕见的。

四、《墨子》的主要思想

墨子毕其一生所实践的思想,主要体现在《墨子》这部著作里。《墨子》是根据墨子的弟子们的笔记整理而成的,和其他先秦诸子的著述一样,在中国流传了几千年。《墨子》一书几乎包含了当时可能获得的各种知识,涉及哲学、伦理、政治、经济、管理、军事、教育以及自然科学各个门类,有"百科全书"之称。据《汉书·艺文志》记载,《墨子》一书一共有七十一篇,到了北宋时仅存六十三篇,保存到今天的只有五十三篇。在同样的题目下,有些篇目有上、中、下三篇,例如《尚贤》、《尚同》、《兼爱》、《非攻》、《节用》、《节葬》、《天志》、《明鬼》、《非乐》、《非命》等原来都有上、中、下三篇,现在有的已不完全,缺了七篇。据郭沫若先生的研究,同样的题目,而有上、中、下篇,可能是由于墨子的学说后来分为三派,各派所做的记录有详略的不同。上、中、下篇的意思基本上是一致的。《墨子》一书中还有一部分是讲机械制造和战争防御的。

　　墨子学说的核心是"兼爱",触发这一思想产生的直接因素,则是统治者为了满足自己无止境的欲望,把人民推入灾难深重的绝境。其最极端的手段,是以侵略战争的形式进行大规模的掠夺,以牺牲普通民众为代价,达到兼并他国特别是弱小国家的罪恶目的。始终站在平民立场上的墨子,为维护人民与弱小国家的生存要求而振臂呼喊,于是又提出了"节用"、"节葬"、"非乐"的主张,尤其是反对侵略的"非攻"的主张。在对现实黑暗否定的同时,他孕育了自己的社会理想。他认为一切社会灾难的造成,关键是当政者不是贤人,不能爱利百姓以及政治混乱,上下不能互相信任。为此他提出了"贤人"政治,并提出使天下归于一统的"尚贤"、"尚同"的主张。为了使自己的主张能引起人们的重视,使自己的社会理想能够实现,他一方面借助于上帝鬼神的威慑力量,提出了"天志"、"明鬼"说;但另一方面,又强调自强不息的奋斗精神,于是提出了"非命"说。因此,我们可以说,组成墨子学说主干的这"十论"是一个既有核心又相互关联的体系。墨子还提出了"非儒"的观点,"非儒"的主张并不包含在这个学说体系之中,但"非儒"的思想恰恰维护了这个学说体系的地位和价值。

(一) 兼爱、非攻

　　"兼爱"是墨子学说的核心,是墨子的代表性观点。"兼爱"主要包含两个方面的意思:一是每个人都应该爱人如己,人与人之间应该相亲相爱;二是这种爱不应受等级地位和地方区域的限制。墨子认为,"兼相爱"可以导致"交相利"的积极效果。

　　墨子生活的时期正是诸侯纷争、天下大乱的时候:大国进攻小国,大的家族祸乱小的家族,强大的力量劫持弱小的力量,多数人对少数人实施暴力,奸猾的人欺诈愚笨的人，地位高贵的人看不起地位低贱的人……为什么人类社会会出现这样混乱的局面呢？孔子认为是礼崩乐坏带来的恶果，而墨子却认为这是因为人与人之间不能够相爱——即不能"兼爱"造成的。人们不能互相爱护，不能站在对方的立场上体会对方的感受，完全只顾及自身的利益，连哪怕一点点的好处也不能给别人，推而广之，国与国的关系也是如此。因此墨子认为国与国之间之所以会发生战争，就是因为各诸侯国只爱自己的国家，而不爱别的国家，只考虑自己的利益，而不考虑他国的利益，所以他们总是用进攻的方式来使自己的国家获得好处，如此下去，天下怎么会不大乱呢？针对这样的情况，墨子提出：人们应该进行换位思考，应该"以兼相爱、交相利之法易之"。即人与人之间、国家与国家之间相亲相爱，并通过相互的爱护与关心，产生对各方都有益的好处，从而就能实现人与人之间、国与国之间的和平，也就是我们今天所说的"共赢"。从墨子的主张里，我们可以看到，"兼爱"所要达到的结果是互利互惠，这就使得虚无的爱的情感有了落实到现实生活中的可能性。

除了倡导人与人之间应该相亲相爱以外，墨子还认为，这种相互的关爱是没有等级差别的。在墨子看来，只有无差别的爱，才是真正的兼爱，哪怕是奴隶，也应享有爱。只要是人，在爱面前就是平等的，就有爱与被爱的权利。

墨子说，如果你把别的国家看做自己的国家，又怎么会去进攻呢？这不等于自己攻打自己了么？因此，墨子提出了他的另一个观点——"非攻"，就是谴责侵略战争的意思。非攻既是兼爱的目的，也是兼爱的结果，换句话说，即如果你能做到兼爱，那么也应该做到非攻。非攻是墨子一生奋斗的主要目标。当时诸侯国家的侵略兼并，固然是统一的前奏，但战争本身却是残杀与掠夺，是不义之战，它带给社会民生以无穷的灾难，墨子要求国与国之间相互爱护，国与国之间互利互惠，不要损害别国的利益。他认为，如果真正能做到这一点，世界也就太平了。

著名学者冯友兰指出："'兼爱'和'非攻'是一种思想的两面，这种思想是非暴力论。'兼爱'是非暴力论在内政方面的表现，'非攻'是非暴力论在外交方面的表现。"在墨子看来，兼爱、非攻应是处理内外关系的准则。墨子从弱者、弱势群体、弱国的立场出发，提出用平等的爱来弥合高下的差别，消除强弱的纷争，并且他提出"兼相爱"应该达到"交相利"的影响与结果，但却是很难实现，尽管有"利"在诱导人们去"相爱"，墨子却始终忽视了人性的弱点，妄图用情感、道德的约束来拯救社会，这缺乏现实的基础。无数事实说明，道德的自觉敌不过利益相邀的一纸契约。尽管如此,墨子却始终义无反顾地坚持自己的主张,并以其能言善辩的良好的语言素养,曾取得了止楚攻宋、止齐伐鲁、止鲁攻郑的效果,人性的软弱与墨子的执著、践行相比,他始终是伟大的。

(二) 尚贤、尚同

"尚贤",简单地说,就是任用贤能的人来治理国家。墨子说,做君王治理国家,如果不关注仁人志士,就会亡国;如果见到贤人而不急于任用,就会延误国君;怠慢了贤人,忘记了志士,还能保全一个国家,是从来没有的事。那么,什么样的人才算是贤者呢?墨子认为,一个贤能的人必须满足三个方面的要求:一是德行厚道,能够爱人利人,爱利百姓;二是能言善辩,具有良好的口才;三是精通治国的道理与方法,具有胜任其事的才能。墨子提出这样的贤的标准,目的是为了实现他改革政权机构、建立贤人政治的愿望,即把那些世袭的无才无德的贵族撤换下来,将符合贤的标准的人士选拔上去。墨子认为,国家的富或贫,人民的众或寡,刑政的治或乱,都取决于是否有贤者在位。因此他说,尚贤,是政治的根本。格外值得注意的是,墨子提出了让平民百姓中的贤能人士参与政治管理的主张。他认为,行政机构的官职,也应当平等地向着农夫、工人和商人开放,只要你是贤者就可中选而为高官,身负重任而有决断之权。这样明确地提出平民有平等参与政治管理的权利,在我国历史上还属首次。

然而,即便有了贤能的人治理国家,也不见得人人都能够去爱自己的邻人,国与国之间不发生利益纠葛。因此,墨子认为,应该把人们的思想在贤者治国的基础上统一起来,这样就更加能够保证"兼爱"、"非攻"的实现了。"尚同",是在尚贤的基础上求得全社会思想舆论一致的措施。尚同,意思是人们的思想都要统一于他们的长官,下级要统一于上级,以此统一思想舆论。墨子注意到尚同如果离开尚贤这一前提,就会成为不问是非好恶的思想专制,所以十分强调自天子、三公、诸侯,直至地方上的乡长、里长都必须是选立的贤者,即自上而下建立贤人政治的体制。只有确立了这一前提,才可能使思想舆论的统一有正确的方向。

(三) 节用、节葬、非乐

那么贤人统治的社会是什么样的呢?墨子说,如果让圣人管理一个国家,那么这个国家的疆域与实力就可以加倍;如果圣人管理天下的话,那么天下的实力就可以加倍。这并不是主张向外扩张自己的地盘,而是因为圣人统治的国家去除了很多无用、奢侈的花费,这些就足以使这个国家的实力加倍了。根据这样的设想,墨子提出了"节用"的主张,他认为,节用的总原则是:凡是能够满足民众最基本的吃穿住行,就可以了。那些奢侈享乐,徒然增加费用,但对民生无益的事,圣王是不去做的。由此可见,墨子推崇的节用,主要是倡导统治阶级的节俭与节制。很显然,墨子节用的思想不仅是他贤人政治的一部分,也是针对当时的社会现实而提出的。

墨子从人基本生存的五个方面说明了自己的节用思想:

1. 节用

(1) 住的方面。由于很多君王向百姓横征暴敛,强夺民众基本的生活费用来营造豪华奢侈的宫室,他身边的人也都效法这种做法,所以国家穷困而百姓无法治理。因此,圣贤的国君(圣王)营造宫室的法则是,地基高度足以避湿润,四边足以御风寒,屋顶足以防霜雪雨露,宫墙高度足以分别内外,使男女有别——仅此而已。此外凡属劳民伤财而不增加益处的,都不应做。

(2) 穿的方面,强夺民众基本的生活费用做锦绣文采华丽的衣服,拿黄金做成衣带钩,拿珠玉做成佩饰,穿在身上,不是为了保暖。耗尽钱财费了民力,而是为了好看。国君奢侈而难以进谏,民众邪僻而难以治理,以奢侈的国君来统治邪僻的民众,要想国家不乱,是不可能的。因此,圣王制定做衣服的法则是:冬天穿天青色的衣服轻便而暖和,夏天穿细葛或粗葛的衣服轻便而凉爽,这就可以了。其他种种只增加费用而不有利于民用的,圣王都不做。

(3) 吃的方面,向百姓横征暴敛,用来享受美味牛羊、蒸烤鱼鳖。大国之君一顿有数百种菜,小国之君也有数十种菜,摆在前面一丈见方,眼不能全看到,手不能全夹到,嘴也不能全尝到。冬天结冰,夏天腐烂。国君这样讲究饮食,身边的人都效法他。因此,富贵的人奢侈,孤寡的人冻饿,这样一来,希望不国家动乱,也是不可能的。因此,圣王饮食的法则是:只要能够充饥补气,强壮手脚,耳聪目明就行了,不穷极五味调和与气味芳香,不招致远国珍贵奇怪的食物。

(4) 出行方面,向百姓横征暴敛,用来装饰舟车,在车上描画文采,在舟上加以雕刻。国君这样制造舟车,身边的人跟着仿效,所以民众饥寒交迫,不得不做奸邪之事。奸邪之事一多,刑罚必定加深加重,刑罚深重了,国家就乱了。因此,圣王制造舟车只求坚固轻便,可以运重物、行路远就行了,费用花得少,而注重效益。

（5）男女方面，国君养侍妾，大国拘禁女子数千，小国拘禁女子数百，所以天下男子大多没有妻子，天下女子多遭拘禁而没有丈夫。男女无法正常婚配，百姓人口减少。因此，圣王虽然有私人侍妾，但宫内不应该有被拘禁的女子，这样天下就不会有无法正常婚配的男子。

墨子提倡节用，是与他的俭朴自奉相一致的。他常风尘仆仆地徒步奔走，弄得额面漆黑。他为止楚攻宋，竟接连十日十夜地赶路，以至于脚上长了很厚的茧也不休息，把衣服撕下包在脚上继续行走。这与孟子那种"后车数十乘，从者数百人，以传食于诸侯"的气派真是有天渊之别。

有人认为，墨子的节用思想太多注重实际，而忽视了事物的审美价值，忽视了人的精神愉悦与享受。固然，一切只求实用缺乏应有的美感，但是我们应注意到，墨子之所以提倡"节用"，主要是针对上层统治者来说的，是在保证下层百姓基本生活需要的前提下节用；而节用的主要目的，也是为了广大人民能够过上"暖衣饱食"的生活。墨子的节用思想，至今仍然有着深刻的启发意义。

2. 节葬

就是丧葬礼节要节俭，这是"节用"主张的一个重要方面。他在批判儒家"足以丧天下"的几件大事中，有一件就是儒家提倡厚葬久丧。

当时，在整个的统治阶级中，实行厚葬久丧已成为人们认为理所当然的习惯，并且已影响到整个社会。厚葬是指对于死者的葬礼要厚重。且不说从人一死到安葬入土有一系列庄重繁复的仪节，就是在葬埋方面也以厚为贵，如要修筑高大的陵墓，要把珠玉珍宝和众多的器物随葬，甚至还要杀人殉葬。久丧是指亲属居丧致哀的时间要长久，其中最长的是三年，称为"三年之丧"。比如，子女在父母去世后，要为父母服三年的丧，他们在此期间，不仅要停止原来从事的工作，而且还要住在专为居丧所修建的小屋里，要睡在草垫上，头枕着石块，要强忍着少吃饭，穿很单薄的衣服，用这样的方法来表示自己痛不欲生的心情，直至把身体折磨得十分的虚弱。这样一来，厚葬要埋掉大量钱财，长久服丧便等于长久禁止人们去做事。国家因此无法富足，人口增多也不能实现，刑事政务也治理不好，国与国之间的攻伐也无法避免。

因此，墨子认为厚葬久丧的做法是极其有害的，是不明智的，墨子主张的葬丧法则是：棺材厚三寸，衣衾三件，足以使死者骨肉在里面朽烂就够了。掘地深浅以下面没有湿漏、尸体气味不泄出地面为度，坟堆足以让人认识就行了。居丧者哭着送去,哭着回来,回来后就从事于劳动生产,向父母尽孝道。墨子认为这样做是"不失死生之利",即对于死者和活着的人都是有好处的。

3. 非乐

即反对从事音乐活动,这是墨子一个很引起人们注意的主张,也是墨子"节用"思想的体现。墨子所以要"非乐",理由主要有两个:

一是因为统治者的音乐享受加重了人民的负担。他说,统治者为了制作众多的乐器,便增加赋税;为了让人作表演,就征选一大批青年男女,使他们脱离生产劳动,并且还要给他们穿好吃好,这势必加重了人民的负担,所以不能不反对。墨子举例说:歌舞的人绝不能吃粗劣的粮食,否则营养不良,面黄肌瘦,看起来会很寒碜。这些本来可以从事生产的人,现在反过来不仅要别人养活他们,而且养活他们的标准还很高,因此,王公大人们欣赏音乐歌舞就是"亏夺民衣食之财"。

二是认为音乐活动对于社会非但无益可言,而且是十分有害的。他认为,眼前要解决的现实问题是解除人民的困苦和制止侵略战争,而从事音乐活动不仅无助于此,而且要是全国上下都喜好音乐,那就不能勤勉于政务与生产,这就势必带来国家危乱以致灭亡的后果。因此,结论是"为乐非也",不可不禁止。

墨子能揭示出统治者的音乐享受是基于"亏夺民衣食之财"这一本质问题,应该予以充分肯定;但同时应该看到,墨子关于音乐及其作用的观点是很片面的,甚至是错误的。

(四)天志、明鬼

1. 天志

就是"天的意志",墨子认为天是有意志的。他说,上天必定欢喜人与人之间相爱相利,而不希望人与人之间交恶互相攻击。他还说,上天希望的是"义",而厌恶"不义"等等。墨子是怎样证明天的意志的存在的呢?他主要从两个方面:一是以历史事例为证据,认为古代圣王功成名就,古代暴王身死国亡,是显示了天意,根本原因在于他们是顺天意还是反天意;二是以天时和人事的吉凶为证据,认为这些都是天对于人们是顺天意还是逆天意的报应。显然,从今天的眼光来看,天有意志这个命题是虚假的,所以这些论证的证据也显得软弱无力。天志这一思想对于墨子的重要性在于:他是有意识地要把自己的学说主张推到天志的高度,说得直截了当一点,就是假借"天志"的名义推出自己的学说主张。

墨子的天志有它特定的内容,从上面所引述的文字即可明显地看出,它主要不是对一般人说的,而是针对当时那些统治者说的,他要明白地告诉他们,天是比地上的任何统治者都要高贵的,唯有天才是至高无上的权威。因此,即便高贵如天子,也得顺从天志,那么其他的王公大臣、平民百姓就更不用说了。要顺从天志,就必须像古代圣王那样爱利天下,这样便为天所喜悦而得到奖赏;相反,要是像古代暴王那样违抗天意,恨人害人,便逃脱不了天的惩罚。天的惩罚毕竟是可畏的,这就使统治者因慑于天威而不得不有所收敛,这是墨子提倡天志的用意所在。

2. 明鬼

是辨明鬼神的存在和他们所起的"赏贤罚暴"的作用。这与他阐明天志的用意是相同的。

墨子引用很多的例子来证实鬼神确实存在,这些例子都是以百姓见闻为凭据。其实,辨明鬼神的存在不是他的目的所在,他的真正意图则是为了宣扬鬼神能起到赏贤罚暴的作用。他所说的鬼神,有两个显著的特点:一是具有极其敏锐的目光和洞察力。他们无所不在,无所不见,谁在暗中做坏事,都逃不过他们的目光,即使最隐蔽的事情也不例外。二是赏罚严明。为善有德者必赏,暴虐无道,残杀无辜者必罚。不管你怎样富贵,怎样势强人众,鬼神的诛杀威力无比,迅捷异常,无可抗拒。不难看出,墨子的明鬼,完全是针对当时的统治者,警告他定要改恶从善,才不至于灭亡。

(五)非命

"非命",即反对有命的主张。墨子具有强烈的救世使命感,充满艰苦奋斗万难不辞的意志力,这也是墨家的精神风貌。与此一致的,他认为一个国家也只有依靠上下普遍地努力从事,才能安宁富强,人民才得温饱。正因为这样,所以他特别强调自力与自强。可是,社会上存在着一种凡事都有命的错误观点,尤其是受儒家思想的误导,认为人世间的一切都已经为命运所注定。墨子认为这种有命的观点是极其有害的。他的非命就是对有命的观点予以坚决的驳斥。他认为,人应该对自我力量充满信心,事在人为,有志竟成,因而人们应该奋发进取,而不是把一切都归于命定,摒弃人力,以为人力无可奈何。孔子虽然不懈于行事,但也深叹受制于命,无法摆脱,墨子对孔子的这一思想也多有驳斥。

(六)非 儒

"非儒",即反对儒家的主张和作为。早年"学儒者之业,受孔子之术"的墨子,到了青年时期,逐渐认识到儒家思想除了它自身固有的逻辑矛盾,比如既讲求祭祀的虔诚,又怀疑鬼神的存在,还存在着种种致命的弊端。据墨子自己的归纳,这些弊端主要有以下四点:

1. 以为天与鬼神不明智,不能赏善罚暴。
2. 主张厚葬久丧。
3. 弦歌鼓舞,习为声乐。
4. 主张"有命",不可损益。

与此针锋相对,墨子提出了阐明天与鬼神意志的"天志"、"明鬼"说,提倡凡事以节俭为本的"节用"、"节葬"、"非乐"说,劝导人们努力从事的"非命"说。这些正是构成墨子学说的重要方面。

在墨子看来,只有人们都相待以爱,相交以利,停止不义的战争,在社会生活中节约财物,杜绝浪费而努力劳作,摒除一切不利民生的享乐的东西,社会才有希望,人们生活才会得到很大的改善。

参考文献

1. 任继愈《墨子与墨家》,商务印书馆,1998。
2. 路德斌等《墨子新注》,西苑出版社,2001。
3. 秦彦士《墨子与墨家学派》,山东文艺出版社,2004。
4. 秦彦士《墨子考论》,巴蜀书社,2002。
5. 陈林《侠义大者——墨子》,江西教育出版社,2008。
6. 舒大刚《苦行救世——墨子的智慧》,四川教育出版社,1996。

荀子与《荀子》

王学松

一、荀子生平

荀子,名况,字卿,战国时期赵国人,是战国晚期著名的思想家。

荀子的生卒年史书上没有明确的记载,生平事迹也非常简略。根据有限的历史资料推知,他主要活动于公元前298年到公元前238年之间,即秦始皇统一六国前后。

在荀子生活的战国七雄争霸的时代,强大的齐国为了扩大本国政治文化的影响,在齐国都城的一处城门——稷门之下建立了远近闻名的"稷下学宫",以优厚的待遇聘请本国和邻国的著名学者来此讲学。这些学者学派背景不同,但是都可以在此发表自己的观点并与其他学者展开讨论,使稷下学宫一时成为战国时代的学术中心。这些学者除了讲学、著述以外,还可以在学宫招收来自各诸侯国的学生,规模最大时有上千名学生,按照学宫的要求,师从学者们研习百家学说。

年仅十五岁的荀子也受到稷下学宫名气的吸引,离开赵国来到学宫游学。本来就有"秀才"之称的荀子到了这里如鱼得水,一住就是十几年。在此期间,他广泛涉猎各家学说,得以吸收各家学说的长处,融会贯通。应该说,这是荀子思想从萌芽并逐渐走向成熟的关键时期。

公元前285年前后,荀子离开已露出衰败气象的稷下学宫,紧接着齐国也遭到了入侵,国力受到很大削弱,稷下学宫当然也未能幸免,遭到了严重破坏。好在相隔五六年之后,齐襄王收复齐国失地,并着手重振稷下学宫的辉煌,于是,荀子被召回稷下学宫。此时的稷下学宫,老一辈学者陆续过世,需要补充一些学问好、名望高的学者做先生。在这种情况下,荀子凭借着当年在稷下学宫打下的学问基础和学术名声,受到了齐王的尊敬,十年之间三次被奉为"祭酒",主持学宫的一切学术活动。正是在这个时期,荀子确立了自己在当时的学术地位,成为继孔子、孟子之后儒家学派的又一位代表人物。

之后,荀子曾到秦国考察,积极推行自己的政治学说。他看到当时的秦国自然条件优越,山川险固,物产丰足,而且民风淳厚朴实,于是认为将来可能统一各国的一定是秦国。但是,他认为秦国现在还不具备称王的资格,还有需要改进的地方,于是向秦昭王进言要重用儒家学者。鼓吹儒者在朝廷可以美政,在民间可以美俗,既可以位列王公大臣,也可以做一名普通的社稷之臣。当然,秦昭王并没有听进他的建议,既不采纳荀子的意见,也没有重用荀子。这让荀子很失望,于是又返回齐国。而此时齐襄王已死,齐国朝政混乱,国力日渐衰微。荀子针对时弊发表自己的意见,却因此得罪了当时的权贵,遭到排挤。于是荀子只好又离开齐国,前往楚国任兰陵令。结果又遭到嫉贤妒能的小人的攻击,很快被解职。不过此时的荀子已经名扬天下,离开齐国后马上被赵国待为上宾,他所阐述的军事理论让赵国君臣对他十分敬佩。

荀子在赵国只待了几年,在政治上并没有发挥出太大的作用。结果又被楚国的春申君请回去继续做兰陵令。春申君死后,荀子再没有做官,一直待在楚国兰陵,专心著述,死后葬在兰陵。

可以说,荀子一生绝大部分时间都在游学、讲学、著述中度过,政治上没有什么突出的建树,但是他培养了很多学生,其中最有名的是法家代表人物韩非和秦丞相李斯,他们分别发展并实践了荀子的学说。

二、关于《荀子》

荀子的著作流传至今的只有《荀子》一书,内容绝大部分是由荀子亲自写定,但也有一小部分是由他的学生根据他平日的讲述整理而成的。荀子在世时,他的文章都是以单篇的形式流传于世,据说有三百多篇。后来,汉代刘向对当时流传的荀子单篇文章进行了整理,删除了重复的,剩下三十二篇,题名《荀卿新书》。这应该是荀子著作最早的编定本。

到了唐代,杨倞(jīng)对荀子文章进行了重新编订,将内容相关联的集中在一起,把原来的十卷三十二篇重新分为二十卷,并对内容做了注释,定名为《荀子》。这就是今天我们看到的《荀子》的原始本。到了宋明时期,理学兴盛,《荀子》一书虽然有了国子监刻本,但是因与理学主张多有对立,荀子学说本身受到了冷落与排斥，因此《荀子》一书在那时也没有得到很好的推广。

清末，王先谦在前人成果的基础上，写成《荀子集解》，成为至今通行于世的《荀子》注本。

《荀子》每篇有一个主题，篇名和内容基本是一致的。例如，《劝学》是讨论教育问题的名篇。荀子认为人的知识和能力都不是天生的，是要靠后天的学习养成的。因此特别强调学习的重要性，也特别重视学习的方法。"青，取之于蓝而青于蓝"、"锲而不舍，金石可镂"、"积土成山"、"积善成德"等治学名言流传至今。《修身》是谈论自身伦理道德修养的一篇论文。在荀子看来，个人道德修养的好坏，并不仅仅是个人的事，会影响到整个社会风气和国家安危。《荣辱》谈的是"荣辱"与"义利"的问题，认为君子和小人的本性、智能都是差不多的，但是对荣辱、义利的态度、表现是截然不同的，提出了"先义后利"为荣、"先利后义"为耻的论点。《非相》中，荀子以大量的历史事实为论据，批驳了时人相信的相术。指出观察人的外貌，不如研究他的思想；研究他的思想，不如看他选择的方法。人的品德高下与高矮、胖瘦、容貌体态无关。全书三十二篇，都有相对确定的话题。

三、《荀子》的主要思想

荀子是战国晚期著名的思想家，儒家学派的代表性人物。他对先秦诸子百家的学说兼收并蓄，其学说涉及了哲学、政治、经济、法律、伦理、教育、军事等诸多方面。其中，荀子的"天人观"、"性恶论"、"治国主张"、"教育思想"等都是很重要的。

1. 天人观

在天人关系上，荀子是第一个从理论上较为系统地、明确地对天给予自然的解释的思想家。天是什么？荀子认为，天就是唯一实在的物质世界，是客观存在的自然界。它为人和生物提供生存条件，而且天地有自己运行的自然规律，既不会因为有尧这样的好统治者而正常运行，也不会因为有桀这样的暴君而改变其运行规律。天不会因为人们厌恶寒冷而少了冬天，地也不会因为人不喜欢辽远就不再广袤。比如天、时、地等自然界的条件，在禹的时代和桀的时代是相同的，但社会政治在禹的时代和桀的时代，却有一治一乱的不同，这说明自然界的条件不能决定社会的治乱。这种思想，就是所谓"天人之分"说。

荀子认为人生于自然而又高于自然，社会的主体是人而不是物，充分突出了人相对于物的主体地位。他说,人与动物的区别并不在于形体上的不同,而在于是否具有理性和道德意识。荀子还认为人是有理智、有道德的,揭示了自然界从无生物到有生物的植物、动物再到人类的生命进化过程,揭示了理智、道德是人超越动物的根本特性。虽然天不能干预人事,天道不能决定社会的变化,但是天、人之间有相互影响的一面。两者之间,人是主动的,天是被动的,人有能力控制并改造自然为人类自身服务。正是基于这样的认识,荀子认为只要人能够正确认识自然并不断丰富知识、加强修养以应对自然的种种变化,就可以不断取得进步。真正能分清天道与人道,正确处理主观与客观关系的人才能成为最高明的人。这一理论给人的生存与独立自主扫清了障碍,这应该是荀子对儒家哲学思想的重大发展。荀子的天人关系理论在整个荀子的哲学体系中占有重要的位置,使人认清了人与自然的关系,从而能在了解自然、遵循天道的基础上利用它为人服务。

2. 性恶论

关于人的本性,荀子的看法与孟子不同。孟子持"性善论"的观点,认为吃、喝、性等生理本能是人和动物共同具有的,所以不能以此来定义人性。人性是人之所以区别于动物的内在特点,即人具有道德意识,比如"恻隐之心"、"是非判断"等。所以孟子认为人性原本是善的。孟子的"性善论"揭示了在人的先天禀赋中具有从善的可能性,但是这并不是说每个人都必然地表现为善,个人还需要一定的修习才能保持善性。而荀子所持的是"性恶论",他主要从生理上的自然属性和生理欲望来理解人性,认为"性"不是在后天的社会生活中形成的,而是一种天然生就的自然本性,人的天然本性中不包含道德之善。又因为人在自然属性或生理欲望支配下,会产生争夺、淫乱等不良的社会后果,如果任由人的这些自然属性和生理欲望发展而无所规范节制的话,将会带来争夺和纷乱。所以,一定要通过后天的学习和礼法制度的约束,对人的先天本性进行改造和规范。

"性"的对立面是"伪"。荀子所谓的"伪",不是真伪的伪,而是指人为的意思。与"性"不同,"伪"是在人出生以后可以通过学习养成的,也就是在后天形成的品格。对于"性"与"伪"的关系,荀子认为:"性"是"伪"的基础,"伪"是对"性"的加工改造,使之完善美好;没有这种加工改造,"性"就不可能自我实现完美。

从性善论出发,孟子认为"人人都可以成为尧舜"。但是在现实中,并非人人都是尧舜,相反却有不少为非作歹的人。孟子认为这是因为人虽然生而具有善良的本性,但是本性可能消失,主要是由于环境的熏陶和主观上不努力,从而丧失了其纯然善良的本性。例如,山上原有茂盛的树木,由于遭砍伐和牛羊的啃食变为秃山,人们就以为山上本来没有树木,但是这不是山本来的面貌。既然人的善良本心是有可能消失的,那么如何防止它消失呢?为此,孟子提出了向内寻求善心的方法,即内省的修养功夫。人们只需对自己固有的善性、良心进行不断的反省、保养,善良本心就不会失去。

　　荀子与孟子不同,荀子强调的是对于外在的礼法制度的学习和遵从。他认为人性虽恶,但是后天的努力可以改造人性,变性恶为性善,能否成为圣贤在于个人是否能坚持学习并遵守礼法制度。只要个人坚持学习礼义道德,就可以改造人的先天之性,就可以成为圣贤。可以看出,荀子十分重视学习的作用,学习的内容就是仁义、道德规范。

　　孟子重视发挥人的善良本心的作用,强调反省内心,而荀子则重视学习的作用,主张通过教育、约束和个人的主观努力达到圣贤境界。虽然对人性的定义不同,在成为圣贤的方法上观点也不一样,但是孟荀的目的都是教人从善。孟子把人的食色之性排斥在人的本性之外,而把理性、道德观念看做人的本性,突出了人的善良本性,"性善论"是从正面激励人自觉向善的。荀子强调人只有通过学习,通过道德、礼法的约束,才能对先天自然之性加以改造,去恶为善。荀子的"性恶论"是从反面激励人进取、去恶成善的。孟子和荀子的人性论在理论形态上看似对立,实则互补。要准确全面地理解人性和人的道德修养活动,必须将孟子的观点与荀子的观点结合起来考察,做到个人的自我修养与社会教化、法制约束的统一,从而形成完整的认识。

3. 治国主张

　　在治理国家方面,荀子继承并改造了孔子儒家的礼治思想。儒家的创始人孔子把能否坚持周礼视为天下有道与否的根本标准,并提出了"以礼来治理国家"的政治主张。荀子针对社会发展的实际,对孔子的礼治思想做了系统的阐释和创造性的发展,并将其发展为治国的基本方略。

　　荀子的礼治观由三个方面组成。首先,荀子系统地论述了礼的作用。他把礼看成关乎国家命运的治国标准、国家治乱强弱的根本。有了礼作为尺度标准,人们的视听言行都符合礼的规定,国家就能治理得好。荀子对礼的作用的论述,虽然继承了孔子以礼作为治国准则的基本精神,但孔子和荀子对礼的认识是存在一定差别的,荀子并未从尊崇周天子的角度去维护礼这一政治制度,而是把礼作为解决当时封建国家实行统治的根本制度,赋予了很强的实践性,具有时代特点和特殊意义。

其次,荀子还论述了礼的起源。荀子为了说明礼的起源,首先提出了人类必须有"群"和"分"。他认为人能胜天,战胜自然,其原因就在于人能合群。之所以能合群,是因为有"分",所谓"分",就是名分等级的意思,也可以说是人们之间财产分配以及相应的等级差别。而这种差别的制定与调整,主要是依靠合理适宜的道德,具体说就是统治者掌握的礼。

荀子从人类的物质需要出发,提出以礼制约和调整人们的物质要求同现有物质之间的关系,使两者保持一种平衡,并防止人们之间争夺和斗争。但是礼又不是要压制人们的欲望,而是要使欲望得到合理的解决。这就使礼具有新的政治制度的意义,并且这个政治制度同人们的经济生活是有联系的,这种见解在当时是颇为深刻的。但是荀子在论述礼的同时,明确肯定用礼划分人们之间的贵贱、长幼以及愚智等,肯定了这种政治制度下统治与服从的合理性。

最后,荀子论述了礼的内容与本质。在荀子看来,礼就是划分人们的以统治者为最高代表的富、贵、贫、贱的等级规定,因而国家的治理、人们的行动永久都要以它为最高的根本原则。关于"礼",荀子对忠孝、孝悌等礼仪规范都有详细的描述,对君臣、父子、兄弟、夫妇提出了全面而具体的道德规范要求,即君要公、父要慈、子要孝、兄要友、弟要恭、夫对妻要守礼、妻对夫要服从等等。反之,如果有人违背了这些"天下之通义",是要受到惩罚的。比如他提到了人有"三不祥":年幼者不肯敬奉年长者,地位低下者不肯敬奉尊贵者,道德修养不高者不肯敬奉贤德者,这都是要招致灾祸的。需要说明的是,这里荀子虽然认为君臣、父子等为主从关系,然而并不是单方面服从,而是具有双向关系,上下都要守礼,这与后来封建社会的"三纲"还是有区别的。

荀子关于礼的起源与本质的见解,摆脱了奴隶制下礼同天下的联系以及血缘关系的束缚,力求从人本身同物的相互关系,从现实中人们之间的统治和服从关系去给以符合封建制度的说明。从本质到起源完成了把儒家传统的礼的观念改造成为说明封建政治制度的理论。

然而,在荀子看来,人的本性是"恶"的,是不符合礼的要求并同礼相悖的。因此,要使人们的视听言行符合礼的标准,就必须改变人的本性。礼作为一种规范、法式,就起着引导和净化人性的作用。荀子主张礼治,就是主张通过礼义的教化,诱导人们去恶从善。

　　荀子在强调礼治的同时,还公开强调法治。他把法看做是实现封建统治不可缺少的一个重要方面。如果说礼治是一种着重于用礼义教化使普通百姓守礼安分的温和手段,那么,法治就是一种着重于用法制刑赏使人就范的强制手段。这两者都是不可缺少的。荀子认为,通过礼义的教化,可以达到不用赏罚就可以使百姓勤勉劳作而且安分顺从的效果,这是礼治的优越性。但是,礼义的教化又不是万能的,社会上总有礼义所不能教化的人。他说:"尧和舜,是天下最善于教化百姓的圣人,天下百姓都听他们的教导并服从他们,但是他们拿丹朱、象就没有办法,教化没有任何效果。这就不是尧、舜的过错了,因为他们遇到的是天底下的恶鬼,再圣明的教化者也发挥不了作用了。"而对于不能用礼义教化的所谓"恶鬼",就只能以刑罚来惩罚、规范他们。荀子主张,要把礼义的教化同法制的刑赏结合起来。他反对"不经过教化就惩罚",也反对"只进行教化而不惩罚",又反对"只用惩罚的手段而不用奖赏的方法"。同时一定注意不要滥用赏罚,奖赏太滥会让那些奸邪小人得到好处,而惩罚太滥则会使某些君子受到不白之冤。

　　总的来看,荀子在一定程度上超越了传统儒家"重德轻刑"的倾向,重视礼在治国中的作用的同时,也十分重视法在治国治民中的作用,并且突出了其礼法结合的特点和它们各自的特征。这正是他的贡献所在。

四、荀子及其学说的历史命运

　　荀子在战国末年与孟子齐名,不仅自己的学术声望很高,数次担任稷下学宫的祭酒,而且他创立的学派在战国末年影响最大,李斯、韩非、毛亨等一时才俊都出于他的门下。

　　在汉代,刘向将荀子和汉代大儒董仲舒并称,亲自校定《孙卿子》(《荀子》)三十二篇,并在《叙录》中说:荀子的书中讲述的统一天下的道理简明易行,可恨的是没有国君重用他。虽然刘向说董仲舒曾经赞美过荀子,但是因为《荀子》在当时没有被列为士人的必读书,致使荀子学说在汉代影响不大。

　　唐代中期,杨倞为《孙卿子》做注,并更名为《荀子》。在序言中将荀子和孟子并提,评价很高。同时代的韩愈也是当时著名学者,他在《读荀》中说孟子是"醇乎醇者",即十全十美的儒者,而荀子是"大醇而小疵",即有一些小缺点的儒者。评价也是相当高的。

到了宋明时期,理学盛行,荀子及其思想受到冷落,甚至遭到排斥打击。理学的学说与荀子的学说多有对立,如理学主张"人性善",而荀子主张"人性恶";理学认为"天人合一",而荀子则认为"天人相分",等等。所以程颐批评荀子才高学陋,孔孟先圣的学说到荀子那里都被歪曲了。苏轼也批评荀子喜欢异端邪说,刚愎自用,其见解受到愚笨小人的喜爱。天下那么多的仁人志士,怎么能说人性本恶呢?苏轼甚至把李斯向秦始皇提出焚书建议的罪过也算在荀子头上,认为是荀子对诸子的批评导致了李斯的行为。宋代儒学的代表人物朱熹也没有放过荀子,直接把他当成法家人物来批判,认为荀子主张"性恶论",开头就错了。而且他的学说太粗糙,还没有经过详细的思考就说出来了。甚至说荀子有时只是"胡骂乱骂"。荀子学说经过宋代理学家的批评、贬抑,此后几乎被当成了异端邪说,很少有人问津了。

到了清代,理学崩溃,朴学兴起,荀子的学说重新受到了学者的重视,为《荀子》做注的学者增多了,对荀子学说的评价也提高了。《四库全书总目·儒家类》中说荀子的学说源于孔子,而且在诸子中最接近孔子的学说,认为唐代韩愈"大醇小疵"的评价是公允的。有的人甚至认为荀子比孟子更注重变通、适应现实,应该和孟子一样,都是十全十美的大儒。据统计,从唐代到明代,《荀子》的注释本、点评本总共有七种,而清代就有二十五种之多。可以说,清人对《荀子》的评价是以深入的研究为基础的。

荀子及其学说的地位在历史上几经沉浮,随着社会的不断进步、研究的逐渐深入,荀子的学说已经成为了中国传统文化中重要的组成部分,为文化的新发展提供着养分。

参考文献

1. 惠吉兴《荀子选评》,上海古籍出版社,2006。
2. 孔繁《荀子评传》,南京大学出版社,2006。
3. 李泽厚《中国古代思想史论》,人民出版社,1985。
4. 王先谦《荀子集解》,中华书局,1988。
5. 张觉《荀子校注》,岳麓书社,2006。

韩非与《韩非子》

姚 萱

一、韩非其人

韩非是我国战国时期(前275年—前221年)著名的哲学家、文学家和思想家，他是先秦法家学说的集大成者。关于他的生平事迹，历史记载流传下来的不多。我们今天对他生平事迹的了解，主要依据的是西汉司马迁的《史记·老庄申韩列传》。

韩非是战国末期韩国人。其生年不详，研究者多推断在公元前280年左右，死于公元前233年(秦始皇十四年)。他出身于韩国君主之家，《史记·老庄申韩列传》说他是"韩之诸公子"，即韩君的妾所生的儿子。注意到韩非这个出身，颇有助于我们理解其学说。可以想见，韩非显贵的地位和接近权力中心的生活环境对他思想和学说的形成是十分重要的。因为他生长于深宫之中，不可能与广大的民众甚至中下层官吏声气相通，这就决定了他的学说与同时代的儒家、墨家、农家的学说不同，不具备显而易见的平民色彩，其服务的唯一对象只能是君王，所思所想也不外是为了君王地位的巩固和权势的独尊。因为他是韩国君主的庶子，故以国名"韩"为氏，其名为"非"。当时的人都有名有字，韩非的字则没有传下来。作为先秦诸子之一，后人又尊称他为"韩子"、"韩非子"。

韩非从小喜好"刑名法术"之学，即刑名与法术结合所构成的学问。"刑名法术"之学是说治国要用法律，法律的制定要有一定的度数，有明确的是非标准，该赏则赏，当罚就罚，不避亲私；君主驾驭控制臣下，要有一套权术办法。这种观点的宣传者主要是法家，它的渊源一般追溯到"黄老"，即黄帝和老子。到韩非求学的时代，当时还注重刑名之学而又有一定影响的人物，只有儒家的别派传人荀子。荀子继承了儒家思想，但他能打破门户之见，对各家学派的思想精华兼收并蓄，其中也包括法家思想中的积极因素。因此，从小喜爱刑名之学的韩非便慕名前往拜师，成了荀子的门徒。与他同窗的还有一位著名的人物，那就是李斯。韩非和李斯两人后来都成为法家的代表人物。在当时战国纷争的时代，韩非作为韩国人，又是君主的儿子，因此学成之后便返回故土，以期报效祖国。而李斯在跟随荀子学习治理国家的办法之后，急于施展自己的政治才华，他认为秦王打算吞并天下，霸气十足，在秦国自己一定能大展身手，于是他投奔了秦王，果然得到秦王的重用。

在战国七雄中，韩国是最弱的一个国家。韩非目睹当时的韩国积贫积弱，出于爱国心，他多次向韩王安上书，希望韩王安能变法图强，但其主张始终得不到采纳。那时韩国当道的大臣结党营私，苟且偷安，极力排挤主张革新、要求推行法治的"智术之士"。在这种政治环境下，韩非只好退出政治斗争的名利场，回到书斋，以著书立说来宣扬自己的政治主张。他根据历史上治国的经验教训和现实的社会状况，写出了"孤愤"、"五蠹"、"内外储说"、"说林"、"说难"等文章，洋洋十万余言。

韩非的主张在韩国得不到重视，但"孤愤"和"五蠹"等名篇传入了秦国。秦王嬴政即后来的秦始皇，一心想成就统一天下的霸业，读了韩非的文章后喜欢极了，因为韩非的法家思想和建立中央集权政治的主张与秦王称霸的想法不谋而合。他感叹道："哎呀！真是厉害哪！我如果能见到这些文章的作者并且同他促膝交谈，即使死掉也没什么可遗憾的了！"李斯告诉他，这些文章的作者是韩非，这人现在就在韩国，秦王大喜过望。他急于实现自己的称霸野心，认为韩非一定能帮助他尽快完成统一大业。为了早日见到这位旷世奇才，秦王甚至不惜以发动一场战争的代价，发兵加紧攻打韩国，以武力相逼，促使韩王就范。韩王安起初不任用韩非，现在看到情势危急，不得不派遣韩非出使秦国。

韩非是公元前233年抵达秦国的。秦王非常高兴，但一时还没有加以信任和重用。韩非的同窗学友李斯因为嫉妒他，又惧怕韩非得势会抢走自己的地位，就在秦王面前故意诋毁韩非。正好韩非曾上书劝秦王先伐赵缓伐韩，给李斯找到了口实。李斯便鼓动上卿姚贾一起去面见秦王，诋毁说："韩非是韩国国君的儿子，最终肯定是为保存韩国着想，而不是为秦国吞并诸侯着想，这毕竟是人之常情嘛。现在大王如果长期不重用韩非却将他留在秦国，以后还是要放他回国，这恐怕会给自己留下无穷后患！还不如趁早加以罪名，依法处死他，以绝后患。"秦王听了，认为说得很有道理，就把韩非投入监狱，交给法官审讯治罪。李斯又派人送毒药给韩非，逼他自杀。韩非想要面见秦王，为自己辩解，向秦王表明自己的忠心，但李斯则百般阻挠。韩非无可奈何,在李斯的威逼之下,只能服毒自尽了。不久秦王就后悔了,派人去赦免韩非,但为时已晚,韩非已经惨死在狱中。

司马迁在简单地记完韩非的一生之后,不禁发出这样的感叹:"韩非知道向君主进谏之难,写了"说难",文章谈得很详细很清楚,但他最终还是因为游说人君而死在秦国,不能自我解脱。我真是为他感到悲哀啊!"

关于韩非之死,另外还有不同的说法,由于史料有限,还不能得以证实。

二、《韩非子》的主要思想

作为先秦法家思想的集大成者,《韩非子》的思想丰富而庞杂,从不同的角度可以有不同的认识和阐发。但从另一方面来说,又无不以其"法治"理论为中心,其他方面的思想最终都是为其政治理论服务的。

《韩非子》一书,重点宣扬的就是法、术、势相结合的法治思想。前期法家商鞅(约前390—前338)、慎到(约前395—约前315)、申不害(约前385—前337)三人分别提倡重法、重势、重术,各有特点。韩非吸取他们学说中的长处并融为一体,总结各国政治经验,适应时代潮流,将三者有机地结合起来,形成了强化君主专制的中央集权的新学说,奠定了后世封建统治者维护集权统治的理论基石。

1. 法

韩非认为:"所谓法,是编写成文,设置在官府里,进而公布到民众中去的法律条文。""对于谨慎守法的人给予奖赏,而对于触犯法令的人进行惩罚。"由此可知,韩非心目中的法是指公开颁布的成文法律以及实施法治的刑罚制度。韩非坚持以法治国,强调"在明君的国家里,不用有关学术的文献典籍,而以法令为教本;禁绝先王的言论,而以官吏为老师"。他反对儒生以搬弄文辞扰乱法术,也反对所谓游侠用武力触犯禁忌。他把儒生、游侠、纵横家、国君的近臣和商贩手工业者称为五种蠹虫,认为他们都是对国家有害的人。他在斥责的同时,从正面提出了重农尚武、以法治国的主张。他认为,只要国家实行法治,重赏严罚,那么,人们即使由于犯罪而受到惩罚,被惩罚的人也不会怨恨君上。在主张法治的同时,韩非坚决反对人治,认为人治就是心治,如果"放弃法术而凭借'心治'办事,就是尧也不能治理好一个国家"。

韩非认为,制定法令和执行法令要重视以下几个原则:

(1) 法要公开、确定、统一、稳定、公平合理。在立法上，要制定和公开颁布以君主至上为特征的统一的成文法，做到有法可依。韩非认为，法律公布使所有人都知道统治者的真实意志，既可以防止官吏徇私舞弊，又可以有效地控制民众。法的内容应该明确清晰，而不是模棱两可、让人琢磨不透的微妙之言。它应该像规矩、尺寸、秤杆和秤砣一样能为人们提供行为的准确方式。立法应当前后统一，不能自相矛盾。法应有相对的稳定性，一旦制定了，就不应当轻易地加以更改，也不能随心所欲地任意解释。所谓公平合理，就是法的规定应当不分贵贱等级，对待任何人应当一视同仁。

(2) 法要严峻，要做到"严刑重罚"。韩非发展了商鞅的重刑思想。他认为，重刑的威慑可使人不去触犯刑律，达到"以刑止刑"的目的。他批判儒家的观点，首先针对儒家"轻刑止奸"，提出了"重刑止奸"论。韩非认为人性是自私好利的，轻刑使犯罪人得到的利益很大，因此受到的惩罚却很小，这样奸邪就制止不了；重刑使犯罪人得到的利益很小，因此受到的惩罚却很大，"人们不想因小利而蒙受大罪，所以奸邪必被制止"。其次针对儒家的"轻刑爱民"，提出了"重刑爱民"论。轻刑容易使人忽视法律去犯罪，最后又由于犯罪受到惩罚，失去安居乐业的生活。如果统治者实行轻刑，就好比事先设下陷阱让百姓去跳，这不是爱民，反而是最大的伤民。反之，重刑让人不轻易触犯法规，没有人作奸犯科，便不用刑罚。这样，刑罚都不用了，这才是真正的爱民。再次，从刑罚的目的上来看，韩非认为，刑罚的作用并不单纯是为了惩罚犯罪人，而是为了威吓一般人，重刑是预防犯罪的有效手段："受到重罚的是盗贼，因而害怕犯罪的是良民。想治理好国家的人对重刑还有什么可怀疑顾忌的呢！"

(3) 要"有法必依"。要使法律得到良好的贯彻执行，就必须使法律具有极大的权威性，而要做到这一点，就必须做到有法必依。首先，君主应当带头遵守法律，做好榜样。其次，要"法不阿贵"。法令的执行不能偏袒亲贵，法令的适用应当不分高低贵贱，不论功过，一律同样对待，这与前面所说的法要公平合理是互相照应的。他主张惩罚罪过不回避大臣，奖赏功劳不漏掉平民，这就是后代所谓的"王子犯法与庶民同罪"，用我们现在的话来说，就是"法律面前，人人平等"。这是对中国法制思想的重大贡献，对于清除贵族特权、维护法律尊严，产生了积极的影响。

(4) 要"信"，做到有功必赏，有罪必罚。所谓信，就是法的条文怎样规定就怎样执行，不打折扣。韩非指出："在小事上能够讲求信用，在大事上就能够建立起信用,所以明君要在遵守信用上逐步积累声望。赏罚不讲信用,禁令就无法推行。"韩非将赏、罚作为君主治理国家的"二柄",是最重要的两种利器。他主张"圣人治理国家,不给没有功劳的人赏赐,而刑罚则必须施加给犯罪的人"。"有功者必赏"使合法行为得到国家的奖励,"有罪者必诛"使违法行为得到国家的制裁。即使发生严重的饥荒,老百姓都要饿死了,国家也不能发放粮食赈济灾民,因为这样会使"有功的人与无功的人一样,都得到了赏赐"。哪怕以饿死人为代价,只要坚持不赏无功之人,坚持这样的法律,国家就能得到很好的治理,法律的目的才能因此实现。

(5) 要"以法教心"。韩非主张以法治作为国家倡导的唯一治国思想,广泛地宣传法律,做到妇孺皆知,这与前面所说的法要公开是相照应的。要使得法律成为约束人民思考、举止的唯一标准和规范,"国内民众的一切言论都必须以法令为准则"。同时废弃所有的学派学说,人民如果想学习文化,就以官吏作为老师。

2. 术

韩非说术:"是藏在君主胸中,用来对付各种各样的事情而暗中驾驭群臣的。""是君主依据才能授予臣下官职,并按照官职要求相应的政绩的权力,是君主掌握生杀大权,考核群臣的能力。这是君主必须掌握的。"可见"术"就是权术,指君主掌握权势,公开或暗中驾驭官吏臣民使之服从于统治的政治权术。

术的内容丰富,主要是:

(1) 君主要把自己装扮得高深莫测,君主对臣下不要表示真实的感情,就像天和地一样,对人没有亲疏之分,君主能够像天地一样,就能称为圣人。"君主不要表现出自己的想法和意图,表现了自己的想法和意图,臣下就会粉饰伪装自己,来讨好君主。所以说:君主去除爱好,去除厌恶,臣下就会表现实情。"

(2) 君主要实行"无为"之道。凡事藏而不露,在暗中观察,凭借出其不意的手段来制服臣下。韩非说:"君主的原则是轻易不要把自己的思想和意图表现出来,自己的行为不能让臣下看见,其作用在于使臣下不能了解自己。"要"观察别人,而不让别人观察自己"。

(3) 君主要千方百计地维护自己的独尊地位。"权势不可以借给别人",他主张坚决打击大臣们拉帮结派、朋比为奸的行为。他说:"朋党勾结,互相应和,臣下的私欲就会得逞,君主就会孤立。群臣都为国家推举人才,下面不互相拉拢,君主就能明察。"大臣们如果结成朋党,一定要断然处置。

3. 势

所谓"势",就是指统治者统治人民的权势和地位,就是立法出令、生杀予夺的权力。韩非作为一个法家,认为君主必须把这些大权牢牢地掌握在自己手中,不同任何人分享,有了这个权力,就能使臣民服从自己。君主能否正确地运用自己的势,关系着国家的兴亡和个人的安危。他借用慎到的一个比喻,把君主的权势比做"飞龙"、"腾蛇"(传说中一种能飞的蛇)赖以飞行的云雾,他说云雾一旦消散,龙蛇就会变得跟蚯蚓和蚂蚁一样,碌碌无为。韩非又将君主的权势比做虎豹的爪牙,"老虎豹子之所以能胜人以及捕食其他各种野兽,靠的是它有尖利的爪子和牙齿。假使去掉尖利的爪牙,人就一定能制伏它了"。人主失去了权势,就像虎豹失去了爪牙一样,必将为人所制。权势是如此的重要,因此君主必须牢牢地将权势掌控在自己手中。

4. 法、术、势的关系

韩非认为,在法、术、势三者的关系上,"法"是治国的根本,"势"是推行法治的基本前提,而"术"是执行"法"的必要方法和策略。要有效地施行法治,就必须将法、势、术结合起来。

(1) 要掌握法而占据势。一方面,势是法的前提,法不能离开势,"君主掌握权柄并据有势位,所以能够令行禁止",只有以势作为后盾,法才能真正得以有效施行;另一方面,势又不能离开法,没有法的势不是法治而是人治。人治依靠的是圣人,但是像尧、舜那样的圣贤,千万年才出现一个。而绝大多数的人主,都是庸主,只有中人之资,实行人治,他们就束手无策,实行法治,人主只要掌握权势同时坚持法治,国家就能治理好了。

(2) 法与术缺一不可,两者应该结合在一起。韩非认为,尽管"术"与"法"不同,法作为由政府公开颁布、各级官吏操纵的指导人民行为的规范,越明白越好,它从正面控制着臣民遵循君王的意志。术作为由君主本人亲自操纵的暗中驾驭群臣的工具,以暗藏为贵。从反面考察臣民是否奉公守法或者作奸犯科,但都是君王统治的工具:"君主没有术,在上面就会受下面人的蒙蔽;臣下没有法,就会在下面闹乱子;所以术和法缺一不可,都是称王天下必须具备的东西。"他批评商鞅"只用法而不用术","没有术来识别奸臣";而申不害"只用术而不用法",不重视整顿法令,结果秦韩两个兵力雄厚的强国都长期没有成就霸业。如果君主善用权术,同时臣下守法,国家也就不难治理好了。

（3）是术与势的结合。一方面势是术施行的前提，如果在没有势的情况下采用术，就会大权旁落，术变得毫无意义；另一方面，术又可以强化势。韩非说，如果把国家比做君主的车子，那么势就好比君主的马，而术就是驾驭马的技艺。如果没有技艺，自己即使很劳苦，国家还是不免于乱；而有了术，君王就能够非常轻松地实现宏图伟业了。

韩非法、术、势相结合的思想，达到了先秦法家理论的最高峰，为秦统一六国提供了理论武器，同时也为以后的封建专制制度提供了理论根据。他的治国策略和法制思想，对于我们今天的企业管理、社会管理和法制建设仍然具有借鉴意义。当然，我们也很容易看出，韩非是提倡君权神授、君主至上的，一切从维护君主的权威出发，其学说离真正的民主法治还有相当的距离，这也是我们不能苛求于古人的所处时代局限。

三、《韩非子》的历史地位及其对后世的影响

《韩非子》作为我国先秦法家思想集大成的代表著作，其内容丰富，思想深刻，既包括韩非倡导的维护君主专制制度的法、术、势相结合的法治理论，又包括一些非常经世致用的主张，如重赏、重罚、重农抑商、重战、选贤用人等等。这些丰富的思想和内容使《韩非子》一书在中国历史上得到广泛的传播，并于18世纪中叶流传到日本，在文化和政治等方面产生了深刻的影响。

韩非虽然早逝，但他的学说为中国第一个统一专制的中央集权制国家的诞生提供了理论依据，并在秦国得到了实施。秦王嬴政后来兼并六国，统一天下，成为中国历史上第一位皇帝——秦始皇，韩非的学说和政治主张无疑起了重大作用。在《史记》中，已有不少记述秦末汉初事情的篇章开始大量引述《韩非子》中的词句，也足见这部名著对战国末期和秦朝的影响。

在自秦以后的中国历代封建专制主义极权统治中，韩非的学说也是颇有影响的。汉武帝时采纳董仲舒的建议，"罢黜百家，独尊儒术"，《韩非子》等法家著作被摒弃在官学之外。此后中国社会正统的意识形态是儒学，加上韩非的主张是那样的公开和毫不隐讳，他所提倡的手段又是那样的直接甚至是严酷，因此表面看来，后代很多封建统治者在公开场合对法家，特别是对韩非的理论有所非议，历朝历代的谋臣们也一再鼓吹君主应当以儒学治国、多行"仁义"，但对于君主个人来说，则大多对韩非的观点暗加赞许。以《韩非子》为代表的法家学说，作为"帝王南面之

术",尤其是其中的阴谋权诈之术,多为封建帝王所信守、学习和实践。他们都要凭借法、术、势的种种手段加强君主的权势和个人独裁,加强对民众的统治和对群臣的控制。这种现象大家一般被概括为"阳儒阴法"、"外儒内法"。所以,我们要想真正地了解中国的历史和文化,从而更好地把握我们的现在和未来,就应该对以韩非为代表的法家思想有全面的了解和认识。

除了封建帝王,后世历代许多思想家、政治家也都十分重视韩非的著作。其中著名的如西汉的贾谊、晁错,唐代的柳宗元,宋代的政治改革家王安石,明代的政治改革家张居正,明末清初的思想家李贽和王夫之,清末民初的思想家魏源、龚自珍、严复和章太炎等等,他们无不从韩非的思想中汲取营养,甚至直接采纳他的一些政治措施,如主张变法、发展农耕、革新政治和实行法治等。在努力建设民主法治的当今社会,很多《韩非子》中所一再强调的精神,如讲法治、重事功、重人才等等,对我们来说仍然具有重要的启发意义。

《韩非子》在文学方面也有很高的成就,在中国文学史、散文史上占有十分重要的地位。与韩非的政治学说相一致,他主张行文写作必须以"功用"为目的。

《韩非子》的文章绝大部分都属于论辩文或被称之为说理散文,在先秦诸子中具有独特的风格。其文构思精巧,观点鲜明,语言文字犀利峭刻,说理透辟精密,论证切中要害,辩驳细致有力,逻辑严密,具有很强的说服力。在阐述一个重要论点时,韩非经常使用类似归纳的方法,即先举论据,再做论证,最后得出合于逻辑的结论。韩非的辩难之作也很有特色。他并不像荀子那样用"是不然(这是不对的)"的断然口气,动辄否定论战的对方,而是从容、冷静地分析问题。对不同的意见,总是用"或曰(有人说)"来提出异议,有时还连用几个"或曰",客观地列举几种说法,引导读者共同进行分析。"难一"至"难四"诸篇,可作为这类辩难体的范例。韩非在论辩中,还善于运用逻辑上矛盾律的原理,"以子之矛,陷子之盾",使对方进退失据。"诡使"、"六反"诸篇,可作为这种论辩方法的代表。这种重视演绎、归纳、分析、综合的特点,使得其文章具有极强的逻辑性。

《韩非子》中的文章不仅思想性强,见识不凡,而且充满感情色彩,文辞华美,具有很强的艺术效果。尤其是《韩非子》还善于运用大量浅显的寓言故事和丰富的历史知识作为论证资料,来说明抽象的道理,形象化地体现出其思想和他对社会人生的深刻认识。先秦后期的散文,在议论中使用寓言故事以增强形象性和说服力,已经成为一时的风气。而这一点在《韩非子》中又达到了一个新的高度。如其中的内外"储说"诸篇,采用"经"和"说"的体裁,先列出政论的题目即"经",接着在"说"部分罗列出一连串的故事,都用来论证说明论题的观点,不但形象生动,趣味浓厚,而且众多故事使人有目不暇接之感。西方寓言往往故事丰满而寓意浅显,先秦诸子寓言却是故事贫瘠而寓意深刻。《韩非子》的寓言也是如此,一个简单的故事却有着多方的暗示,对世态、人心都有着深刻的洞察。《韩非子》中所记载的大量脍炙人口的寓言故事,最著名的如自相矛盾、守株待兔、讳疾忌医、滥竽充数、老马识途、买椟还珠、郢书燕说等等,都有深刻的教育意义,蕴含着隽永的哲理,具有很高的文学价值,凭着它们思想性和艺术性的完美结合,给人们以智慧的启迪,历来为人们所喜爱、传诵,至今仍是不少中小学课本的范文。此外,出自《韩非子》的还有:道不拾遗、良药苦口、忠言逆耳、负薪救火、吹毛求疵、赤地千里、蚁穴溃堤、孤掌难鸣、视死如归、汗马之劳、唯唯诺诺、危如累卵、兵不厌诈、尘饭涂羹等与其他的成语、谚语、熟语和典故,对后世文学语言有着极大的影响。

在学术思想史方面,《韩非子》的贡献也是公认的。其中"显学"一篇记述了先秦儒、墨显学分化斗争的情况,为我们保留了十分珍贵而又真实可信的先秦学术史资料。正是透过它,我们后来才知道,在先秦时代,孔子以后儒家有八派;在墨子之后,墨家有三派,可谓盛况空前。此外,"解老"和"喻老"也都是中国学术史上现存最早研究和注释《老子》的作品。其中"喻老"一篇,以通俗易懂的讲故事打比方的形式,阐述在一般人看来"玄之又玄"的《老子》一书的哲理,更是开创了哲学大众化和通俗化的先河。

《韩非子》一书又是战国时期一部重要的历史文献。它直接摘抄了《尚书》、《鲁春秋》、《晋乘》、《楚梼杌》、《秦纪》等书中的不少原文,为我们保存了不少已经失传的古书中的资料。它所记载的许多历史事件,也往往可以补正现存史书的不足。

总之,《韩非子》一书包含了极为丰富的内容,影响深远,读者可以从中受到很多教益。

参考文献

1. 张觉等《韩非子译注》,上海古籍出版社,2007。
2. 施觉怀《中国思想家评传丛书——韩非评传》,南京大学出版社,2002。
3. 傅杰《韩非子二十讲》,华夏出版社,2008。
4. 张觉《韩非子·帝王的法术》,上海古籍出版社,2009。
5. 蒋重跃《韩非子的政治思想》,北京师范大学出版社,2010。
6. 吴德新《法家简史》,重庆出版社,2008。

传统思想文化中的四大支柱

金舒年

从中国历史上的统治思想来看,虽然汉代之后"罢黜百家,独尊儒术",但实际上儒家思想从产生时起,到五四运动结束自己作为统治思想的历史使命为止,也是在不断地发展和演变之中,并由此而产生出一些不同的流派和代表人物。而儒家思想的演变只是中国传统思想中的"一斑"而已,如果我们从这个"一斑"去"窥全豹"的话,就可以清楚地发现,中国传统文化中的思想体系浩瀚如海,博大精深,其对中国和世界的既往、现实乃至未来的影响都是无限深远而广大的。本文不打算从某位思想家或某个哲学流派出发来谈论其具体的思想,而是试图从古代哲学思想的广阔层面上择出其中最具魅力和影响力的四大支柱,并让它们昂首矗立在读者面前,闪耀其夺目的光彩。

一、阴阳五行思想

阴阳和五行可以视为一个哲学体系中的两种思想。

阴阳思想起源很早,一般认为在殷周之际已经形成。因为司马迁在《史记·太史公自序》中说到周文王被商纣王拘禁而"演周易"(用周易演算吉凶)。周易有八卦,八卦均由阳爻(—)、阴爻(--)组成,可见那时已有阴阳思想。但阴阳思想的哲学意味却可能是在中国南方的楚文化中酝酿出来的,并在春秋后期有较为成熟的表现。如《老子》说:"道生一,一生二,二生三,三生万物。万物负阴而抱阳,冲气以为和。"(《老子》第四十二章)其后,《楚辞·九歌·大司命》说:"阴阳参合,何本何化?"这已经是相当成熟的阴阳说了,特别是已经有了一个化生万物的模式:"道(一)—阴阳(二)—万物(三)。"

阴阳思想成熟于楚文化,但最晚在战国中期已流行于中原。《周易·系辞上》说:"一阴一阳之谓道,继之者善也,成之者性也。仁者见之谓之仁,知者见之谓之知,百姓日用而不知……阴阳不测之谓神。"(按《系辞》相传为孔子或孔子弟子所作)近人张岱年先生认为:"《系辞》的基本部分是战国中期的作品,著作年代在老子之后,惠子、庄子以前。"除《周易》外,儒家经籍中谈到阴阳的还多有所见:如《周礼·地官·大司徒》说"阴阳之所和也";《礼记·郊特牲》说"阴阳和而万物得";《礼记·乐记》说"阴阳相摩",又说"阴阳相得";《礼记·月令》说"阴阳争";等等。可见从战国以下,对阴阳的相互作用已有较为全面的探索。

阴阳思想是中国人的基本哲理。它认为世界上任何事物都包含对立的统一(对立是指两种势力,或两种因素,或两种作用,或两种趋向,或两种地位相等的同时存在)。它们都是一正一反互相对立的,但又统一在一起;同时,对立双方又各向对方转化。这显然就是辩证法。它虽然是朴素的辩证法,但朴素的东西不见得没有深度和特色,事实上它是很有深度、很有特色的。

阴阳思想有个著名的模式,就是太极图:

太极图相传是宋代周敦颐所作,因为他写了《太极图说》,但这毕竟不是他作太极图的直接记述。有人认为此图有更早的出处,但也没有明确证据。只有一点可以肯定:太极图所表现的是来源很古老的阴阳思想。实际上太极图乃是一个哲学模式的形象表现,或者也可以说是事物运动的模式,一点也没有神秘性,却把事物的运动规律表现得简洁明了,一清二楚。笔者认为,"太极"就是"终极"的意思。因为说到底宇宙就是事物的运动,说得完全一点:"宇宙就是无限多的事物在无限大的空间和无限长的时间中运动。"而太极图就概括表现了这种运动,所以它是宇宙的终极表现。

1. 太极图包含或者说表现了以下四个含义

（1）任何事物的内部都包含两种对立因素的统一（分别以黑白二色来代表，黑白也就是阴阳）。例如一个社会有贫与富的对立统一，有城与乡的对立统一，有脑力劳动与体力劳动的对立统一；一个企业有管理层与一般员工的对立统一，一所学校有教与学的对立统一，一所医院有医护人员与患者的对立统一；等等。

（2）在对立统一中，两种对立因素不是固定不变的。太极图中有一条S形的曲线，把圆形分为两条鱼形。这就非常生动地表现了黑白对立双方的运动变化（都是由小变大，但一方变大另一方就变小），整个图形始终富有运动感。试想假如中间是一条直线，使圆圈变为桶盖形，那就极不生动了，也不能表现对立双方的运动变化，而且一点运动感也没有了。

（3）太极图不仅表明阴阳对立双方始终处于消长交替的不停运动之中，而且还表明正是在"阳"的一方最为壮大之际（即白鱼最胖的地方）开始了"阴"的生成与发展；又在"阴"的一方发展到最为壮大之际（即黑鱼最胖的地方）开始了"阳"的复生与发展。

（4）太极图中白鱼有黑眼，黑鱼有白眼，这表明阳中始终含阴，阴中始终含阳；而这正是阴阳各向对方转化的内在原因，含义非常深刻。

2. 太极图所显示的种种丰富的内涵，同时也就是阴阳思想的内涵

其现实意义也是非常深刻的：

（1）以太极图为标志的阴阳思想告诉人们：任何时候都要用运动变化的眼光来看万事万物，尤其要懂得强弱盛衰都是会发生变化的。所以人类居安应该思危，而绝处却可以逢生。强者要谦虚谨慎，韬光养晦；弱者却要奋发进取，自强不息。要知道这个世界上有成功也有失败。成功有种种不同的成功，失败却只有一种，那就是你自己承认失败，不再奋斗了，那就真的是失败。除此之外，所有的失败都是成功之母。

中国历史上充满了处境变化、强弱换位的生动事例。其中最突出的是春秋前期晋国的公子重耳因受到继母迫害出国逃亡，经过十九年的磨炼，回国成为国君，这就是"春秋五霸"中实力最强的晋文公。在重耳回国的时候，秦穆公曾评论说"晋侯在外十九年矣，艰难困苦备尝之矣，民之情伪尽知之矣"，终于回到晋国，这是"天意"。可见天助必以自助为前提。

(2) 由于阴阳转化辩证法则的存在,所以阴阳思想的确能帮助人看清事物发展的趋势,从而对某些发展情况做出预测。但一定要明确:这只是对趋势的预测。例如诸葛亮未出茅庐已预知要出现"三分天下"的局面。这是根据各种信息、各种情况分析出来的,不是掐指一算算出来的。诸葛亮预知三分天下是可能做到的,不但诸葛亮能做到,许多大政治家都能做到高瞻远瞩,预先看到发展的趋势,做出正确的、意义深远的决策,这都是预测了事物发展的趋势。

阴阳思想引导人预见事物发展的趋势,这不但不能轻率否定,而且要认真学习这种本领,力求拿来古为今用。因为凡是想做成大事业、取得大成功的人,就必须学会从运动变化上来看各种事物,把心胸放宽,把目光放远,重视调查研究,充分把握信息,活在今天要想到明天、后天,树立正确的奋斗目标,制订符合发展趋势的计划,采取符合发展要求的措施。

(3) 阴阳思想有助于人们抓住机遇。机遇就在转化的关头。这个时候的机遇可能只是一个苗头,要善于发现,善于把握。"梧桐一叶落,天下尽知秋","高楼晓见一花开,便觉春光四面来",就都表现了对苗头的敏感。机遇之所以必须早抓,之所以必须抓苗头,主要就为了获得先期效益;放弃了先期效益,大家都抓你才去抓,那也就不能抓住机遇了。从太极图也可以看出,当阴转化为阳时,阳开始是很微小的,但它的发展前途却很大。等到阳发展到很大时,你再去抓,它就没有多少发展余地了。所以抓机遇要善于由小见大,见微知著,甚至"洞烛机微",这样才能找到更好的发展出路。

(4) 事物内部虽然都包含着对立因素的统一(阴阳),但对立不一定就是势不两立、你死我活。从前面所引的资料中可以看出,中国人至晚在汉代已经认识到阴阳之间有多种关系(因为《礼记》可能是汉人据儒家先辈之说而著的,所以这里说"至晚在汉代"),即阴阳争,阴阳磨,阴阳和;还有"阴阳相得"与"阴阳合德",即指阴阳互相协作与互相促进。

阴阳思想的这些含义和作用给人以深刻的启示,使中华民族长期以来深受教益,因而富有智慧,有助于长达五千年的生存和发展。虽然在它的流传过程中曾被封建统治者歪曲利用,并曾受到封建迷信的病毒感染,但只要我们善于识别此类糟粕,加以清除,就仍然能在今天发挥有益的作用。尤其因为阴阳思想渗透到中华传统文化的各个领域,是各类文化创造的理论依据,所以必须深刻理解阴阳思想所包含的精华,才有利于探索并把握各类文化创造的精髓和奥秘。关于这个问题,尤其需要指出一点,那就是阴阳思想在中华民族的各类艺术创作中得到了最为充分而活跃的表现,由此而取得的艺术辩证法思维成果精深无比。例如书法讲"计白当黑"、"黑处是字,白处也是字";篆刻讲"分朱布白",要求"方寸之间,气象万千";绘画讲"目尽尺幅,神驰千里";音乐讲"此时无声胜有声";诗歌讲意境,要求"言有尽而意无穷"等等。这都要求阴阳互动,有无相生,生生不息,实现有象与无象,有限与无限的辩证统一。

"五行"之说最早可能是在中国北方的中原文化中酝酿出来的。有人认为"五行"的观念起源于殷代祭祀天帝的活动,因甲骨文中有"帝五"(即五方天帝)。在文献中直接提到"五行",始见于《尚书·洪范》,记箕子归周,答武王问,先说"鲧堙洪水,汩陈其五行";又说夏禹继兴,上天把"九畴"赐给禹,"初一曰五行"。不过,"五行"见于文献虽早,但其学说的较大发展,却要到战国中期,即阴阳家邹衍(公元前350—前270年)将"阴阳"、"五行"结合成一个哲学体系之时。往后,汉初董仲舒作《春秋繁露》,又大力倡扬"五行"之说,如"故人者,其天地之德,阴阳之交,鬼神之会,五行之秀气也";又说:"故人者,天地之心也,五行之端也;食味、别声、被色而生者也。"还要指出,中国古代的医学典籍对"五行"之说有更多的吸纳与更大的发展。例如在公认最重要的医学经典《黄帝内经》中,阴阳五行不仅是最重要的概念,而且是构架全书的理论支柱。凡人体的器官、脉络、组织功能、情感活动、季节感应,声、色、味、嗅的感知以及病因病理、治疗原则、药物性能等等,无不与五行相配。由于《内经》如此立论,所以阴阳五行之说长期成为中医的医疗实践和疾病预防的指导思想。这也是它长期在中国深入人心的一个重要原因。

五行是指"金木水火土"五种物类及其运动变化。古人认为世界统一于这五种物质,这显然是朴素的唯物主义思想;他们又认为五种物类相互生发、克制,从而不停地运动变化,这显然是朴素的辩证法思想。

但"五行说"的意义还不止于此,有两点最值得注意:

① "五行"之说在其发展中,通过"直观推论"所做的比附,经历了由物类扩大到物性的变化。"物类"是指物质的分类,如把一切植物都归于"木",一切金属都归于"金"等等。"物性"是指根据事物的一种特性即将其归入五行:如将青色归于"木",红色归于"火",又将春季归于"木",将夏季归于火等等。同时更抽象化为五行符号的变化;而在符号化之后,其诠释范围便大大扩展,几乎将万事万物都纳入了五行

的系统。有些事物还可以说与五行有某个特征上的相似;有些事物则与五行毫无联系,只能视为以五行为符号了。但由此而将世上的事物都纳入五行的系统,使"五行说"成为解释世界物质性及各种事物联系变化的基本哲理。

② 五行模式中更有意义的内容,还在于它不把代表各种事物的金木水火土分别看成孤立、静止和不变的,而是致力于揭示事物之间的关系和作用,以及由此引起的运动变化。这样,不论古今都有可能找到促成事物积极变化的制衡方略。

五行之间的关系和作用,古人概括为"生"与"克"两种情况。"生"是指生发、促成、助长等作用;"克"是指克制、约束、扑灭等作用。生的模式是:木生火,火生土,土生金,金生水,水生木,正好构成一个圆圈。克的模式是:金克木,木克土,土克水,水克火,火克金,正好构成一个星形。

另外,五行中的任何一行,都与其他四行发生"生"或"克"的关系。如以土为例,生它的是火,它生出来的是金;克它的是木,它所克的是水。其他各行也均如此。

这些模式所表示的关系,表现了古人对客观事物之间的相互作用与变化的朴素认识与概括,其中含有深刻的辩证法思想。

概括地说,我们通过对"五行生克"这一传统哲理的探索,可以吸取多种思维经验:

A. 任何一种事物都与其他多种事物发生联系与作用。这说明观察事物之间的联系必须全方位、多角度,不可限于片面与局部。

B. 看待事物之间的生克关系要用辩证思维,不要绝对化。

C. 把握和发挥生与克的作用要有适当的度,过度就有反作用。

D. 观察事物变化要有预见性,尤其要充分估计种种间接的后果。

E. 事物的运动变化是不以人的意志为转移的,但人可以发挥主观能动性,在全面深入认知事物联系的基础上,调动有利因素,削减不利因素,促成事物之间的良性互动,这就叫"五行制衡"。

总之,通过阴阳五行的研究,人们可以看到世间各种事物的相互制约是多么严厉,而其运动变化又是多么生动。它使我们高度戒惧,又使我们充满希望。因为无论阴阳怎样转化,我们都可以找到机遇;无论五行怎样生克,也都可以导致有利的结果。所以只要善于运用我们民族的智慧,就能将希望变为现实。

二、天人统一思想

"天人统一"思想有多种叫法,如"天人相应、天人谐调、天人合一"等等。内涵是一致的,就是天与人类社会之间不是互相隔绝的,而是相通相应的。

但是,在天人统一这个思想中,天却有双重含义,不能不加以分辨。

第一种含义:"天"是无意志、无目的、非人格化的,事实上就是指大自然;第二种含义:"天"是有意志、有目的、人格化的,事实上就是上帝,他的意志就是"天命"。限于篇幅,这里重点论析第一种含义的"天人统一"思想。

这种思想主要包含以下四个理念:

1. 人类社会是在大自然中产生并发展的,是大自然的一部分。例如《周易·序卦》说:"有天地然后有万物,有万物然后有男女,有男女然后有夫妇。"(其实还应加一句:"有夫妇然后有子孙。"如果断子绝孙,也就没有人类社会了)《庄子·齐物论》更进一步指出:"天地与我并生,而万物与我为一。"这里的"一"其实就是统一体的意思,说明人与天地万物之间是存在着有机联系的。

2. 人虽是大自然所生,但不是大自然的一般"产品",而是大自然的优秀产品、荣誉出品。《礼记·礼运》说:"故人者,其天地之德,阴阳之交,鬼神之会,五行之秀气也。"《周易·系辞下》更将天地人并列为"三才"。可见人类社会不是大自然的一般组成部分,而是特殊的、突出的组成部分。人不可能成为大自然的主宰,因为宇宙无限大,人即使完全征服整个地球乃至整个太阳系,那在整个宇宙中也只是沧海一粟,微不足道。但人也不是大自然的奴隶,人在顺应大自然法则的前提下,可以开发自然,利用自然,有很大的能动性。

3. 人要想充分发挥其能动性,必须做到与天地合德。《周易·文言》说:"夫大人者,与天地合其德,与日月合其明,与四时合其序,与鬼神合其吉凶。先天而天弗违,后天而奉天时。"这里所谓的"大人"并不因为他地位高,而是另有品格上的原因。《礼记·中庸》说:"唯天下之至诚,为能尽其性;能尽其性,则能尽人之性;能尽人之性,则能尽物之性;能尽物之性,则可以赞天地之化育;可以赞天地之化育,则可以与天地参矣。"这一段话的主要意思是说人要出于至诚,尽其本性,这就能与天地协调,起到参赞天地化育万物的作用。人要能做到协助天地化育万物,那当然是与大自然高度谐调了。

4. 天人统一所派生的最为重要、影响最大的理念是"顺应天时"。"天时"这个概念具有模糊性,其所指不仅包含季节转换、气候变化、天象动向、灾害异常等自然现象,甚至还包含社会发展中的趋势与动向。顺应天时的理念在社会各个领域,如经济、政治、民俗、文化艺术创造、人体保健等方面都有渗透,并起指导作用。就拿经济来说,中国古代主要是农业经济,农业是靠天吃饭的,所以必须顺应天时。中国过去通用农历,辛亥革命以后改用阳历;但农民仍按农历二十四节气从事生产活动,所以家家户户备有"历本"。二十四节气不但指导农民的生产活动,同时在生活中也起指导作用。在此基础上还产生了一些至理名言。例如早在战国时代,孟子就说过:"不违农时,谷不可胜食也;数罟不入洿池,鱼鳖不可胜食也;斧斤以时入山林,材木不可胜用也。"(《孟子·梁惠王上》)这是从农业顺应天时进而涉及正确利用自然资源、保护生态平衡的问题。这在全世界是最早提出来的。由此可以看出,顺应天时的思想是包含环保生态学说的萌芽,是必然会引起环保生态要求的。

"天人统一"的思想有很深的现实意义:

(1) 保护环境、平衡生态、合理利用自然资源这些问题,在当今时代比以往任何时候都更为突出。所以必须牢固树立"天人统一"、"天人相应"、"天人和谐"的意识并见之于行动。

(2) 要重视和促进人类和谐,争取世界和平。现在人类之间的冲突比以往任何时候都更加深刻、尖锐而广泛,而具有巨大杀伤力乃至毁灭全人类的武器正在不断研制、扩散和更新。这种武器的研制已经严重污染了自然环境,假如真的用于战争或恐怖活动,就更有可能威胁全人类的生存。从前的古人也知道"大战之后必有大疫",现在就更不仅仅是大瘟疫的问题了。核武器对自然环境的破坏和对包括人类在内的各种生物的杀伤是难以估量的。所以今后如发生大规模的战争必定成为人类的大劫难。中国人一贯认为"天地有好生之德",是因为天地确有生发万物的特性。人类作为大自然中的有机组成部分,也应该与大自然的特性相一致,要鼓励生发而不制造死亡,这才与"天地之大德曰生"(见《周易·系辞下》)相呼应,最终是有利于人类自身的生存与发展的。

(3) 顺应天时,与时俱进。顺应天时的理念在中国源远流长。那么,到今天是不是仍然有效?应该说不但有效,而且更加重要。"天时"的本义,即大自然的变动趋势,你不顺应行吗?最明显的事例是天气预报在人们生活中的作用越来越大,所以气象部门对预报越做越精,各个媒体的传播越来越及时详尽。再如人类大规模探索太空,那么多气象卫星,又是宇宙飞船,又是航天飞机,还有空间工作站,再加上登月行动、木星探测,等等,这一切无不是为了更多地了解宇宙,以便更有效地顺应天时和开发宇宙。人类越是文明就越要这样做。反之,逆天行事就要遭到天地的报复。诸如围湖造田、毁了森林种粮食,毁了草原种粮食,都造成严重的后果;现在只能再毁田还湖,退耕还林,花更大代价种树种草以减轻沙尘暴。总而言之,还是要顺应天时地利,才有利于生存发展。

(4) 人类主要依靠科学发展到今天这样的现代化,生活越来越好。但有时科学是双刃剑,可以造福人类,也可以毁灭人类,要看它掌握在什么人手里并如何利用。所以科学一定要与人文协调发展。中国过去吃过科学不发达的亏,所以从"五四"以来,重理轻文的思潮越来越强大,这已有将近一百年的历史。现在还有人坚信"科技至上"、"科学万能",并标榜所谓"科学主义"。这是会带来意想不到的后果的。

三、中和、中庸思想

"中和"、"中庸"是中华传统文化中两个非常重要的思想。主要用来解决社会问题和处理人际关系。二者之间有紧密的关系。用最简单的话来说,"中和"就是整体的和谐,"中庸"就是行为适度。二者连起来看,就是教人以适当的行为来达到整体的和谐。所以也可以说中庸是手段,中和是目的。

中和是中国古代思想家(主要是以孔子为代表的儒家,但也不限于儒家)所宣扬和追求的境界。在他们看来,大到一个国家,小到一个家庭,乃至于个人,最好能实现中和状态,达到中和的境界。所以,"和"是中华传统文化的核心。现在中华文化常被称为"中华'和'文化"。

《礼记·中庸》篇说:"中也者,天下之大本也;和也者,天下之达道也。致中和,天地位焉,万物育焉。"这就是说:中是天下最根本的东西,和是天下最行得通的道理。做到了中和,天地的位置就摆对了,作用就到位了,万物也就健康成长了。这想法很有道理。世上万物都是天地共同作用、相互配合,才能够健康成长。假如天地不和谐,闹别扭,万物就不能生存发展了。

天地和谐了,可是人自己不和谐,那也不行;因为正如孟子所说:"天作孽,犹可违,自作孽,不可活。"所以中国人既讲"风调雨顺",又讲"国泰民安"。中国领导人到国外演讲,总是强调"和而不同"、"和为贵",在国内则致力于"构建和谐社会"。这都是深厚的民族智慧的表现。

中和也往往简称为"和"。《周易·说卦》:"和,顺于道德而理于义。"又《论语·学而》:"有子曰:礼之用,和为贵。""和"因为有利于人的生存发展,所以说它"顺于道德,合乎公理"是完全恰当的。因为"天地之大德曰生"(《周易·系辞下》),"生"是"大德",也是公理;所以中国人历来认为现在人类对动物、植物的生也日益重视。"礼之用,和为贵",这"礼"本来指"周礼",即周代的礼制、礼俗所体现的社会秩序;现在这个"礼"字抽象化了,不专指周礼,而是指一般的社会秩序。因此这两句话的解释就是:"社会秩序的作用,贵在使社会和谐。"现在又出现了一种现象,就是"和为贵"三个字正在从原文中剥离出来,单独使用,这说明人们对"和"越来越重视。

另外,中和思想还有一个重要内涵,就是"和而不同"。孔子说:"君子和而不同,小人同而不和。"(《论语·子路》)从这些论述中可以看出,世界上的事物千差万别,各种各样。"和"就是多样的统一,复杂的平衡;种种不同的事物聚在一起仍协调和谐,相交共生,彼此促进,这便是中和的境界。这种思想与追求,不仅有利于调节人际关系,维护社会安定,促进事物生发,也使中华文化具有极大的融和力和生发力,可以说是极为明智而有社会作用的文化思想。正因为如此,所以古代各派的思想家都赞美和。

在"和而不同"这个思想中,"不同"是对客观存在的反映,客观事物必然是千差万别的;而和却要靠人的主观努力来实现。那么人的行为究竟要怎样才能达到中和境界呢?中华传统文化的主流观点就是认为要实行"中庸"之道。关于什么是"中庸",《论语·雍也》:"子曰:中庸之为德,其至矣乎!民鲜久矣。"《论语·先进》:"子贡问:'师与商孰贤?'子曰:'师也过,商也不及。'曰:'然则师愈与?'子曰:'过犹不及。'"

这两段话,第一段是对中庸的歌颂,称其为"至德"。第二段是对中庸的解释,意思是处理事情要恰当,不要不到位,也不要太过头。这解释基本上是正确的。后来唐宋两代有不少人对中庸做了解释,无非是说处理事情要不偏不倚,恰到好处。这些解释大致也是正确的。

又,《礼记·中庸》:"子曰:天下国家可均也,爵禄可辞也,白刃可蹈也,中庸不可能也!"孔子这段话很值得注意。因为中庸在后来的世俗理解中变成了折中调和,抹稀泥,这种理解是错误的。因为孔子本人明明把中庸与"天下国家可均也"相对立,可见他是反对折中平均的。而且"抹稀泥"这种事谁都会干,那为什么孔子把中庸视为"至德",而且说"民鲜久矣"呢?又为什么把中庸看得比"上刀山"还难呢?

由此可见，中庸不是折中调和。它的确是要把事物摆平以实现中和，但这个平衡之点却不是"折半以取中"可以找到的。犹如一杆秤，其秤锤必须根据所秤之物的轻重而在秤杆上移动，才能找到一个点，把秤杆摆平，把重量搞定。假如把秤锤固定在秤杆的中点上，那这秤杆就一点用处也没有了。

总之，中庸的本义是指处理事情要把握准确的度；而且孔子还要求："君子之中庸也，君子而时中。"(《礼记·中庸》)即在事物的不停变化中，要时时刻刻都准确地把握住动态的平衡点。这实在太难了，所以说："中庸不可能也。"但是，处理事情要求大致把握一个恰当的度，这应该说是可以做到的，有度总比没度好，这就是中庸之道的实践意义。

在中华传统文化的各个重要思想中，中和中庸的思想在现实中用得最多，堪称古为今用的热点。因为度的意识已经深入人心，也常常出现在口头或书面语言之中；把握好度，就是中庸之道。而实行中庸之道的目的，就是为了实现中和，使社会和个人都达到和谐的境界。

中和中庸的现实意义，主要有两个方面：

1. 促进社会的安定和谐与协调发展

中和中庸思想用最简单的话来解释，就是通过适度的行为达到整体的和谐。

整体和谐可以说人人都赞成。所以就一个家庭而言，大家都相信"家和万事兴"；做生意强调"和气生财"；种田希望"风调雨顺"；建功立业要求"和衷共济"；搞政治追求"政通人和"；处理国际关系要求"协和万邦"；处理人与自然的关系力求"天人调谐"；人与人相处强调"敦亲睦邻"、"和以处众"。由此可见，由于几千年传统文化的熏陶，中国人向往中和境界、认为和谐最好的思想在社会各个领域都深入人心，不可动摇。

但是要和谐就必须行为适度。行为适度的最大困难是拿不准这个度究竟在哪里。例如：经济发展究竟每年增长多少才算适度？贫富差距究竟保持什么样的度才不致两极分化？东西部发展差距究竟应该怎样掌握倾斜的力度？发展汽车工业究竟把握什么样的度才不致引发恶性竞争？一个城市的房地产开发究竟每年应盖多少房屋？农民进城打工，究竟每年应进多少才对城乡有利？大学扩招究竟扩大到什么程度才最适当？中小学生的课程负担究竟怎样把握才算适度？等等。诸如此类的问题不胜枚举，其中任何一个问题如果失控失度，都会影响发展的协调和社会的安定。

现代社会的发展,可以说事事处处都要讲究准确的度。所以应该继承弘扬传统文化中的中和中庸思想,使人牢固树立和谐与适度的观念;再在实际操作中全面了解实际情况,一切从实际出发,力求把度找准,以便因时制宜,因地制宜,因事制宜,从而实现协调发展,实现社会的和谐。

2. 中这和中庸与待人处世

在传统文化中,中和中庸历来被视为待人处世的原则,指导人际关系的处理。人际关系出现矛盾与冲突,常见的原因有三种:

(1) 冲突是由于利益分配和利害关系,也包括结仇与报复

用中庸之道解决此类问题,无非有三种情况:一是力求双赢互利,追求双赢结局,在现代才受到全世界广泛重视;然而在中国,它却早已包含在中和中庸之中了。二是妥协互让。这种处理方式是最为常见的,结果也往往不错。三是单方面让步,这是由实际的是非曲直和力量对比决定的,没有别的办法,就只能想想"吃亏就是便宜"了。

以上各种情况都离不开三个要素:

① 要善于反思和做换位思考,设身处地为对方想想。所以孔子一再强调"己所不欲,勿施于人"。这两句话现在被许多西方人视为成功的黄金法则。

② 以上各种情况都包含一定的忍让。忍让是中华传统文化的独特思维经验。谚语所谓"让三分天宽地阔",许多情况实际确是如此。

③ 利与害的问题必须完全从利与害的角度来考虑,不可意气用事,更不可任性妄为。现在社会上任性的人太多了,往往态度绝对化,做事没商量,甚至动不动就讲"鱼死网破",宁可"同归于尽"。这不仅危害他人,危害社会,也给自身造成巨大伤害。本为利害而争,结果却有害无利,这是极不明智的。

(2) 冲突是由于观点与主张的分歧

照理这种分歧是不会使人互相怀恨的,即使有重大分歧,倘若大家都是为工作考虑,那也只有是非之别,而无恩怨可言。然而事实不是这样,现在有些人往往因为一点点意见分歧便闹到家庭破裂,事业垮台,个人之间势同水火。这都是任性使气的结果。

中和中庸教人兼容并包,强调和而不同,提供了极其丰富的思维经验。不过,兼容并包、和而不同等等虽只是方法问题,却与人的胸襟、气度有关,所以孔子说"君子和而不同,小人同而不和",这"君子"、"小人"便是指素质、人品而言的。所以

要把全中国构建成一个和谐社会,不是光靠发展经济就能够实现的。以经济建设为中心,同时还要在提高国民整体素质上用力气。科学的发展观强调全面、协调的发展,这符合中和中庸;而最为根本的协调发展,即在于物质文明与精神文明的协调,提高人的素质是以人为本的应有之义。

(3) 冲突是由于误解和误会

美国心理学家威廉·詹姆斯认为人与人的思想之间是"绝对'绝缘'的","是自然界中最彻底的破裂",因此彼此无法沟通和理解。笔者认为这种说法太绝对了,沟通和理解还是存在的。

不过,詹姆斯的说法也有他的道理,那就是他所创立的"意识流"理论。在他看来,人的意识都是个连绵不断的流程,其中任何一点都与整个流程相联系;而各人又有各个不同的意识流。人们之间的对话都只是拿出意识流中的一点来交流或碰撞;由于彼此不了解对方的意识流,所以往往不能充分理解对方的全部用意。这种情况的确存在,所以与人对话必须善于倾听,善解人意;经过充分的交流加深理解。不可"一触即跳",情绪失控,反应过度。这也是个能不能坚持中庸的问题。

"意识流"理论给人一个重要的启示,就是听取传言、流言务必慎重冷静。因为传言、留言即使不是恶意的挑拨与诽谤,但在流传中经过那么多人的意识流,很可能已经大为变样。

意识流的存在使人与人不易沟通,往往出现误会乃至猜疑。中和中庸则叫人宽容为怀,不必斤斤计较,事事辨明。老子说"大辩若讷",这更有哲理,不辩之辩往往胜过千言万语。

四、修身克己思想

中国传统文化(特别是儒家的学说)是非常重视修身的。《礼记·大学》说:"物格而后知至,知至而后意诚,意诚而后心正,心正而后身修,身修而后家齐,家齐而后国治,国治而后天下平。自天子以至于庶人,一是皆以修身为本。"这段话,朱熹认为是"孔子之言,而曾子述之",在编撰《四书章句集注》时列在"经"的第一章。《礼记》为"五经"之一,而《大学》这一篇又为"四书"之首;童蒙就学,一开始就读。所以,修身、齐家、治国、平天下,而"以修身为本",这个思想影响极大,在古代儿童从小就形成这个理念,深入人心。修身当然包括受教育,但主要不是被动地接受教育。《三字经》所谓"玉不琢,不成器",这才是被雕琢、受教育。修身则更重在自觉地修炼,自己严格要求,趋于自我完善,实现自身价值。中国有两千多年强调修身的传统,新中国成立前的小学中还有修身课。

修身怎样进行?一个关键的要求就是"克己"。这个词较早见于《论语·颜渊》:"颜渊问仁。子曰:'克己复礼为仁。一日克己复礼,天下归仁焉。为仁由己,而由人乎哉?'"由此可见,"克己"这个词"出身"不好。因其目的在于恢复周礼,即周王朝的等级秩序。而具体做法又是:"非礼勿视,非礼勿听,非礼勿言,非礼勿动。"(均见《论语·颜渊》)这叫现代人如何能够接受?所以,我们现在要结合现实情况对"修身克己"做出新的诠释。

修身对人来说的确很重要。不过,古人认为修了身就能齐家,齐了家就能治国,治了国就能平天下,这是夸张了,事情不是这样简单的。实事求是地说,修身能够提高人的素质,有助于实现其自身价值。

中国实行改革开放以后,美国人本主义心理学家马斯洛的"层次需要"理论传入中国,影响很大。马斯洛把人的需要分为五个层次,即生存、防卫、爱好归属、尊敬、自我实现。其中最高层次的需要就是"自我实现"。因此中国人也就常常说到"实现自身价值"。在20世纪80年代初,这还是一句时髦的话。但是有些人其实并不知道什么是真正的自身价值,尤其不知道自身价值的可变性。

人的自身价值不能从生理上去理解,而主要要从人的社会性上去理解。

当然,人生下来便是"万物之灵",生理上确有超过其他动物的价值(所以说"人命关天")。但这种原生的自身价值毕竟是很有限的(从来没有人认为自己非常了不起是因为自己比一条狗更有价值,这是不值得自豪的)。至于有些人把快意地满足种种物质欲望视为"实现了自身价值",那就更是一种误解了。

把满足物质欲望视为实现自身价值的内涵,这是马斯洛也不会同意的。马斯洛说人有五种需要,好比五层楼。其中第四种是尊敬的需要,是第四层,而"自我实现"的需要则是最高层的。人如只求物质享受的丰裕,那并不会得到他人的尊敬。

那么,如何从人的社会性来理解人的自身价值呢?要知道人是结成了社会来生存发展的,这是人类区别于动物的最大特点。任何社会都有一个客观存在的事实,是不以人的意志为转移的,那就是"人人为我,我为人人"。人的自身价值不是取决于从社会索取了多少,而取决于对社会奉献了多少。人对社会的奉献可多可少,所以自身价值是可变的。

孔子说:"志士仁人,无求生而害仁,有杀身以成仁。"(《论语·卫灵公》)

孟子说："生亦我所欲也，义亦我所欲也；二者不可得兼，舍生而取义者也。"（《孟子·告子上》）

这就是所谓的"成仁取义"，被认为是对国家人民做出了最大奉献（包括生命），因而也就是最大限度地实现了自身价值。这在中国历史上有不少人做到了。例如诸葛亮说："鞠躬尽瘁，死而后已。"文天祥说："人生自古谁无死，留取丹心照汗青。"林则徐说："苟利国家生死以，岂因祸福避趋之。"他们都是以实际行动证明了这些誓言的，所以可以说是在最大限度上实现了自身价值。司马迁说："死有重于泰山，有轻于鸿毛。"（《报任安书》），其实活着更有"重于泰山"与"轻于鸿毛"的区别。这就是自身价值的区别，而衡量这种价值及其实现的程度，不是靠自我感觉，而是要由社会乃至历史来评定的。

自身价值有可变性（就是说可高可低），那么如何才能提高呢？唯一的办法就是结合实践来修身。修身才能使人超越原生状态而在精神上进入自觉追求崇高的境界，同时在实践中为社会做奉献。这就意味着自身价值的提高。

修身离不开克己。一提到克己，有些人就会理解为是逆来顺受，忍让退避，从而认为不符合现代社会的要求。这全然是一种误解。要知道一切"进德修业"的行为、一切争取成功的努力，都离不开克服自己身上的弱点，而这就是克己。你想见义勇为、伸张正义吗？那就要克服胆小怕事的心理。你想做大学问、大事业吗？那就要克服怕苦怕累、懒惰享乐之心。你想在商战中立于不败之地吗？那就要克服过分的贪心而力求双赢，克服拙劣的运作而力求明智，克服伪诈而诚信待人。诸如此类的努力就都是克己的表现。老子说"自知者明"、"自胜者强"，"自胜"就是克己，而这恰恰是强的表现。一个人能有自知之明而不断克服弱点，不断超越自我，那当然是越来越强了。

所以，修身克己绝不是自我的压制、个性的束缚，而恰恰是自我的超越和个性的解放，也就是把自己身上最积极美好、最有利于成功的精神因素充分发展，并发挥出来！

以上所说，就是对修身克己的现代诠释。总而言之，修身克己必须包含气性的修养，即意商、情商的提高，这是很有现实针对性的。传统文化中大量有关的思维经验，是可以古为今用的。

综上所述，阴阳五行、天人统一、中和中庸、修身克己这四大思想理念，是中国传统思想文化中最经典的精华，它们像四根雄伟而有力的柱子一样，支撑起中国传统思想文化的辉煌大厦,深深地影响着一代又一代的中华儿女,像这样的文化宝库是值得我们不断地加以挖掘、学习、吸纳和珍藏的。

参考文献

1. 《金开诚文集》,浙江教育出版社,2007。
2. 《金开诚文选》,北京大学出版社,2010。
3. 张岱年"论易大传的著作年代与哲学思想",《中国哲学》第 1 辑。

中国的汉语系佛教文化

陈 莉

一、佛教的传入

公元前 6—前 5 世纪,古印度迦毗罗卫国(Ka-pi-lilavastu,今尼泊尔尼境内)的王子悉达多·乔达摩(Siddhartha Gautama)出家修行,并终于悟道成佛[①],创立了佛教,悉达多·乔达摩被称为释迦牟尼佛。

公元前 3 世纪,佛教最先由南印度传到斯里兰卡,接着传到了今天的缅甸、柬埔寨、泰国、老挝等地。公元六七世纪开始传入中国云南,这一支被叫做"南传佛教",也有人称其为"小乘佛教"。

佛教经由中国传入古代的朝鲜、日本、越南等国,这一支被叫做"北传佛教",也有人称其为"大乘佛教"。在中国,按照流行地区的不同,又分为汉语系佛教和藏传佛教。汉语系佛教主要流行于汉族地区,使用汉文佛经,又称汉地佛教。藏语系佛教主要流行于藏族、蒙古族等地区,主要使用藏文佛经,又称藏传佛教。

总的来说,中国的佛教包括汉语系佛教、藏语系佛教和云南巴利语系佛教。本文介绍的是汉语系佛教。

佛教正式传入中国的年代一般公认是开始于东汉汉明帝年间。公元 64 年,汉明帝派十二位使者去西域访求佛法,公元 67 年他们和两位印度僧人迦叶摩腾和竺法兰用白马载着一些经书和佛像一起回到首都洛阳。当时的外交部——鸿庐寺接待了他们(在汉朝,"寺"是政府的办公机构)。后来,在洛阳专门建造了中国第一个专门的佛教寺院——白马寺(因驮载经书的白马而得名),这也就是佛教的"寺"的

[①] 佛:巴利文 Buddha 的音译是"佛陀",中国人喜欢简洁,所以简称为"佛"。佛的意思是觉悟者。觉包括"自觉"、"觉他"、"觉行圆满"。也就是说,佛是一个自己已经觉悟了,而且进一步帮助其他的人也能够觉悟,而这种自觉(觉)和觉他(行)的工作,已同时达到最圆满境地的人。

来源。从汉明帝开始,佛教作为宗教,得到了政府的承认崇信,并在中国初步建立了它的基础和规模。

二、十个宗派

公元1世纪后,佛教经论源源不断地传入中国,印度佛教各部派思想与中国已有的民族文化互相接触、碰撞,经过长时间的消化和吸收,佛教在中国获得了创造性的发展。隋唐时期(6世纪末—9世纪中叶),是中国佛教最繁荣的时期,出现了很多宗派。宗派的产生,主要是因佛法就像大海一样广博,人们的智慧喜好又有差别,为了方便学习,各选一个适合自己的方法,一门深入。宗派之间并不是互相对立的,虽然路途不同,但总的目标基本一致,所谓"条条大路通罗马"。

历史上,中国佛教曾经形成过十个宗派,包括七个大乘宗派(法性宗、法相宗、天台宗、贤首宗、禅宗、净土宗、密宗),两个小乘宗派(成实宗、俱舍宗)以及通大小乘的律宗。除了成实宗、俱舍宗已经基本没有影响以外,其他八大宗派都还存在。下面主要说说在汉地最具影响力的禅宗和净土宗。

禅宗是佛教中最富有中国特色同时又具有世界影响的宗派。禅是梵语"禅那"(dhyana)的简称,用汉语来说意思就是静虑,静中思虑。主要方法是把心专注在一个法境上,一心参究,以便证悟自己本来的心性,这就是所谓的"参禅"。禅宗主张"不立文字,直指人心,见性成佛",虽然不立文字,但仍然以《金刚经》、《坛经》等为经典。禅宗是6世纪初(梁代)由印度的菩提达摩传来的,所以菩提达摩也被称为中国禅宗的初祖(第一位祖师),他曾经面壁的河南少林寺也成为禅宗的祖庭。在8世纪,禅宗曾分为南北两宗。北宗神秀(约公元606—706年)主张渐修,他有一首有名的偈子是:"身是菩提树,心如明镜台。时时勤拂拭,勿使惹尘埃。"南宗慧能(公元638—713年)主张顿悟,后世将他尊为禅宗六祖。他听了神秀的偈子后,也作了一首偈子:"菩提本无树,明镜亦非台。本来无一物,何处惹尘埃?"这首偈子得到了五祖的认可。从唐朝到宋朝,南宗又发展为五家七派(五宗加上黄龙、杨岐),列表如下:

	慧能				
两系	南岳怀让		青原行思		
五宗	沩仰宗	临济宗	曹洞宗	云门宗	法眼宗
		黄龙 杨岐			

禅宗在中国十分兴盛,所以我们经常看到很多寺庙的名字是某某禅寺。

净土宗是另一个在中国具有广泛影响的宗派,依据的主要经典是《佛说阿弥陀经》、《无量寿经》、《观无量寿经》等,以观佛、念佛求生西方极乐世界为宗旨。西方极乐世界又叫西方净土,所以这个宗派被称为净土宗。其方法简便易学,什么层次的人都可以学习。净土宗初祖是东晋的慧远大师,他曾经住过的江西庐山东林寺至今仍然保持传统道风,以念佛为主要修行方法。

三、汉地寺院

汉地寺院的建筑结构特点基本相同。一般来说,寺院建筑有:三门、天王殿、大雄宝殿、地藏殿、藏经楼、斋堂、念佛堂、法堂、放生池等。

1. 三门

传统的寺院的外门通常是三扇,称为"三门",它代表的是"三解脱门",即"空门"、"无相门"、"无作门"。因为寺院大多在山林之中,所以一般又把"三门"称为"山门"。

2. 天王殿

从三门走进寺院,就来到了天王殿。在天王殿里我们通常看到的是弥勒(Maitreya)菩萨①、四大天王和韦驮(Skanda)菩萨。

(1) 弥勒菩萨

很多寺院里的弥勒菩萨都是胖乎乎的、肚子大大的、笑嘻嘻的样子。在五代梁朝时,浙江奉化有一个和尚,总是背着个布袋,人们就叫他"布袋和尚"。他的言语行为都非同一般,临终前说了一首偈:"弥勒真弥勒,分身千百亿,时时示时人,时人自不识。"人们才知道这位和尚就是弥勒菩萨的化身,于是就把弥勒菩萨像做成布袋和尚的样子。他笑眯眯的样子告诉我们:学佛就要欢欢喜喜,快快乐乐。他大大的肚子告诉我们:要能包容,不斤斤计较。也就是"生平等心,成喜悦相"。

---

① 菩萨:是巴利文 Bodhisatto 的音译"菩提萨埵"的简称,梵文是 Bodhisattva。"菩提"汉译是"觉悟","萨埵"汉译是"众生"或"有情"(一切有感情的众生),全译是"觉有情",它包括自觉和觉他两层意思,就是说,菩萨既是已经"觉悟的众生",又是以觉悟他人为己任的有情。菩萨的地位仅次于佛,是协助佛传播佛法、救助众生的人物。

(2) 四大天王

他们站立在弥勒菩萨的两边,被塑造成怒目的样子,一方面是因为他们就像门卫一样,负责保护佛法僧三宝,降伏妖魔。另一方面也象征着大雄无畏的精神。虽然他们看上去有点可怕,但其实他们的内心也是慈悲的。四大天王包括:

四大天王	所拿法器	象征
东方持国天王	琵琶或宝刀	做事要符合"中道",负责任。
南方增长天王	宝剑或刀矛	增长善根,求进步。
西方广目天王	龙	让我们开阔眼界。龙代表变化。告诉我们所有的一切都变化无常,要看清楚。
北方多闻天王	伞	让我们多听。伞的作用是遮盖,提醒我们在多听的同时,要保护自己的清净心,不要被污染。

另外民间还有一种说法是四大天王分别代表"风"、"调"、"雨"、"顺",寄托着人们希望年年风调雨顺的美好愿望。

(3) 韦驮菩萨

他和弥勒菩萨背靠背站着,样子像一位将军,手里拿着宝杵。因为韦驮菩萨曾发愿护持佛法,所以寺院里一般都供奉着这位菩萨,以降伏魔军,保护寺院和佛法僧三宝。

3. 大雄宝殿

从天王殿再往里走,就到了大雄宝殿。之所以叫大雄宝殿,是因为这座宝殿供奉着佛像,而像佛那样为了众生离苦得乐而勇猛修行的才是真正的大英雄。

在大雄宝殿的中间,有三尊佛像。通常中间的是被称为"本师"的释迦牟尼佛,他的左边是东方琉璃世界的教主药师佛(the Medicine Buddha),右边是西方极乐世界的教主阿弥陀佛(Amitabha Buddha)。但也有的地方两边是释迦牟尼佛的两位弟子——迦叶尊者(Kassapa Thera)和阿难尊者(Ananda Thera);有的地方则供奉着西方三圣——中间是阿弥陀佛,两边是观世音菩萨(Avalokitesvara)和大势至菩萨(Mahastamaprapta)。在中国有"家家阿弥陀,户户观世音"的说法,从中可以知道阿弥陀佛和观世音菩萨在中国的影响。阿弥陀佛是净土宗宣扬的西方极乐世界的教主,代表无量的智慧、无量的寿命、无量的道力……,因为净土宗在中国影响广泛,学习其他宗派的人也多以净土宗为最终的归宿,所以几乎中国的佛教徒见面时都用"阿弥陀佛"来互致问候,碰到紧急危难时,也会脱口念"阿弥陀佛";观世音菩萨代表大悲,因为这位菩萨慈悲一切,所以在中国的寺院里大多被塑造成女性的形象。

在大殿的东西两侧,一般还供奉着文殊菩萨(Manjusrikumarabhuta)和普贤菩萨(Samantabhadra)。文殊菩萨像通常骑着狮子,手拿"如意",代表大智。普贤菩萨像通常骑着大象,手拿莲花,代表大行。

4. 地藏殿

地藏殿里供奉着地藏菩萨(Ksitigarbha)。地藏菩萨的形象和前边介绍过的几位菩萨不同,通常是出家人的样子。他代表的意思是大愿,愿所有的众生都能离苦得乐。观世音菩萨、文殊菩萨、地藏菩萨、普贤菩萨,他们代表"悲"、"智"、"愿"、"行",正是学习佛教的人所要学习的精神。

5. 其他建筑

一般寺院里还有藏经楼、斋堂、念佛堂、法堂、放生池等建筑,简单介绍如下:

藏经楼是存放佛教经典的地方,一般不能随意进入,也不对游人开放。

斋堂是寺院里吃饭的地方,相当于我们所说的食堂。因为中国汉地的寺院一般都吃斋,也就是吃素,不吃葱、韭菜、蒜等荤辛食物,并且过午不食,所以称为斋堂。

在净土宗寺院,通常建有念佛堂。念佛堂是念佛的地方。前面介绍过中国佛教的十大宗派,学习佛教的方法很多,其中净土宗的主要方法是念佛,专门称念阿弥陀佛的名号,发愿往生西方极乐世界。因为净土宗的念佛方法比较简单方便,所以在中国十分普遍。

在禅宗寺院,通常建有法堂。法堂相当于讲堂,是演说佛法的地方。

在有的寺院的三门门口或大殿前边,我们还看到一个水池,里边有鱼、鸭等游来游去,那就是放生池。佛教主张"众生平等",尊重一切生命,不应无辜杀害别的生命,因此有的寺院建有放生池,借此提倡护生、放生。人们把鱼鸭等送来这里,让它们自由自在地生活。

四、佛教是中国文化的一部分

佛教传入中国将近两千年，已深深渗入中国人的精神生活和社会生活之中，对中国的语言、哲学思想、文学艺术等方面有着重大的影响，与儒家文化、道家文化一起，成为中国传统文化的重要组成部分。

举例来说，哲学思想方面，儒家的宋明理学就是在很大程度上受了华严、禅宗等佛教理论的刺激和影响而产生的。晚清的民主思想启蒙运动者，如康有为、梁启超、章太炎等，都深受佛教"慈悲、平等、无常、无我"的思想的启发。"种瓜得瓜，种豆得豆"的因果观、"善有善报，恶有恶报，不是不报，时候未到"的善恶报应思想也深入民间；在文学方面，《维摩诘经》、《法华经》、《百喻经》等佛经鼓舞了晋唐小说的创作。般若和禅宗的思想影响了陶渊明、王维、白居易、苏轼的诗歌创作。佛教中的"变文"是中国俗文学（平话、小说、戏曲）的渊源；在艺术方面，佛教传入中国后，带来了塑像艺术。唐朝的佛教塑像体现了高超的技艺。洛阳的龙门石窟和大同的云冈石窟的雕刻、敦煌的莫高窟的绘画都是伟大的艺术品，三大石窟成为艺术的宝库。佛教的石碑也保存了中国的书法艺术。另外，安徽九华山（地藏菩萨应化的道场）、浙江普陀山（观世音菩萨应化的道场）、山西五台山（文殊菩萨应化的道场）、四川峨眉山（普贤菩萨应化的道场）被称为中国佛教的"四大名山"，也是普通人的旅游胜地。

最后我们来看看跟语言学习直接相关的佛教语言方面。

由于佛典的翻译，为中国增加了三万五千多个新词语（梁启超据日本《佛教大辞典》统计）。例如：佛、和尚、出家、塔、轮回、时间、一刹那、一时、一体、世界、光明、本来、平等心、缘、实际、觉悟、相对、绝对等等。

从佛教经典和祖师语录中也产生了大量的成语，这些成语有的还基本保留原来的意思，例如：大慈大悲、盲人摸象、空中楼阁、水中捞月、味同嚼蜡、抛砖引玉、梦幻泡影等。而有些已经跟原来佛教中的意思有所不同，例如：唯我独尊、四大皆空、天女散花。

除了成语以外，"苦海无边，回头是岸"、"种瓜得瓜，种豆得豆"、"放下屠刀，立地成佛"这样的熟语也是出自佛教典籍。

另外也有一些利用佛教词语创造出的俗语，例如："平时不烧香，临时抱佛脚"、"不看僧面看佛面"、"无事不登三宝殿"、"佛是金装，人是衣装"。但这些俗语所要表达的思想则大多与佛教无关,而只是一些人自己的观念。

五、中国佛教的现状

中国历史上发生过被称为"三武一宗"(北魏太武帝、北周武帝、唐武宗、后周世宗)的灭佛事件,但时间都不太长。佛教在中国基本延续了两千多年。

中华人民共和国建立后,就在宪法中规定公民有宗教信仰的自由。1953年还成立了中国各民族佛教徒的组织中国佛教协会。但是1957—1976年,佛教界和全国其他各界一样,受到"左"的思想和"文化大革命"的冲击。一些寺院被占用,有的佛像遭到破坏,部分僧人被迫还俗甚至遭到迫害。

1976年"文化大革命"结束后,国家恢复了宗教政策,佛教活动逐渐恢复,佛教又开始复兴。现有寺院一万三千多座,出家僧尼大约二十万人。一般人在接受皈依(皈依佛法僧,佛代表觉,觉而不迷;法代表正,正而不邪;僧代表净,净而不染)仪式以后,成为佛教徒,一般这样的人被称为"居士"。但也有很多没有接受皈依仪式却或多或少接受佛教信仰的人。在中国,作为佛教徒的信众跟寺院没有从属关系,来去自由。

中国佛教的组织方面,与佛教的基本精神一致,并没有层层管理控制的严密组织。佛教的僧团内部,没有上下阶级,不分大小类别,彼此平等。

佛教传入中国后,逐渐与中国特有的文化相结合,在保留佛教基本教义的同时,形成了具有中国特色的佛教,并深深地影响了中国文化,成为中国文化不可分割的一部分,至今影响着人们的思想观念与生活。

参考文献

1. 《寺院巡礼》,福建莆田广化寺。
2. 道坚法师《佛教知识学习问答》,宗教文化出版社,2007。
3. 冯友兰《中国哲学简史》,北京大学出版社,1996。
4. 蒋维乔《中国佛教史》,上海古籍出版社,2004。
5. 宽忍法师《佛教手册》,中国文史出版社,2001。
6. 李涛《佛教与佛教艺术》,西安交通大学出版社,1989。
7. 杨曾文《佛教知识读本》,宗教文化出版社,2000。
8. 赵朴初《佛教常识答问》,上海辞书出版社,1999。

从风水文化看中国的建筑

张 园

最近在法国《世界报》上看到一则新闻,讲述如何运用风水的概念布置办公环境。"风水"一词在英文中甚至都有了动词的用法,如:"How to Feng Shui your living room."可见风水文化在世界的影响越来越大。而在汉语中,来自风水文化的词语至今还在使用,比如:来龙去脉、找靠山、风水宝地等。

"风水"这个名称,学术界公认是晋代郭璞所著《葬书》中首先提出的。但风水的基础和核心思想却起源于《易经》。起初,风水只是选择居住地的一些简单实用的技术,之后,随着"天人合一"的哲学思想的发展,以及社会生活中《易经》的影响不断扩大和丰富,风水开始形成理论系统并在实践中积累了丰富的经验。在历史发展过程中风水极大地影响并改变了中国人的生活方式和居住环境。中国的旅游胜地很多,如果能够了解一些风水文化,旅游时就有了一个观察的新视角。比如,佛教寺庙的位置,由于追求超凡脱俗的境界,即使并非出于堪舆(风水)家之手,也往往深合风水原则。

风水,是古人把对自然环境的要求与祈求避灾趋吉的愿望巧妙地融合为一体,作为独特的文化现象,风水提供了一套做出正确选择以避免厄运的方法。其中对自然环境的勘察包含着古人对生态环境的认识,既反映了中国独特的自然观、环境观,也包含了中国古人科学观、认识论的局限。把避灾趋吉的理想和追求直接演化为对山水形胜的解释,自然环境的和谐与否就被转换成了吉凶与否呈现出来,因此,风水理论及运用,是夹杂着真与伪、科学与迷信等不同成分的。虽然如此,在探讨人与自然的关系中,风水仍然代表了中国古人在理解自然、顺应自然、改变自然以及与自然和谐一致方面所做出的努力及获得的成就。

阴宅及阳宅地点和方向的选择,室内结构设计以及整体布局等都是风水中的重要因素。风水理论认为,在居室中,人们应该感受自然的影响,房屋应该与来自自然的信息整合起来。人居住的环境会不断影响人的情绪、健康,甚至工作、财运以及家庭关系。太阳、水、地磁、声音、颜色、湿气、辐射以及微生物都在现代风水的研究范围之内。

风水中有三个主要因素。首先是大环境，或者说是特殊时空中的能量动力；第二是小环境，或者说是人们居住的环境；第三是人的精神。这些因素代表了人与自然的和谐因素，是风水理论中十分重要的内容。

一、选择风水宝地

风水这个名称的定义，学术界公认是晋代郭璞所著《葬书》中首先提出的："葬者，乘生气也。气乘风则散，界水则止。古人聚之则不散，行之使者止，故谓之风水。"这里说的是死人安葬需选择有生气之地，生气遇风则散，有水则止，所以只有避风聚水才能获得生气。综观风水著作中的解释，生气可以理解为促发万物之生成，有生气之地是使万物获得蓬勃生机的一种自然环境。风水，又称"堪舆"，本指天地。《淮南子》许慎注曰："堪，天道也；舆，地道也。"所以有人认为"堪"为高处，"舆"为低处。"堪"又通"勘"，有勘察之意。

那什么地方能够避风聚水？如何勘察呢？这就产生了风水学中选择环境和处理环境的一整套理论与方法，正是这套理论与方法构成了风水学的主要内容。风水学选择环境可以归纳为四个方面，即觅龙、察砂、观水和点穴。

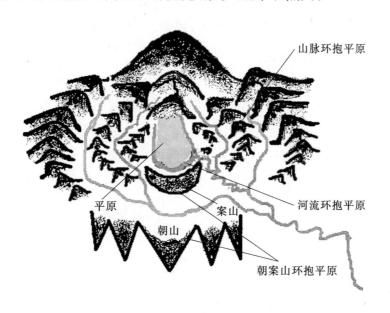

1. 觅龙：在风水学中，龙就是山脉，所以在人类生存环境的选择中，首先要寻找

山脉。

2. 察砂：砂就是主山脉四周的小山。在主山的两侧有上砂与待砂相拥抱,能遮挡住外来恶风,增加小环境的气势,在前面远处还有低平的迎砂,这也是贵地的象征。

3. 观水：仅有龙砂环绕的环境还不行,还要观察水的状况。人的生命离不开水。观水首先看水口,所谓水口即这个环境的水的入口处与出口处,水来处要开敞,水去处宜封闭,这样才能留住财源。

4. 点穴：就是决定人住的阳宅和葬地阴宅的位置。

传统风水理论认为,一块上吉之地应该是：北面有一山作为靠山,靠山后面还有山系,所谓后龙,而东西各有一座矮一点的山环抱,南面则有一条河流蜿蜒而过,水要蜿蜒曲折,对该地呈环抱之势,水的出口入口都要有良好的景观,而河的对岸也要有远山作为对景。

事实上,风水不仅是中国传统丧葬文化的一个重要组成部分,而且也是中国传统建筑文化的一个主要构成因子;风水活动不仅是中国传统丧葬民俗的一个主要特色,而且也是中国传统建筑民俗的一种独有现象;大到建都立国,小到营宅造院。总之,凡是需要动土的建筑活动,都无不和风水有关。由此可见,风水可概括为考察山水地理环境,其中包括地质、水文、生态、小气候及环境景观等,然后择其吉,营造城市、房屋及陵墓等,使其达到天地人合一的至善境界。

古人选择建房子的基地有很多原则,比如：凡宅,左有流水谓之青龙,右有长道谓之白虎,前有汙池谓之朱雀,后有丘陵谓之玄武。对此,如果我们抛开凶吉、贵贱等因素,单就景观和功能来说,也不能不承认这是贵地。你看,它的左边有淙淙流水,既解决了饮用洗涤等问题,也给住所平添了一处自然景观,滋润草木,显示了无限生机。你看它的右边,是一条长道,一条通向远方的坦途,这不就解决了大半"行"的问题了吗？你瞧它的前边,是一洼"污池",看来,下排水也不成其为问题了。最后,你再仰视它的背后,那里有气象万千的丘陵,景色壮观。这样的宅地难道不是贵地吗？如此看来,风水和我们的日常生活息息相关。

二、风水学的认识论基础

在中国传统文化中,使用频率最高的两个分析模型是阴阳学说和五行学说。正是在阴阳学说和五行学说的基础上,系统性的风水理论终于在汉代得以形成。

天文学、地理学和人体科学是中国风水学的三大科学支柱。天、地、人合一是中国风水学的最高原则。中国古代科学家仰观天文，俯察地理，近取诸身，远取诸物，经上下五千年的实践、研究、归纳和感悟，形成了风水学。

以往西方科学中，研究人的不考虑人以外的环境，而研究客观自然环境的却又忽视了人类自己。随着自然科学各学科的纵深发展以及互相渗透，逐渐出现了横跨两个学科之间的边缘学科。由学科分裂，再次走向交叉综合，出现了诸如人文地理学、人生地理学、行为地理学等等。终于回归到中国风水"天地人合一"的道路上来。这便是今天风水热的由来。

有位美籍华人在美国教环境行为学和环境设计。一个二年级的学生问中国的建筑理论是什么？他归纳的就是中国建筑的风水。如果讲到中国建筑的风水普及性，单从一个网站讲，就有一千二百多本的英文风水书。现在全世界都在寻找一个新的设计理念，这位美籍华人开始研究风水是因为在教授环境行为学，它是一门科学，讲到最后和中国的风水相对应了，从这一启发开始，他想到，中国风水从开始的迷信到和现代社会学、现代空间学结合起来之后有了一个新的理论基础，因为这个基础把中国的建筑风水向前推进了一步。

在中国文化思想中，宇宙万事万物由三部分组成，即气、数和象。按照现代科学观点，它们是能量、信息和态势或形式，三者共存，不可分开，又界限分明。气，是客观存在，按照现代科学观点可假设为能量。数，是宇宙万事万物存在的程序或逻辑，按照现代科学观点可假设为信息。象，是气根据数而存在的形式或变化的态势。用现代科学的语言可以概括为：象是能量依据信息程序而存在的态势。数、气、象即信息、能量、态势，也就是天人合一的那个神，西方哲学称为宇宙万物的"本体"。

西方人在惊叹时说："My God（我的上帝）."而中国人则呼："我的天！"中国古代先民认为主宰天地人万事万物的那个东西是"天"，这个"天"即是"气"，是"场"，是宇宙间的"精气神"或"数气象"，也即宇宙规律。并由此把天上地下的一切都"人世化"，天上有玉皇大帝，地下有阎王。天地人是一体的，是全息的。也就是天上所具有的，人间必然有，地下同理。

中国风水学无论形势派，还是理气派，尽管在历史上形成了众多的实际操作方法，但是，都必须遵循三大原则：天地人合一原则、阴阳平衡原则、五行相生相克原则。

三、风水学的一些具体原则

现在有学者将风水学又具体归纳为这样一些原则:

1. 整体系统和因地制宜原则

风水理论把环境作为一个整体系统,这个系统以人为中心,包括天地万物。环境中的每一个整体系统都是相互联系、相互制约、相互依存,相互对立、相互转化的要素。风水学的功能就是要宏观地把握各子系统之间的关系,优化结构,寻求最佳组合。整体原则是风水学的总原则,以整体原则处理人与环境的关系,是现代风水学的基本点。而因地制宜,是指用风水理论为指导,把环境优化利用最大化。比如,下面我们所要提到的宏村就是利用风水理论因地制宜的范例。

2. 依山傍水原则

依山傍水是风水最基本的原则之一,山体是大地的骨架,水域是万物生机之源泉。没有水,人就不能生存。考古发现的原始部落几乎都在河边台地,这与当时的狩猎、捕捞、采摘果实相适应。依山的形势有两类,一类是"土包屋",即三面群山环绕,奥中有旷,南面敞开,房屋隐于万树丛中。湖南岳阳县渭洞乡张谷英村就处于这样的地形。五百里幕阜山脉绵延至此,在东北西三方突起三座大峰,如三大花瓣拥成一朵莲花。相传明代洪武年间,江西人张谷英沿幕阜山脉西行至渭洞,见这里层山环绕,形成一块盆地,自然环境优美,顿生在此定居的念头。张谷英是位风水先生,他经过细致勘测后,选择了这块宅地,便大兴土木,并在此繁衍生息,张谷英村由此而得名。五百年来发展成六百多户、三千多人的赫赫大族。全村八百多间房子串通一气,男女老幼尊卑有序,过着安宁祥和的生活。依山傍水是山地农业民族的必然选择,依山能够提供安全的环境,能够防风保暖,还能节省耕地,而傍水更是必需的,人的生活离不开水。所以人类对自然居住环境的客观需求和科学认识,一经风水之学过滤,就变成了一个文化多面体。

依山的另一种形式是"屋包山",即成片的房屋覆盖着山坡,从山脚一起到山腰。长江中上游沿岸的码头小镇都是这样,背枕山坡,拾级而上,气宇轩昂。有近百年历史的武汉大学建筑在青翠的珞珈山麓,设计师充分考虑到特定的风水环境,依山建房。学校得天然之势,有城堡之壮,显示了高等学府的弘大气派。

3. 观形察势原则

风水学重视山形地势，把小环境放入大环境考察。中国的地理形势，每隔 8 度左右就有一条大的纬向构造，如天山—阴山纬向构造，昆仑山—秦岭纬向构造，南岭纬向构造。风水学把绵延的山脉称为龙脉。勘测风水首先要搞清楚来龙去脉，顺应龙脉的走向。从大环境观察小环境，便可知道小环境受到的外界制约和影响，诸如水源、气候、物产、地质等。中国地势西高东低，自西向东横贯的黄河、长江把中国大地分成北、中、南三大部分，古代堪舆学称之为三大行龙。

从中国地形图上看，陕西宝鸡、咸阳、洛阳一线为秦岭，向东北经中条山、太行山和燕山到北京，整个山形地势如一条巨龙，北部为龙首，中部为龙腰，西部为龙尾。古代都城皆选定在这条巨龙身上，尤以龙腰部位建都最多。安阳位于龙脖位置，西安位于龙腰部位，洛阳位于巨龙之腹部，开封位于龙胸部位，而北京则是当之无愧的龙头。

北京坐落在中国三大行龙之一的北龙流域之内，在华北平原的北部，位于平原与山地奇绝的交会处和交通要冲，集山脉之险峻、河流之幽静、平原之肥沃于一身，以藏风蓄水之吉地形成古都。北京的西边是太行山山脉、西山拱卫，北边是太行山、军都山形成一处半圆形山湾，东北部就是著名的北龙燕山山脉构成的天然屏障。华北大平原、东北大平原、蒙古高原，在北京地区交会。华北大平原是以农耕种植业为主，是中原农业经济文化区域。东北大平原是以林业和种植相结合，是北方型的经济文化区域。蒙古高原是以游牧业为主，是沙漠高原的经济文化区域。三种地理形态、三种经济类型、三种文化形式，在这里交会、融合、冲撞和吸收，形成一座文化古都，进而成为政治、文化中心。北京作为一座古老的城市，历史悠久，文明源远流长，先后有燕、前燕、大燕、辽、金、元、明、清八个朝代在这里建都。

4. 地质检验和水质分析原则

风水学对地质很讲究，甚至是挑剔，认为地质决定人的体质，现代科学也证明这是科学的。地质对人的影响至少有以下四个方面：第一，土壤中含有元素锌、钼、硒、氟等，在光合作用下放射到空气中，直接影响人的健康。不同地域的水分中含有不同的微量元素及化合物质，有些可以致病，有些可以治病。第二，潮湿或臭烂的地质，会导致关节炎、风湿性心脏病、皮肤病等。潮湿腐败之地是细菌的天然培养基地，是产生各种疾病的根源，因此，不宜建宅。第三是地球磁场的影响。地球是一个被磁场包围的星球，人感觉不到它的存在，但它时刻对人发生着作用。强烈的磁场可以治病，也可以伤人，甚至引起头晕、嗜睡、或神经衰弱。第四是有害波的影响，如果在住宅地面3米以下有地下河流，或者有双层交叉的河流，或者有坑洞及复杂的地质结构，都可能放射出长振波或污染辐射线或粒子流，导致头痛、眩晕、内分泌失调等症状。

吉地对土壤也有一定的要求，基地土质应该是没有碎石、没有沙的土壤，有利于植物的生长。以上情况，旧时风水师知其然，不知所以然，不能用科学道理加以解释，在实践中自觉不自觉地采取回避措施或使之神秘化。有的风水师"相土尝水"，亲临现场、用手研磨，用嘴嚼尝泥土，甚至挖土井察看深层的土质、水质，俯身贴耳聆听地下水的流向及声音，这些看似装模作样，其实不无道理。民间所流传的"水土不服"，主要是就水土质量而言的。

怎样辨别水质呢？《管子·地员》认为：土质决定水质，从水的颜色可以判断水的质量。清代注重养生之道的乾隆皇帝认为，水质好的标准是"其味贵甘，其质贵轻"。他曾命令内务府特制一银斗，以比较天下各大名泉的水质。结果发现只有北京的玉泉之水和承德木兰围场附近的伊逊之水水质最轻且味甘。为此乾隆还特地撰写了《御制玉泉山天下第一泉记》。

5. 坐北朝南和适中居中原则

中国位于北半球，欧亚大陆东部，大部分陆地位于北回归线（北纬23°26′）以北，一年四季的阳光都由南方射入。朝南的房屋便于采取阳光。阳光对人的好处很多：一是可以取暖，冬季时南房比北房的温度高1—2度；二是参与人体维生素D合成，小儿常晒太阳可预防佝偻病；三是阳光中的紫外线具有杀菌作用；四是可以增强人体免疫功能。

坐北朝南，不仅是为了采光，还为了避北风。中国的地势决定了其气候为季风型。冬天有西伯利亚的寒流，夏天有太平洋的凉风，一年四季风向变幻不定。

北京的四合院基本是坐北朝南的。它一般的格局是：建筑物以三合或者四合排列，中间围着一个院子；建筑都朝向院子，用院子解决通风、采光、排水、交通等需要；合院对外封闭，大门尽量朝南，背面较少开口。

适中，就是恰到好处，不偏不倚，不大不小，不高不低，尽可能优化，接近至善至美。适中的原则还要求突出中心，布局整齐，附加设施紧紧围绕轴心。在典型的风水景观中都有一条中轴线，即以全城（或宫殿、寺庙、陵寝等建筑群）的中轴线面对某些山峰,构成一组对景,以壮城之形势。老北京拥有一条以永定门为起点,鼓楼为终点,全长7.8公里的明清中轴线,老北京的中间是紫禁城,中轴线往北延长到奥林匹克公园,站在48米高的主山上南望,鸟巢、紫禁城、天安门、前门、永定门依次排开。

亚奥两次运动会选址都落在中轴线上,也有文化心理上的必然。从我国古代重要都城发展演变中可以看出,象征宇宙中心和世界中心的城市中央子午线,成为体现中国王城"天下之中"思想的中轴,其实体是神圣皇权象征的"御道"。北京的中轴线也是如此,它不是一条"实轴",但却是一条无时无刻不影响人们行为心理和行为规范的心理轴线和精神"御道"。尽管鸟巢和水立方有鲜明的标志性,但并未压在中轴线上。在中轴线上放置什么标志性建筑?这曾经是2002年奥林匹克公园规划的首要问题。最终确立的方案并不是曾引起热议的建两座500米高的摩天双塔,而是中轴线上不压建筑,以山形和水系作为背景融入自然。从奥运会场馆的建筑选点和布局可以看出,奥运会场馆的设计承袭了传统文化和北京的传统格局。其中水立方与圆型鸟巢体现了中国传统文化中"天圆地方"的古老观念。

6. 顺乘生气和改造风水原则

风水理论认为,气是万物的本源,太极即气,一气积而生两仪,一生三而五行具,土得之于气,水得之于气,人得之于气,气感而应,万物莫不得于气。由于季节变化,太阳出没的变化,风向的变化,使生气与方位发生变化。不同的月份,生气和死气的方向就不同。生气为吉,死气为凶。人应取其旺相,消纳控制。风水理论提倡在有生气的地方修建城镇房屋,这叫做顺乘生气。只有得到生气,植物才会欣欣向荣,人类才会健康长寿。

人们认识世界的目的在于改造世界为自己服务,人们只有改造环境,才能创造优化的生存条件。改造风水的实例很多,四川都江堰就是改造风水的成功范例。岷江泛滥,淹没良田和民宅,李冰父子就是用修筑江堰的方法驯服了岷江,使之造福于人类。

北京城中处处是改造风水的名胜。故宫的护城河是人工挖成的屏障,河土堆砌成景山。北海金代时蓄水成湖,积土为岛,以白塔为中心,寺庙以山势排列。圆明园堆山导水,修建一百多处景点,堪称"万园之园"。

四、风水之学的应用：以徽州古村落为例

徽州，是一个古老的地理概念。它地处皖南崇山峻岭之中，位于皖、浙、赣三省交界处。传统意义上的徽州，包括绩溪、歙（shè）县、黟（yī）县、祁门、休宁，以及现在划归江西的婺（wù）源。徽州四周群山环绕，处于一个相对封闭的地理环境当中，因此逐渐发展成为一个相对独立的地域社会。2000年11月，西递、宏村古村落成功申报为世界文化遗产，充分展示了古村落的价值，同时也促进了古村落旅游的快速发展。

徽派古建筑包括徽派古民居、古街巷、私家园林、亭阁楼台，还包括具有徽派艺术特色的古宗祠、古牌坊、古寺塔等。蜚声中外的徽派古建筑主要有屯溪的老街、歙县的古城、黟县的西递村、绩溪的胡氏宗祠等。对徽派建筑艺术的形成有着最直接、最重大的影响因素，恐怕还得首推风水。事实上，自元代以后，全国风水文化中心已经由江西赣州转移到了安徽徽州。

比起其他风格流派的建筑艺术，徽派建筑更表现出对山水、自然景观的依赖关系。无论村落民宅、私家园林、祠堂庙宇、亭阁牌坊，都力图同山水融为一体，保持一种天然的和谐。徽派的村落总起来都是：山峦为溪水的骨架，溪水是村落的血脉，村镇顺溪水走向展开，其支流或人工沟渠在街巷中盘旋，好像微血管连接着一串串民居细胞。那些古村古宅、大小园林，乍一看，建造得满不经意，但这些建筑群"以山水为血脉，以草木为毛发，以烟云为神采"，将建筑和山野、草木、流水、行云等自然景观综合为一个艺术整体。

从自然生态来看，我国古人对居住地的选择，实质上是对地理环境的综合感知和评价。他们十分讲究人与环境的协调共荣，人不能离开自然环境生存，人只能适应，择优利用自然环境建造民宅。因此"天人合一"成为古代建筑的核心思想。徽州古村落古民居的建造，从设计、选址、造型、布局、结构到装饰、陈设，都典型地体现了这一思想。

科学史家李约瑟曾评价中国古建筑："城乡无论集中或者散布于田庄中的住宅，都经常出现一种对'宇宙的图案'的感觉，以及作为方向、节令、风向和星宿的象征主义。"这里"宇宙的图案"是民宅村落在形态规划上呈现出对自然万物的摹仿。这种仿生形式的规划体现中国传统的天人感应自然观，同样地对徽州村落规划思想产生了很大影响。

黟县西递村如船形、宏村如牛形、歙县渔梁村如鱼形以及绩溪石家村如棋盘形，都表达人们通过赋予自然环境和聚落以一定的人文意义而获得良好的居住心理需求，达到使村落与自然环境成为有机整体的目的。

比如宏村在南宋绍兴年间，为防火灌田，独运匠心开仿生学之先河，建造出堪称"中国一绝"的人工水系，围绕牛形做活了一篇水文章。九曲十弯的水圳是"牛肠"，傍泉眼挖掘的"月沼"是"牛胃"，"南湖"是"牛肚"，"牛肠"两旁民居为"牛身"。湖光山色与层楼叠院和谐共处，自然景观与人文内涵交相辉映，是宏村区别于其他民居建筑布局的特色，成为当今世界历史文化遗产一大奇迹。

如果你有机会，一定要去这些徽州古村落看看，并且通过风水文化来理解这些建筑，一定别有洞天。

五、从文化现象的角度来理解风水

中国古代风水观是科学还是迷信，仍是个有争议的话题。风水和迷信的争论来源于看问题的角度不同。迷信是指人们对于事物盲目地信仰或崇拜。狭义的迷信，一般专指民间的神汉、巫婆、算命先生、风水先生等所从事的抽签、打卦、算命、看相、看风水、驱鬼、跳大神等活动。有人认为风水的巫术性质，使它的作用不仅仅限于寻找风水宝地，而是扩展到社会生活的各方面，成为抵制科学的力量。但以往的很多观点，都是以西方科学为标准来衡量的。其实，如果深入到中国古代文化的语境中具体理解，也许会有新的见解。贝聿铭自己就说过："建筑师都相信建筑风水的，不是迷信的建筑风水，建筑风水有好几种，比如说我们建筑要盖房子，要背山傍水，这也是建筑风水。我觉得建筑风水我们应该相信的，可是建筑风水如果弄得太过分一点，那就变成迷信了，这个我反对。"

因此，对风水的神秘化和绝对化会导致迷信，但简单化地否定风水，一方面会形成人们对传统文化的迷茫，乃至对自我的迷茫，另一方面也会促使一部分人更加好奇更加盲目地追逐，更易滋生迷信的土壤。

由此看来，风水作为一种文化现象需要不断探究，认识其中的价值。有人认为：风水是古代的一种环境观、生态观，是中国古代的生态建筑理论。其实，在中国长期存在风水术，影响了很多百姓的日常生活。因为它满足了百姓的一种精神需求，尤其是陵墓的安排，满足了某种信仰的需求，因此风水作为一种文化现象，无法和科学相提并论。实际上，风水在中国自古以来是一门显学，也是一个强势文化。

风水在中国香港、台湾这样中国传统文化从未间断的地区长盛不衰，以至于香港著名风水师、香港建筑师学会会员蒋文匡说："全世界华人13亿8000万，其中4000万在中国台港澳和海外，这4000万华人都信风水，他们也是华人中最富的。现在中国内地富起来了，所以信风水的人也多起来了。"

风水是中国建筑师在设计中经常遇到的问题。最典型的事例就是美籍华裔设计师贝聿铭在设计香港中银大厦时所遇到的"风水风波"。高达351米总共有70层的香港中银大厦是香港的标志性建筑。在看过设计图纸后，中国银行给贝聿铭发去了电报，对大厦的立面展现的众多加了框的巨型"X"形钢架深表忧虑。因为在中国，"X"意味着遭殃，只有罪犯的名字上面才打"X"形的大叉。最后贝聿铭十分精明地把"X"横向钢架隐藏起来，并把暴露在外的部分改变成类似佛教中的吉祥符号——万字符的形象，这才皆大欢喜。虽然贝聿铭充满诗意地将中银大厦形容为雨后春笋，但大厦建成后，人们还是议论纷纷，因为风水师说，大厦像一把寒光四射的尖刀，有许多尖角和刀刃一样的棱线，正对着这些尖角和棱线的建筑纷纷感到了不安。这个故事听起来似乎充满了迷信和荒诞的色彩，但是这仅仅是站在科学的角度看，如果从文化和美学的角度看，就会发现风水并不是荒诞不经的。从上面的故事，我们至少可以看出风水的美学价值和对心灵的抚慰价值。譬如，从科学的角度看，中银大厦的"X"形钢架是合理的，从一般的建筑艺术角度说，"X"形的钢架也可能是美的。但是这些忽略了中国人的文化心理和在中国"X"形的符号意味着什么等问题，而风水师却会注意到这些。如果说"美是一种有意味的形式"，那么忽略了中国人文化心理的东西，在中国人的眼中不会是美的。可以说风水是从文化的角度对科学的一种平衡和校正。

一位美籍华人教授说：非说风水是科学还是迷信，何必探讨这个呢，你能用科学的辩证法、逻辑学来衡量一个人的舞蹈和音乐吗？不可能的。你越探讨是不是科学肯定越容易遭到误解。所以对风水和风水学的学习评论不能以适应不适应某种逻辑关系为标准，而应该探讨事物的法则，提高理解的境界。这位教授认为，风水在国外是兴起的边缘科学和跨学科的科学。西方环境行为学的理论框架，一个是心理需要，一个是信息需要，一个是社会需要，和中国的天地人的理想科学一模一样。

参考文献

1. 高友谦《中国风水文化》,团结出版社,2007。
2. 孙景浩、孙德元《中国民居风水》,上海三联书店,2007。
3. 陆尤"中国古代的风水观对发展现代旅游的启示",《攀枝花学院学报》,2007年2月。
4. 牟万东、刘东波"传统风水理论的科学解释",《科教视野》2007年25期。
5. http://www.atrain.cn/news/2007-04-13/HaiWaiShiRuHeKanDaiZhongGuoJianZhuFengShui-xdq7011389_2.html 海外是如何看待中国建筑风水。
6. http://blog.sina.com.cn/s/blog_4c9b6cbc010008tq.html 现代风水学的十大原则。
7. 殷楠《现代风水学:科学还是迷信》2006-09-26 11:54 http://qnck.cyol.com/content/2006-09/26/content_1523305.htm。

十二生肖

金 兰

　　十二生肖作为中国特有的民俗文化,在民间世代相传,成为中国人生活中必不可少的一部分。本文介绍了什么是十二生肖、十二种动物的来历、十二生肖产生的时间、十二生肖的产地、十二生肖的传播、生活中的十二生肖以及语言中的十二生肖,使大家对十二生肖有一个全面的了解。

一、什么是十二生肖

　　十二生肖,就是用十二种动物纪年。在中国,一个孩子一出生,就有了一种动物作为属相。我们说的十二生肖或十二属相,是指鼠、牛、虎、兔、龙、蛇、马、羊、猴、鸡、狗、猪等十二种动物。

　　生肖是什么意思呢?

　　"生"指"出生、产生","肖"就是"类似、相似"之意。十二生肖古代又叫十二禽、十二兽、十二神、十二属、十二物、十二虫。现在也叫十二属相。

　　十二生肖是与十二地支相联系的:古时候,我们的祖先用天干地支纪年、月、日、时。天干为甲、乙、丙、丁、戊、巳、庚、辛、壬、癸十个字;地支为子、丑、寅、卯、辰、巳、午、未、申、酉、戌、亥十二个字。顺次以天干和地支相配,天干经过六个循环,地支经过五个循环,正好是六十年,为一"甲子"。

　　古人用十二种动物配十二地支,子为鼠,丑为牛,寅为虎,卯为兔,辰为龙,巳为蛇,午为马,未为羊,申为猴,酉为鸡,戌为狗,亥为猪。比如说1996年是丙子年,这一年就是鼠年,十二年后的2008年是戊子年,也是鼠年。人们由此可以推算出一个人的年龄,这就是十二生肖。

二、十二种动物的来历

说起十二生肖,你可能会问,为什么那么多动物中,偏偏选这十二种动物呢?为什么小小的老鼠排在生肖的第一个呢?

传说,混沌初开的时候,玉皇大帝要选十二个动物在天宫值班。天下那么多种动物,怎么选呢?这样吧,定好一个时间,到时候,谁先到就是谁。猫和老鼠约好了一起去天宫。猫对老鼠说:"明天我们要早起,我怕睡得太死,醒不过来,到时候你一定要叫醒我啊!"老鼠说:"好,好,没问题!"可是第二天一早,老鼠却自己悄悄地走了。

老鼠走在路上,碰见了埋头赶路的牛。老鼠跑不过牛,于是它灵机一动,对牛说:"牛大哥,我给你唱个歌吧!"牛说:"好啊!你唱吧!"可半天也没听见老鼠唱。老鼠说:"我声音太小,你听不见,我到你耳朵边上唱吧!"牛说:"好啊!"这样,老鼠趴在牛背上一直唱到了天宫。

到那儿一看,别的动物还没来,牛高兴地说:"我是第一!"可老鼠一下从牛背上跳下来,几步就跑到了牛的前面。结果,老鼠得了第一名。所以在十二生肖里,老鼠排在第一个,牛排在第二。而猫睡过了时间,很生气,从此跟老鼠成了敌人。

这样的民间故事还有很多。

柯尔克孜族民间故事说,人们把各种动物同时赶下水,有十二种动物游到了对岸,其中老鼠小巧灵活,第一个上岸,排在了首位。

彝族的传说故事中说,人们把一盆水放在那里,看什么动物先来喝水。首先来喝水的是老鼠,接着是牛、虎、兔……从此,人们就用这个顺序来定年月日。

这些都是一些流传下来的故事。

古人对这个问题也有多种解释,比较有代表性的有以下几种:

1. 动物习性说

我国古代采用十二地支记录一天的十二个时辰,每个时辰相当于两个小时:夜晚十一时到凌晨一时是子时,此时老鼠最为活跃;凌晨一时到三时,是丑时,牛正在反刍;三时到五时,是寅时,此时老虎到处游荡觅食,最为凶猛;五时到七时,为卯时,这时太阳尚未升起,月亮还挂在天上,此时玉兔捣药正忙;上午七时到九时,为辰时,这正是神龙行雨的好时光;九时到十一时,为巳时,蛇开始活跃起来;上午十一时到下午一时,阳气正盛,为午时,正是天马行空的时候;下午一时到三时,是未时,羊在这时吃草,会长得更壮;下午三时到五时,为申时,这时猴子活跃起来;五时到七时,为酉时,夜幕降临,鸡开始归窝;晚上七时到九时,为戌时,狗开始守夜;晚上九时到十一时,为亥时,此时万籁俱寂,猪正在酣睡。

2. 身体缺损说

此外宋代曾三异的《因话录》则从另一角度解释说,选用这些动物是因为它们身体有缺损:"如鼠无胆,兔无肾,马无胃,鸡无肺。"明代叶子奇的《草木子》也说:"鼠无牙、牛无齿、虎无脾、兔无唇、龙无耳、蛇无足,马无胆、羊无瞳、猴无臀、鸡无肾、犬无胃、猪无肋。"这种说法经不起推敲,因此明代郎瑛在《七修类稿·十二生肖》中质问:"庶物岂止十二不全者?"

3. 阴阳配足趾数

郎瑛认为"地支在下",要根据阴阳看足趾数目。鼠前足四趾,偶数为阴,后足五趾,奇数为阳。子时的前半部分为昨夜之阴,后半部分为今日之阳,正好用鼠来象征子。接着是牛四趾阴,虎五趾阳,兔四趾阴,龙五趾阳,蛇无趾阴,马一趾阳,羊四趾阴,猴五趾阳,鸡四趾阴,狗五趾阳,猪四趾阴。

4. 五行说

东汉王充在《论衡·物势篇》中说:五行是相生相克的,寅属木,所肖的动物是虎;戌属土,所肖的动物是狗;丑、未都属土,丑肖牛、未肖羊,木能克土,所以狗和牛羊都要为虎所制服;亥属水,所肖的动物是猪;巳属火,所肖的动物是蛇;子也属水,所肖的动物是鼠;午也属火,所肖的动物是马;水能克火,所以猪能食蛇;因为火受水的制约,所以马吃了老鼠屎就要腹胀。

今人也对十二生肖的来历做过一些考证,主要有以下几种说法:

第一,图腾说。董家遵于1946年发表《古姓与生肖同为图腾者》,他认为,古姓和生肖同源于图腾。根据一些史料,董家遵认为最古的古姓只有十二姓,而这十二姓又源于十二生肖纪年法中的十二兽名称,十二兽即古代社会的图腾,不同的姓氏部落用不同的动物来作为其图腾,例如鼠为偃姓的图腾等。

刘尧汉在《十二兽历法起源于原始图腾崇拜》,他主要根据彝族的图腾和哀牢山虎街山神庙纪日"十二兽"壁画及彝文《母虎日历》碑,主张纪年十二兽起源于原始的图腾崇拜。

然而,在原始时代,各氏族村落为什么会选择鼠、牛、虎、兔等这十二种动物作为其图腾呢?主张图腾者还不能明确地解释这些问题,所以目前仍没有充分证据说明十二生肖起源于图腾。

第二,古代生活说。选择哪种动物都离不开人对动物的认识:早在四千多年前,我们的祖先就开始饲养猪、狗、牛、羊、鸡、马,后来称为六畜,而龙、虎、蛇等都曾作为氏族的图腾。这些动物就成为十二生肖最初的选择。

在生肖形成过程中,组成生肖的动物及其排列顺序还经常发生变化,直到东汉时才固定下来。

三、十二生肖产生的时间

关于十二生肖产生的时间,古人没有留下明确的记载。后人根据各种史料做过不少考证。

清人赵翼认为始于东汉,根据是东汉王充的《论衡》,王充对十二生肖的记述是当时可见的最早史料。

但1975年在湖北省云梦县睡虎地十一号秦墓出土的一批竹简中,有这样的记载:"子,鼠也。丑,牛也。寅,虎也。卯,兔也。辰。巳,蟲也。午,鹿也。未,马也。申,环也。酉,水也。戌,老羊也。亥,豕也。"这比王充的《论衡》早了将近三百年,可能是秦始皇称帝前的产物。除了"辰"一项原简漏抄外,子鼠、丑牛、寅虎、卯兔,亥猪都与今天一致。对"巳,蟲也"、"申,环也"、"酉,水也",学者的解释是:古代虫蟲不分,虫又名蝮,是一种毒蛇,所以巳为蛇;环读为猨,猨即猿,与猴接近;水读为雉,雉是野鸡,后发展为鸡。这三项与今天的巳蛇、申猴、酉鸡相近,而午鹿、未马、戌老羊则与今天不同。据此,有人认为十二生肖始于战国时期。

还有人认为始于更早的春秋时代,因为《诗经·小雅·吉日》中有"吉曰庚午,即差我马"的记载,已将庚午日与马联系起来。

更有人认为始于殷商时代,因为十二地支的古文和十二生肖的古文相比非常接近,可以看出它们是同源。而干支纪日在殷商时代已运用自如了,因此十二生肖的出现也不晚于此时。

甚至有人把十二生肖的起源上溯到遥远的伏羲、黄帝时代。清代《浪迹续谈》

中说:"朱子尝论《易》,'乾'马'坤'牛,'震'龙'巽'鸡,'坎'贼'离'雉,'艮'狗'兑'羊,此取象自有来历,非假譬之,十二属颇与八卦取象相类,得云无来历乎?"司马迁《太史公自序》说:"伏羲至纯厚,作《易》八卦。"因此,如果生肖与八卦同时的话,就可能在伏羲时代就有了。

民族学家刘尧汉认为,夏以前至夏代,一直使用十二生肖纪日,商代在"十二兽"的基础上抽象出十二支,如此看来,应该是先有十二生肖,后有十二地支了。

以上种种说法,各有各的道理。但目前发现的最早形诸文字的史料当属秦简。因此可以说,起码在战国时期,十二生肖就已经形成了。

四、十二生肖的发源地

关于十二生肖的发源地,历来众说纷纭。有人说来自古巴比伦,有人说来自印度,有人说来自古代黠戛斯国,还有人说来自我国彝族先民古西羌族。

1. 古巴比伦说

郭沫若在《释支干》中推测说,十二生肖源于古巴比伦,并在汉武帝通西域时传入中国。但秦简的出土否定了这一推论。

2. 印度说

印度的十二生肖与我国几乎一样,只有虎,印度用狮,因此有人认为随着佛经的传人,生肖也从印度传入中国。但佛教传入中国是在西汉末东汉初,那时十二生肖已在我国广泛流传了。

3. 黠戛斯国说

新疆的柯尔克孜族人认为自己的祖先创造了十二生肖。他们的祖先黠戛斯人原居俄罗斯叶尼塞河上游,约10至12世纪,大量黠戛斯人移至天山西部,与当地人融合为柯尔克孜族。《唐书》说:"黠戛斯国以十二物纪年,如岁在寅,则曰虎年。"因此清代赵翼认为十二生肖本为古代北方游牧民族的习俗,汉代传入中原。但也有人认为,公元586年隋朝颁历于突厥,十二生肖纪年的方法通过历法传给了突厥;公元745年回鹘灭突厥汗国建回鹘汗国,十二生肖纪年法又通过突厥传给了回鹘,公元840年黠戛斯人灭回鹘建黠戛斯国,回鹘人又将十二生肖传给黠戛斯人。

4. 古西羌族说

十二生肖源于古西羌族一说的根据是：远古时，元谋猿人的后裔迁到了西北的甘肃、青海，后来被称为羌戎。羌族的一支建立了夏朝，并使用十二生肖纪日。而彝族与伏羲、炎帝、黄帝、夏禹等同属一个祖先羌族，彝族生活的地区又属元谋猿人故地，且彝族保留了完整的生肖文化，因此有人认为十二生肖源于西羌。

综合以上说法，我们认为，十二生肖应当起源于中国，可以说，是中华民族的祖先创造了十二生肖。在夏、商、周、秦各代，西戎、东夷、南蛮、北狄中的先进部分汇聚中原，形成了后来的汉族。因此，十二生肖是远古时代我国各民族相互融合，并将动物崇拜、图腾崇拜与原始天文学融为一体的产物。

五、十二生肖的传播

十二生肖在中国各个民族中广泛流传，除了汉族以外，彝族保留了最为完整的生肖文化，此外，柯尔克孜族、维吾尔族、藏族、蒙古族、哈萨克族、朝鲜族、哈尼族、苗族、阿昌族、裕固族、毛南族、黎族、白族、傈僳族、纳西族、土家族等都使用生肖。但有些民族与汉族略有不同。如柯尔克孜族生肖有鱼无龙，有狐狸无猴；维吾尔族也是有鱼无龙；蒙古族以虎为首；黎族以鸡起首；有些地方的彝族以虎为首，有的以龙为首，有的甚至将虫、肉、人、凤、雀、穿山甲也作为生肖的一项。

中国周边国家从古代开始就和中国一样使用生肖纪年，比如日本、高丽—朝鲜、越南、柬埔寨、泰国等国。在东南亚华人聚居的地方，生肖文化广为流传。另外，很多国家和地区通过各种方式表达对十二生肖文化的认同，邮票发行就是一个很好的例子。日本于1950年发行了第一张虎年邮票。其后韩国、越南、蒙古、新加坡和中国香港、台湾也相继发行了狗、牛、马、羊、猴、猪、龙等生肖邮票。中国大陆于1980年发行了首枚猴票。后来又有老挝、朝鲜、泰国、菲律宾和中国澳门等发行鼠、兔、羊、猴票。1993年鸡年，又有美国、乌克兰、哈萨克斯坦、不丹以及远在南非的博茨瓦纳发行鸡票；1994年甲戌狗年，澳大利亚的圣诞岛和南极领地也有生肖新邮发行。

上一轮鸡年时，美国开始发行十二生肖邮票，到猴年完成完整的一轮。2005年1月8日美国开始发行新一轮生肖邮票。此外，还有特别的首日封设计，信封左侧有十二生肖到齐排成一圈，十二张生肖邮票围成的圆圈中央，有太极阴与阳的符号。

十二生肖文化有很强的感染力,这一古老的中华文化得到世界各国朋友的认同和喜爱。

六、生活中的十二生肖

在很长的一段时间里,十二生肖是用来预测命运的。由于古人认识自然的能力有限,因此他们相信有一种超自然的力量决定着人们的命运。孔子就有"死生有命,富贵在天"的名言,古人出门买卖、生老病死、婚丧嫁娶都要预测吉凶。这就为干支、五行、四时、五方、生肖等五大方术的产生提供了土壤。到了唐代,算命术盛行,其支柱之一就是十二生肖。而生肖算命是以人们对动物特性的认识为依据的,比如说"早鸡劳碌命",是因为鸡司晨,要早起打鸣;"腊月之蛇出头难"则是对蛇冬眠的联想;属鼠生于正月者,终生好吃懒做,晕头晕脑,因为新春正月,家家存荤腥,老鼠口福不浅,但吃多了却往往糊涂;属羊的最好生在春夏两季,因为春夏时青草茂盛,羊有草吃不会挨饿,属羊者生在秋冬则一生贫苦。受十二生肖影响最大的是婚姻。属相相克之说不知拆散了多少有情人。有段顺口溜说:"羊鼠相逢一旦休,不叫白马配青牛,虎见蛇,如刀剁,金鸡玉犬不相嫁,兔见大龙不长久,猿猴见猪泪交流。"这就是所谓六冲。

1949年新中国成立后,属相的禁忌早已作为封建迷信被破除了。但近年来又有不少人开始相信这些,比如,人们相信属猪和属龙会有好运,所以猪年和龙年出生的孩子就格外地多。此外,人们认为羊年不好,就尽量提前或推迟生孩子,躲开羊年。

在大城市,随着对外交往的增多,十二生肖预测命运又有了土洋结合的新版本,如血型与属相、星座与属相等,但内容换汤不换药,仍离不开动物特征和生肖相生相克。看来,迷信并不是封建的专利品。但大部分人已不再受其左右了,对一些自相矛盾的说法也只是置之一笑。

十二生肖作为一种文化,不仅仅用来纪年和算命,它具有强劲的生命力,融入了民俗学、社会学、美学、心理学等诸多领域。古往今来,有关生肖的诗文书画卷帙浩繁,各种生肖文物屡见出土,民间工艺品层出不穷,生肖民俗活动丰富多彩。隋代、唐代有生肖俑出土。北齐和唐代的墓葬壁画上有精美的生肖图案,圆明园有生肖钟,唐代铜镜上有生肖图。民间工艺品中有生肖剪纸、红腰带、生肖彩蛋、生肖面塑、泥塑、生肖木雕、石雕、生肖年画、人物画等等。在彝族聚居区有生肖庙宇、生肖舞蹈和以生肖命名的集市。

在改革开放的今天,生肖负载了更多的内涵,以一种更具审美价值更加实用的方式走进我们的生活。像家庭摆放的生肖工艺品,具有收藏价值的生肖金币,身上穿的生肖文化衫、生肖袜子,能带来好运的生肖奖券,脖子上戴的生肖项链,互致问候的生肖贺年卡,美不胜收的生肖邮票,刻有生肖图案的出生纪念币,孩子爱吃的生肖糖果,精巧实用的生肖钥匙圈等等。如果您稍加注意,就会发现,十二生肖文化俯拾皆是,无处不在。我们中国人就是生活在这样一个浓厚的生肖文化的氛围中。

七、语言中的十二生肖

十二生肖融入了人们的生活,同时也丰富了我们的语言。南北朝时沈炯首开生肖诗之先,他写道:"鼠迹生尘案,牛羊暮下来。虎啸坐空谷,兔月向窗开,龙隰远青翠,蛇柳近徘徊。马兰方远摘,羊负始春栽。猴栗羞芳果,鸡跖引清杯。狗其怀物外,猪蠡窅悠哉。"这首诗在每一句的第一个字用了十二生肖,而且描写了每种动物的特点。

后来又有南宋朱熹[①]、元人刘因[②]、明人胡俨、清人赵翼分别写过妙趣横生的十二生肖诗。明人胡俨的十二生肖诗写道:"鼷鼠饮河河不干,牛女长年相见难。赤手南山缚猛虎,月中取兔天漫漫。骊龙有珠常不睡,画蛇添足适为累。老马何曾有角生,羝羊触藩徒忿嚏。莫笑楚人冠沐猴,祝鸡空自老林邱。舞阳屠狗沛中市,平津放豕海东头。"他在诗里不仅写动物,而且写故事,比如第二句的"牛女"就是牛郎织女的传说;十一句的"舞阳"指汉高祖刘邦把名将樊哙封为舞阳侯,他曾经在江苏省的沛县以杀狗为生;最后一句是说汉武帝时的丞相公孙弘,当年曾在东海放过猪。

生活中还有许多跟生肖动物有关的谚语、歇后语和成语。有关生肖动物的谚

---

① 南宋儒学大家朱熹也曾写过一首十二生肖诗。同样,他把十二生肖名嵌于诗中。诗云:"昼闻空箪啮饥鼠,晓驾羸牛耕废圃。时才虎圈听豪夸,旧业兔园嗟莽卤。君看蛰龙卧三冬,头角不与蛇争雄。毁车杀马罢驰逐,烹羊酤酒聊从容。手ran猴挑垂架绿,养得鹓鸡鸣角角。客来犬吠催煮茶,不用东家买猪肉。"

② 元代文人刘因的咏十二生肖诗:"饥鹰吓鼠惊不起,牛背高眠有如此。江山虎踞千里来,才辨荆州兔穴尔。鱼龙入水浩无涯,幻镜等是杯中蛇。马耳秋风去无迹,羊肠蜀道早还家。何必高门沐猴舞,肠栅鸡栖皆乐土。柴门狗吠报邻翁,约买神猪谢春雨。"诗中嵌入十二属相,每一句都是一个故事。

语有我们常说的"老鼠过街,人人喊打"、"不入虎穴,焉得虎子"、"狗拿耗子多管闲事"、"马好不在鞍,人美不在衫"、"山中无老虎,猴子称大王"、"狗咬吕洞宾,不识好人心"等等,常用的歇后语有"鼠进书箱——咬文嚼字"、"牛角上抹油——又尖又滑"、"兔子尾巴——长不了"、"狗掀门帘——全凭一张嘴"、"猪鼻子上插大葱——装象"、"猴照镜子——得意忘形"等等。成语中的生肖动物形象就更多了,像"鸡飞狗跳"、"龙争虎斗"、"心猿意马"、"贼眉鼠眼"等等,给我们的语言带来了活泼幽默的因素,也使我们的生活更加丰富多彩。

通过学习,相信你对十二生肖已经有了一些了解,不知你是不是也喜欢十二生肖文化?十二生肖作为一种民族文化,将生生不息,一代一代地传下去,也许你就是这一文化的传承者之一。

参考文献

1. 金兰"生肖趣谈",袁行霈主编《中华文明之光》(第二版)(上卷),北京大学出版社,2004。
2. 刘尧汉"'十二兽'历法起源与原始图腾崇拜",《彝族社会历史调查研究文集》,民族出版社,1980。
3. 王承文《董家遵文集》,中山大学出版社,2004。
4. 吴裕成《十二生肖与中华文化》,天津人民出版社,1992。

中国的少数民族及文化

张 英

中国是一个统一的多民族国家。在960万平方公里的国土上，居住着56个民族，其中汉族人口约占中国总人口的92%，称为主体民族；其他55个民族的人口数量相对较少，约占中国总人口的8%，所以称为少数民族。

一、中国少数民族及分布

中国一共有55个少数民族，其民族名称、主要分布地区见《附表1》。由55个少数民族的分布情况可以发现，中国少数民族分布及居住环境具有以下特点：

1. 大分散，小聚居

由中国少数民族分布表可以发现，55个少数民族分布于全国34个省、市、区之内，呈现出"大分散"的分布格局，但是具体到各个民族，其聚居又是相对集中的。比如，中国现有民族自治地方154个，其中自治区5个，自治州30个，自治县（旗）119个，详见附表2。由全国民族自治地方数量之多，说明55个少数民族虽然总体分布呈现出大分散的格局，但具体到各个民族，其分布又是非常集中的，呈现出"小聚居"的特点。就人口数量和自治地方面积而言，中国有5个省级自治地方，它们是：内蒙古自治区、新疆维吾尔自治区、广西壮族自治区、宁夏回族自治区和西藏自治区。

2. 地域广大，人口稀少

与汉族人口稠密的中原地区相比，中国许多少数民族聚居区人口稀少，区域广大。比如，藏族、维吾尔族、哈萨克族、蒙古族、回族、鄂伦春族、鄂温克族等，大都居住在山区、高原、牧区和森林地区，他们居住的地域广大，但人口相对稀少。以人口与所占国土面积比例为例,55个少数民族只占中国总人口的8%,而聚居地区面积区占到整个国土面积的64%。其中新疆维吾尔自治区为1660000平方公里,西藏自治区为1228400平方公里,内蒙古自治区为1183000平方公里,广西壮族自治区为236275平方公里,宁夏回族自治区为66400平方公里。

3. 聚居与杂居交错

少数民族除了聚居地域广大以外,在全国2.1万多公里长的陆地边境线地区,基本上都居住着少数民族。由于历史上多次的民族迁徙、屯田、移民戍边、朝代更迭等原因引起的人口变动,使中国的民族分布形成了单一民族聚居、多民族杂居以及聚居与杂居互相交错居住的情况。比如,有些少数民族既有一块或几块聚居区,又有许多人口散居于全国各地,形成杂错居住的情况。

二、中国少数民族语言和文字

在55个少数民族中,除了回、满、畲3个民族使用同一的汉语外,其他52个民族使用本民族的语言。在这些少数民族语言中,属于汉藏语系语言的有29个民族,主要分布在中国的中南和西南地区;属于阿尔泰语系的有17个民族,主要分布在中国的东北和西北地区;属于南亚语系的有3个民族;属于印欧语系的有2个民族;属于南岛语系的有1个,是高山族;还有1个民族的语系尚无定论(京族的语言与越南语基本相同,京语的属系有汉藏语系和南亚语系两种观点,故未有定论)。民族之间互通语言的情况十分普遍。

20世纪50年代以前,只有21个少数民族有文字,其中包括通用汉文的回、畲2个民族,其他19个民族有自己的文字,但近代以后,满族逐渐转用汉文。就少数民族文字的体系来说,有比较原始的象形表意文字、有音节文字、有字母文字。字母的形式,有藏文字母、朝鲜文字母、回鹘文字母、傣文字母、阿拉伯文字母、拉丁文字母、斯拉夫文字母等7种。根据《中华人民共和国民族区域自治法》规定:"民族自治地方的自治机关保障本地方各民族都有使用和发展自己的语言文字的自由。"(《中华人民共和国民族区域自治法》第一章第十条)"招收少数民族学生为主的学校(班级)和其他教育机构,有条件的应当采用少数民族文字的课本,并用少数民族语言讲课;根据情况从小学低年级或者高年级起开设汉语文课程,推广全国通用的普通话和规范汉字。"(《中华人民共和国民族区域自治法》第三章第三十七条)即在民族地区实行双语教学,既保障民族语言文字得到自由发展,又推广全国通用的普通话和规范汉字。

三、中国少数民族节日

节日,大多是民族风俗习惯和社会生活久积而形成的,中国少数民族传统节日也不例外。在漫长的发展中,民族的物质文化和精神文化往往被融入节日文化之中。因此,传统节日是民族文化的重要载体之一。

中国少数民族众多,各个民族流传下来的传统节日汇集起来的话,不仅数量巨大,而且形式和内容也是纷繁万象,成为中国少数民族文化中最为丰富绚丽的部分。所有少数民族的传统节日,几乎都与都市文化无关,而是与他们传统的经济生活、生存环境、文化历史以及宗教信仰等密切相关。因此,透过少数民族传统节日文化纷繁的表象,既可以发现各个民族在节庆的时间、场所、规模以及节日文化内涵和精神寄托等方面具有共性的一面,也可以发现不同民族传统节日的形成及展现或表达民族情感所独有的渊源、独特的方式和文化。这成为人们在有限时间内更多地了解中国众多少数民族节日文化的钥匙。

1. 节庆时间

中国少数民族传统经济大多属于农牧型经济,除了少数与宗教、特殊历史事件等相关的节日外,传统节日的时间大都与农牧生产的忙闲、种收有关,表现出很强的季节性。

从事农耕的少数民族,传统节日或在农闲期间,或在耕种前收获后,以不影响农事为取舍。比如云南西双版纳傣族的"关门节"、"开门节",西藏农区的"望果节",云南大理白族的"绕三灵"、"栽秧会"、"田家乐"、"火把节"、"尝新节"、"三月街"等,都是与农业生产、生活密切相关。特别是云南大理白族的一系列传统节日,就像是农事生产的节拍,把一年的农耕种收划分得清清楚楚,最富有农业民族节日文化的典型性。

从事游牧的少数民族,传统节日的时间则与畜牧业生产生活有关。像蒙古族、鄂温克族的"那达慕",就是在夏秋之际举行。此时无垠的草原被绿茵覆盖,牛羊膘肥体壮,正是收获的季节。分散劳动了一年的牧民们聚集到一起欢庆丰收,并借此交流物质和生产经验。

2. 节庆场所

中国所有少数民族传统节日几乎都与都市生活、都市文化无关，因此节庆活动大多以山坡寨头、旷野草原、江河湖畔、寺庙殿堂作为集会的主要场所。比如流行于白族、彝族等民族地区的"火把节"，节庆的场所就是从村寨一直延续到田间；流行于西藏农区的"望果节"则是在每年谷物成熟前夕，男女老少穿上鲜艳的民族服装，抬着用青稞、麦穗搭成的丰收塔，或步行或骑马，敲锣打鼓绕农田周行，然后集于空旷之地，在事先搭好的帐篷前，一边享受节日的美食，一边欢歌笑语，预祝丰收。聚居在中国西北的回族、土族、撒拉族、东乡族、保安族地区流行着"花儿会"，每逢节日，美丽的山野则是人们节庆集会的最佳场所。而在游牧民族地区，辽阔而美丽的草原是传统节庆的首选。

在具有全民性宗教信仰的少数民族中，一些与宗教有关的传统节日，节庆的场所一般选择在寺庙殿堂或者以寺庙为中心。比如居住在西北地区的回族、东乡族、保安族、维吾尔族、哈萨克族、柯尔克孜族、撒拉族等，都是信仰伊斯兰教的民族，其传统节日"开斋节"、"古尔邦节"等，都是从清真寺拉开节日序幕的。在西藏，喇嘛教是藏族的普遍信仰，藏族一年当中最重大的节庆集会几乎都离不开寺庙，像藏历正月十五的"传召节"、四月的"萨噶达瓦节"、七月的"雪顿节"等，节庆活动皆以寺庙为中心。

3. 节庆规模

与汉族传统节庆活动大多以家庭为中心的特点不同，中国少数民族重大的传统节庆活动，大多具有全民性和社会性，其规模小则以村寨为单位，大则以乡、县或地区为单位。像白族的"三月街"，蒙古族的"那达慕"，苗族的"芦笙会"，西北回、藏、土、东乡、撒拉等民族的"花儿会"，都是以一个县或几个县，甚至是以一个地区为单位进行的。每临节期，人流如潮。方圆百里甚至更远的群众，纷纷赶赴集庆之地，节庆规模之大，是汉族无法与之比拟的。

4. 节日活动

中国的少数民族都能歌善舞、歌舞出众的青年则被人刮目相看。因此传统节日便成为展示歌舞才华的大舞台，其浓郁的艺术氛围令人陶醉。像景颇族的"目脑纵歌"，苗族的"芦笙会"、"四月八"、"赶坡"，仫佬族的"依饭节"，京族的"哈节"，壮族的"歌圩",侗族的"三月三",西北地区的"花儿会"等,都是以歌舞为主要内容的节日。各个民族的传统歌舞艺术在节日文化中得到延续和提高,形成了许许多多富有独特民族韵味并广为人知的歌舞艺术。比如黎族的"打柴舞",瑶族的"长鼓舞",土家族的"摆手舞",佤族的"木鼓舞",傣族的"孔雀舞",等等。

除了歌舞欢庆节日之外,节日集庆还为人们提供了社交的机会和场所,特别是情窦初开的青年人,利用节日集会,通过对歌、交谈、跳舞、游戏等形式,谈情说爱,选择配偶。因此,中国许多少数民族传统节日还具有社交的文化功能。当然,这种社交活动一般都有一定的规矩和程序,并成为传统节日文化的一部分。比如,居住在新疆的哈萨克族男女青年在节日中常玩一种叫做"姑娘追"的游戏,哈萨克语叫"克孜苦瓦尔"。黔东南苗族地区的男女青年则利用节庆或赶场的机会参与"游方",旧称"摇马郎",即男青年邀请女青年到特定的"游方坡"对歌或攀谈,借机寻觅情侣。广西壮族青年男女则利用每年春秋季节盛大的"歌圩",以对歌的形式相互娱乐并结识,从中寻找意中人。

在以宗教、祭祀或纪念为渊源的传统节日中,节日文化大多以祈祷、祝颂为主要内容。比如藏族的"雪顿节",每年藏历的七月举行。据说它是在五世达赖喇嘛时从宗教仪式中分化出来的,后来逐渐演化为以演藏戏为主,所以"雪顿节"又称为"藏戏节"。蒙古族和鄂温克族的"祭敖包"则是由祭祀而形成的传统节日。蒙古族和鄂温克族普遍信仰藏传佛教喇嘛教。在西藏,人们常把佛教的六字真言刻在石头上,放在山野中,过往的行人朝这里丢石头,天长日久,堆成石台,上面插上经幡、弓箭等物,形成"敖包",即蒙古语"堆子"的意思。起初,"敖包"只是道路或疆界的标志,后来逐渐变成祭祀山川草木神灵和祈祝丰收、平安的场所,并演化为固定的节日。

源于纪念的节日也很多:像京族的"哈节"是为了纪念传说中的一位歌仙;贵州一带苗族的传统节日"四月八",则是为了纪念古代一位敢于反抗压迫的苗族首领;云南傣族的"泼水节"是为了纪念传说中的一位为民除害的傣族公主。虽然这些传统节日的来历不同,但节日活动都含有纪念和祝颂的性质。

除了喜庆、纪念、祝颂等功能以外,中国少数民族传统节日还具有物质交流的功能。节庆期间,除了集庆会上摆的和卖的服装、手工艺品、民族特色食品以外,许多节日还伴有各式各样的贸易或物质交流活动,比如云南白族的"三月街"、景颇族的"目脑节",蒙古族的"那达慕"等,物质交流,贸易洽谈,已经成为节日的重要内容。徜徉于中国少数民族传统节日之中,感受到的不仅仅是新奇和温馨,还有不尽的文化享受。

四、中国少数民族婚俗

婚姻关系既是一种自然关系,又是一种社会关系。作为社会关系,婚姻的性质归根结底是由社会的生产方式所决定的,缔结婚姻过程所形成的习俗,必然受生产方式的支配或影响。所以,论及中国少数民族婚姻习俗及演变,中华人民共和国成立是一个划时代的界线。

1. 传统婚姻

在1949年以前,少数民族地区既有封建制,又有奴隶制,部分少数民族甚至处于原始社会末期向阶级社会过渡的农村公社阶段。反映在婚姻形态上,除一夫一妻婚姻制度外,一些社会发展比较落后的民族,尚保有血亲婚配的遗迹、氏族外群婚制残余、对偶婚残余以及一夫多妻和一妻多夫等形式,大体上反映出迄今为止人类婚姻由低级向高级发展的几种形式。加上自然环境、民族生活、道德传统等方面的差异,形成当时中国少数民族婚姻形式差别很大。如果以婚姻自主性来划分的话,大体可以分为两种情况:第一种是由父母包办的非自主婚姻,比如分布在中国东北、西北地区的满族、回族、东乡族、撒拉族、保安族、维吾尔族、柯尔克孜族、塔吉克族等,他们的婚姻也像汉族传统婚姻形式一样,由父母之命、媒妁之言包办,青年男女不仅无权选择配偶,而且没有结交异性的自由;第二种是男女青年有自己择偶的自由,比如分布在中国中南地区的哈尼族、傣族、佤族、布朗族、阿昌族、德昂族、傈僳族、纳西族等,男女青年都可以通过对歌、交谈等方式寻找意中人。

一般说来,少数民族男女青年婚姻是否有自主权,与该民族当时所处社会发展阶段、地理环境及历史因素等相关,凡是社会发展与汉族地区接近或相当的民族,因社会发展处于封建地主经济阶段,其婚姻形式和择偶定亲的方式差别不太大,男女青年择偶普遍没有自主权,婚姻基本由父母包办。凡是当时社会发展尚处于比较落后的民族或民族地区,男女青年大都有自己选择配偶的自由,即使是由父母包办的封建婚姻,男女青年在婚前也都有结交异性的自由。新中国成立后颁布了《中华人民共和国婚姻法》,废除了传统的包办婚姻、买卖婚姻制度,确立了自由、平等的新婚姻制度,中国各民族都获得了婚姻自由。

2. 传统婚俗

中国 55 个少数民族分布广泛,各个民族的地理环境、历史文化、传统经济生活及婚姻形式各不相同,因而形成的婚姻习俗可谓是千姿百态,绚丽多姿。限于篇幅,本文只能选择几个著名的婚俗加以介绍。

(1) 串姑娘

所谓串姑娘是小伙子通过与姑娘对歌、找姑娘聊天儿表达爱慕之情、寻找配偶的一种恋爱和择偶方式。这种习俗普遍流行于中南地区的哈尼族、傣族、佤族、布朗族、阿昌族、德昂族、傈僳族、景颇族、纳西族等少数民族之中。串姑娘的具体方式因民族而异,大体有三种情况:一是集体性的,一群小伙子对一群姑娘。这种结交多在节庆集会或某家婚礼后的晚上进行,也可以由某位姑娘约上几个女伴在家中等候小伙子光临。二是以多对少,即一群小伙子对一位姑娘。比如在佤族,如果一位小伙子爱上某一位姑娘,便约上几个同伴到姑娘家一起谈笑聊天儿。姑娘明知是来求婚的,但要装做若无其事的样子,在愉快的交谈中,姑娘以敬茶、让烟等方式,表明自己接受哪个小伙子的求婚,其他人见此情景,就会借故离去,留下的一对可以尽情地交谈,姑娘的父母不会阻拦。三是一个小伙子对一位姑娘,地点可以在姑娘家中或场院纺车旁,有的也可以到林中幽会。

(2) 哭嫁

居住在云南的彝族、白族和湘西的土家族有哭嫁的习俗。所谓哭嫁,实际上是一种带哭腔的对唱,通常在新娘出嫁前由父母、伴娘或女伴相陪哭嫁。由于历史和文化各异,不同民族哭嫁时所唱歌的内容也不一样。彝族女子哭嫁时唱的多是对离别父母、女伴的哀伤,埋怨父母不该用她换酒喝。白族女子哭嫁时唱的是对父母、女伴以及家乡难以割舍的感情。土家族女子哭嫁的时间最长,一般在出嫁前半个月或一个月就开始了。陪哭者唱的是教导新娘怎样当好媳妇,并且祝福新娘婚姻美满幸福。新娘唱的是感激父母的养育之恩,并对伴娘陪哭表示感谢。在这些少数民族中,哭嫁被视为姑娘一生中最重要的事,出嫁时只会哭不会唱,或者唱得不感人,哭得不伤心,都会遭人耻笑。因此,小姑娘从十一二岁时就开始学习哭嫁歌了。

(3) 拦门对歌

居住在广西罗城地区的仫佬族有拦门对歌的习俗。举行婚礼时,当男方的迎亲队伍到达女方村口时,女方村中的男女青年将迎亲队伍拦在村外,一边用茶招待迎亲的人,一边用歌盘问和责难他们,这叫做"拦门歌"。接亲的人要以歌来回答,这叫做"拆门歌"。如果迎亲的人对种种盘问责难回答得机智巧妙,则为"拆"了"门",可以顺利进村接亲。否则,将一直对唱下去,直到日落西山。这时,新娘家会请一位德高望重的老人出来讲情,双方和解后才能进村。实际上,这是用拦门对歌的形式,增加迎亲的喜庆、热闹,同时,展现男女双方亲族的才能和智慧。

(4) 抢婚

抢婚是起源于原始社会的婚俗,在中国一些少数民族婚姻习俗中,抢婚的习俗被作为一种传统的婚礼仪式流传下来,但形式和内容则与原始社会的抢婚有根本的差别。概括说来,近代以来仍流行于中国部分少数民族中的抢婚习俗主要有以下几种情况:

① 保存古代民族遗风,抢婚只是举行婚礼中的一种仪式,并不具有抢夺女子成婚的实际意义。像佤族、傣族、苗族、彝族等流行的抢婚习俗,程序和内容都是约定俗成的。

② 为避免沉重的经济负担或发生婚变从而采取抢婚的方式。如土族、景颇族、白族、纳西族中曾经流行的抢婚,就属于这种情况。男女青年确定婚配关系之后,若男方家庭经济困难,负担不起彩礼或婚礼费用,又不愿意放弃婚约,则可以采取传统的抢婚习俗来完婚。不过,这种情况主要发生在民主改革以前的民族地区。

③ 男女青年反抗父母阻挠婚姻,或者几个小伙子同时爱上了一位姑娘,采取先下手为强,实行抢婚。比如云南阿昌族、傈僳族中的抢婚,多属于此类。

④ 带有掠夺意味的强抢,与远古抢婚遗风比较接近。在20世纪50年代以前,布朗族和瑶族中曾残留着这样的抢婚习俗,民主改革以后,这种遗俗在少数民族地区已经绝迹。

五、中国少数民族服饰

就中国民族服饰而言,55个少数民族的传统服饰都是个性鲜明而独特的。人们不仅可以从服饰的面料、款式、色彩搭配、图案组合、制作工艺等区分出不同的民族,而且可以从这些民族服饰的外部特征大致了解各个民族的生活环境、经济发展状况、科技水平、审美观念及精神追求等。所以,无论形式还是文化蕴涵,中国少数民族服饰都是丰富而深厚的。

1. 民族服饰与经济生活

服饰，毕竟是人类最基本的物质文明之一，其发展必然受到所处自然环境、经济生活以及该民族物质文明程度的制约，文化蕴涵也要受到精神文明进程以及审美规律的制约。因此，形式各异的传统服饰在凸显其民主性的同时，又会表现出一定的地域性以及与传统经济生活方式的联系。比如服装面料就地取材、服装款式适应生产生活等。

中国大陆地形西高东低，气候南暖北寒。复杂的地理和自然环境决定了分布于全国的各少数民族地区具有不同类型的经济生活。在自然经济占统治地位的情况下，服饰的原料基本上是就地取材。受这一规律的制约，中国各少数民族传统服饰面料类型均与其传统经济类型相一致，即主要分为渔猎畜牧和农耕两大类。

分布在中国东北、西北和西藏高原的各少数民族，传统经济大多以渔猎和畜牧为主，少数兼有农业或从事农业。由于地理气候及传统经济的关系，在服饰原料上，从事畜牧业的民族偏重用牲畜的皮、毛；从事渔、猎的民族喜好用鱼皮或兽皮，形成北方及藏区各民族服饰原料以皮、毛为主的特点。比如，生活在东北黑龙江、松花江、乌苏里江下游沿岸的赫哲族世代以捕鱼为生，鱼肉是他们的食粮，鱼皮就是制作衣服的面料。直到 20 世纪初，赫哲族的服饰、被褥乃至日常生活用品，仍是用鱼皮加工制成，创造了世人罕见的鱼皮服饰文化。游猎于东北大小兴安岭茫茫林海之中的鄂伦春族，世代以狩猎为生，兽肉充饥，兽皮御寒，从头顶上的帽子到脚上的鞋袜，几乎都是以狍皮为原料，创造了适合于森林游猎生活的狍皮服饰文化。分布于蒙古高原的蒙古族、聚居于青藏高原的藏族以及生活于西北地区的哈萨克族、柯尔克孜族、塔吉克族、裕固族等，大多以畜牧业为主，传统服饰的原料多取自牲畜的皮、毛，或者直接用羊皮加工制成皮衣。

居住在中国西南、中南和东南地区的各少数民族，传统经济大多以农耕为主，服饰原料多为棉布和麻布。从事农耕的民族大多擅长纺织、印染和刺绣，并创造出各具民族特色的纺织品或印染、刺绣工艺品，如土家族的"西兰卡普"，壮族的"壮锦"，侗族的"侗锦"，黎族的"黎锦"，傣族的"傣锦"，苗族的刺绣、蜡染挑花，布依族的彩绘蜡染，水族的"水家布"等。这些色彩斑斓、工艺各异的棉、麻纺织品和印染、刺绣等工艺品，不仅使从事农耕的少数民族在服饰的原料方面与从事渔、猎和畜牧的少数民族存在明显的差别，而且在农业民族之间，因纺织、印染工艺的差别而使服饰各具民族特色。比如，同为蜡染，有的民族采用夹染、扎染工艺，有的民族采用绘蜡花等方法染制。民族不同,蜡染的花纹图案、艺术风格及蜡染布的用途也不一样。

2. 服装款式与自然环境

中国少数民族传统服饰除了因经济生活不同而形成的服饰原料方面的差异外,在传统服饰的款式方面也明显地呈现出南北分野。大体说来,生活在中国北方的各民族服装款式以宽袍长褂为主。例如满族、赫哲族、蒙古族、达斡尔族、鄂温克族、鄂伦春族、东乡族、土族、裕固族、哈萨克族、柯尔克孜族、锡伯族、塔吉克族、俄罗斯族、塔塔尔族、维吾尔族、藏族、珞巴族、羌族等。这些民族传统服饰的共同特点是结构偏于肥大,整体给人以粗犷奔放之感。

在结构偏于肥大的民族服饰中,雪域高原的藏装颇具典型性。拉萨地区传统的藏装,男人是一件大领、右开襟的长袍,女人是一件通领短身长袖内衣,外罩深色长袍,系一条色彩斑斓的围裙。藏式男装的基本结构式腰肥、袖长、襟大,袍子的长度通常要比人体长出一些,整件袍子不用一个纽扣,只在右腋下钉一对带子。穿着藏袍时,先将领子顶在头上,使长袍的底边离脚面约30公分左右,系好腋下的带子后再束上腰带,然后伸出头来,褪去右边的袖子,使右肩和右臂露出来,这样,宽大的长袍便自然缩到膝下,胸至束腰之间凸起,形成囊袋,空着的袖子拖在臂后或扎在腰带上,显示出一种雄健、豪放的风格。如果天热,也可将两只袖子都褪掉,扎在腰间。这样既可以调解温度,又便于弯腰干活,扎在腰间的袖子还可以使腰、胃不受风寒。白天,肥大的藏袍是防寒保暖的衣服;晚上,藏袍则是现成的被褥。出门旅行时,腰间凸起的部分就是随身的口袋,日常生活用品都可以放在里边,行动起来,既简单又方便。

有马上民族之称的蒙古族,历史上纵横驰骋的地域南起长城,北抵大漠,东达兴安岭,西越贺兰山。独特的生息环境和逐水草而居的游牧生活,形成了蒙古族服饰无论款式、功能还是穿着方式,都具有鲜明的游牧风格和地域特征。

典型的蒙古族服装是一件长袍和一条又长又大的布腰带。袍子的结构以宽大为特征,高领,右衽,下摆有开衩和不开衩两种。男女袍子的结构和穿着方法略有不同。通常男袍较肥大,穿时先将袍子略往上提一提再束腰带,这样骑马既方便又显得精悍潇洒。女袍一般相对紧身合体,穿着时先将袍子向下拉展,再束腰带,以显出女子身材的苗条和健美。色彩鲜艳的长腰带既起到保暖护腰的作用,又是调解衣着的重要装饰。总体来看,北方各民族传统服装的款式特点主要是受北方自然环境、寒冷气候以及传统游牧经济生活等多种因素的影响。

与北方各民族宽袍长褂相比,生活在南方的各民族传统服装款式大多偏短,以上衣、下裙或裤为多,且长短兼有。总体来看,南方各民族的男子服饰相对简单一些,大多为对襟上衣,长裤,用黑、蓝、白、红等颜色的布裹头。如苗、侗、基诺、阿昌、布朗、景颇、傣、拉祜等族男子,都是这种装束,有的腰间系带,有的腰间不系带。相比之下,南方各少数民族妇女的服饰则显得艳丽多姿,且富于变化。尤其是裙子,有的鲜艳妩媚,有的素洁淡雅,有的宽松飘逸,有是俏丽婀娜;裙子长的可及脚面,短的则只有二三十厘米。比如聚居于云南境内的哈尼族,其传统服饰最突出的特点是瘦、短、小。居住在云南哀牢山腹地哈尼族成年女子的传统服装,上衣短至胯上,裤长仅及膝盖,下扎绑腿。居住在云南红河一带的哈尼族女装最为新奇,女子以衣服多、裤子短为荣,上身常穿七件内衣、七件外衣,层层叠叠,下身穿紧身短裤,以凸显丰满的臀部和裸露秀腿为美。哈尼族的传统服装可以说是中国所有民族传统服饰中最为短小的。当然,南方各民族传统服装的款式,也是与他们生存的自然环境、地理气候以及经济生活等密切相关的。

3."穿在身上的书"

服饰作为人类物质文明和精神文明的重要产物,不仅是人类御寒遮羞的生活实用品和体现审美追求的艺术品,而且是具有丰富社会内涵的文化载体。各个民族的服饰在漫长的发展中,除了实用功能之外,还蕴涵着大量的审美和象征意义,负载着浩繁的历史和文化信息。所以有人称之为"穿在身上的书"。越是远离现代工业文明的民族,其服饰的审美象征意义和文化积淀越厚,民族间服饰的差异也就越大,负载的文化信息也就越多。

自然环境和经济生活固然给予中国少数民族传统服饰以很大的影响,使居住环境、经济生活相近的民族在服饰的原料、款式等方面呈现出一定的共性。这只是就宏观而言。若从微观来看,越是自然环境、经济生活接近的民族或民族支系,越是通过服饰的细部来凸显本民族或本支系的个性与文化。这便是中国少数民族服饰的第三个显著特点——具有鲜明的民族特征和丰富的文化内涵。

以帽子为例,新疆各少数民族都喜欢戴帽子,但帽子的形状和装饰各不相同。哈萨克族姑娘喜欢戴圆形小帽,上面插一撮象征勇敢和坚定的羽毛。塔吉克族妇女喜欢戴圆顶绣花棉帽,帽子后半部垂着一块布帘,可遮住后脑和双耳,外出时,帽子上加披一块大方巾。维吾尔族的帽子最为繁复,不仅有人们熟知的四楞小花帽、圆皮帽,还有鲜为人知的于田女式小帽,其原料为羊皮,帽径只有 6 公分。这些形状、装饰各异的帽子,是区分不同民族的鲜明标志之一。

在喜欢用布帕包头或缠头的南方各少数民族中,他们是以缠头布帕的颜色、图案、包裹方式以及装饰等来体现本民族的个性和文化,甚至同一民族的不同支系,也可以从头饰上反映出来。比如瑶族,分布于广西、湖南、云南、广东、贵州、江西等 6 个省、区,人口不足 200 万,但他们的服饰类别却有六七十种,尤其是头饰,依据造型,有塔式、平顶式、钢盔式、飞檐式,每一式样下又有许多变化,争奇斗艳,简直让人眼花缭乱。但是内行的人一见,便可从他们的头饰分辨出所属支系及居住地区。

聚居于湘、贵、滇等省的苗族,不仅头饰繁复,而且发型也很复杂并具有一定功能。一方面,形式各异的发型、头饰鲜明地标示着所属宗族支系;另一方面,色彩纷呈的包头帕也成了苗族服饰的有机组成部分,而头帕的长短、花纹图案以及装扮出来的式样,除了审美和实用之外,还负载着大量的历史和文化信息。不同宗族支系的发型、头饰、服装,既是一幅幅准确清晰的文化符号,又是走动的"族徽"。因此,人们把苗族服饰称为"穿在身上的书"。

苗族服饰之所以复杂多样,是同苗族的历史和传统的婚姻制度紧密相关的。历史上,苗族社会最重要的组织形式是由部落演变而来的宗支。每逢社会动乱或遇到重大自然灾害,他们便以宗支为单位集体迁徙。定居新地后,宗支内每年相聚一次以祭祖先。为了避免混乱,宗支间议定,以服饰为区别。从此,每个宗支的服饰都有固定的式样和花纹图案,世代相传,互不引进攀比,遂形成以服饰标明宗支的传统,并严格实行宗支之内、血族之外的婚姻制度,即相同服饰而不同姓氏的人之间才可以通婚。这种婚姻制度使苗族各宗支的服饰得以流传和强化,从而巩固了不同服饰之间的差异。

虽然苗族支系繁多,服饰各异,但从服饰的基本结构看,均属于短衣型。男子多为短型衣裤,女装多为上衣下裙或上衣下裤。苗装的复杂在于配件多,纹案丰富,工艺讲究,尤其是女装。按照地域和装束,大体可分为湘西、黔东南、黔中南、川滇黔和海南等五大类型。这五大类型是就较大的地区差异而言,细论起来,每一类型内尚有 20 多式,每一式又有不同的纹样和图案,负载不同的历史和文化信息。比如,雷公山地区苗族盛装时的"鸡毛裙",仿佛可以看到苗族"鸟图腾崇拜"的影子;贵州丹寨苗族服装上符号化的神秘纹饰,似乎透露了古代巫文化的某种印记;乌蒙山下小花苗男女披肩上的几何图形,据说是对故园山水田园的记录;而大花苗男女披风上粗犷的菱形图案,则描绘着远古家乡的水田和纵横交错的道路,妇女百褶裙上的彩色横道,代表着曾经养育了他们祖先的长江和黄河。看到这一件件精美绚丽而又蕴涵如此深厚历史和文化的服饰,谁还能说它们只是遮羞蔽体、防寒保暖的衣服呢!

居住在云南丽江地区的纳西族是从事农耕的民族,纳西族女装除了款式古朴的长褂之外,最引人注目的是披在身后的"七星披肩"。披肩由羊皮制成,上面依次缀有刺绣精美的两大七小圆形图案,两个大的代表日月,七个小的代表星星,整个披肩寓意为披星戴月。它展现的是纳西族妇女勤劳的民族美德。

通过服饰的色彩、纹样、图案记录民族历史和文化,表达民族审美个性和美好追求,这在中国少数民族服饰文化中显得尤为突出。比如,生活在新疆草原上的哈萨克族妇女,喜欢在衣领、袖口、襟边、帽子及头巾上饰以花草纹、羊角纹、人字纹,图案中的红色象征太阳,蓝色象征天空,绿色象征春天和青春,白色象征快乐和幸福,里里外外流露着游牧民族草原文化的艺术气息。

中国少数民族服饰的纹样、图案千差万别,每一种纹样、图案都诉说着潜藏在民族记忆中悠远的历史或童年神话,展现着民族文化心理的积淀和追求。值得注意的是,中国少数民族服饰的纹样、图案与现实生活大都有着密切的关系。植物、动物、生产工具、日月天象、自然地理,或抽象或写实,经过艺术处理和规范,用于衣服的装饰,使服饰除具有实用功能之外,还负载如此丰富的历史和文化信息,以至于每一个民族的服饰,都像是一部蕴涵深厚的文明史书。它既体现了中华服饰文化的绚丽多姿,又显示出中华各民族旺盛的生命力和创造力。

六、中国少数民族民居

建筑居室,离不开建材。在自然经济条件下,每个民族使用的建筑材料和建造的居室形式,都不可避免地受到所居之地的生态、地理环境以及本民族经济生活的限制,随之形成一定的建筑方式与类型。中国少数民族传统经济以农牧为主,据此,55个少数民族的传统民居大致可分为适合牧区生产生活的毡帐型和适合农区生产生活的房屋型两大类。由于中国幅员辽阔,即便同属于牧区或同属于农区,其生态和地理环境也不尽相同,加上民族的差异,每一类型内又分为若干形式。

1. 毡帐类型

毡帐,是从事游牧业的民族所创建的民居形式。生活在蒙古高原、青藏高原以及新疆草原地区的蒙古族、藏族、裕固族、哈萨克族、塔吉克族、柯尔克孜族等,传统民居都是毡帐式。它最大的特点是易建易拆,便于迁移,适合逐水草而居的游牧生产生活。但搭建的方式和用材,则因民族和地区而异。

蒙古族牧区的毡帐式民居体圆顶尖,状似大包,俗称"蒙古包",古名"穹庐"。它由包架和覆盖的羊毛毡两部分构成。包架分上下两部分,下部叫"哈那",传统的原料是用细柳木秆编成菱形网状篱笆块,每块高约 2 米,长 2 米多。搭包时,几块"哈那"拉开连成圆形围墙,南面或东面留门。蒙古包的上部叫"乌尼",是用直径寸余,长约 7 尺的若干根椽木结成的伞骨形顶架,顶端留一直径 3 尺余的天窗,蒙古语叫"套脑",用以通风和采光。"乌尼"与"哈那"结合处用绳捆扎牢固,使成为一个整体。包架外用白色羊毛毡覆盖,然后用结实的羊毛绳交叉绑紧,装上门或挂上毡门帘,一个完整的住宅就搭建好了。

一个蒙古族家庭,一般拥有一至两个蒙古包,包内空间使用划分得相当严格。与门相对的正面是尊贵的地方,用来摆放佛龛,陈设家具和被褥等贵重物品,前边接待客人。入门右侧是妇女做饭的厨房,左侧是夜晚睡觉的地方。天冷时,包内可以生火取暖。天热时,门帘、包壁外的白毡均可卷起来透风。迁移时,包外的白毡取下卷成捆,包架收缩放在车上充当车板,一辆勒勒车就把整个蒙古包都运走了。寒冬,他们将蒙古包搭建在避风向阳的山谷中;盛夏,则移至水草肥美的高原开阔处。

生活在新疆天山、帕米尔高原牧场的哈萨克族、柯尔克孜族、塔吉克族,传统民居称为"毡房",外形酷似蒙古包,但结构略有不同。毡房的顶部呈弧形,房壁的支秆为穹庐状,支秆与外层所围盖的毛毡之间夹有芨芨草制成的席子。在毡房内,空间的划分和使用各民族都有自己的传统和习惯。比如哈萨克族毡房,内部空间严格分为住宿和放物两部分。进门正上方放置马鞍和衣箱,前面铺有座垫,是招待客人喝茶或晚上留宿的地方,功能相当于客厅。右侧的上方是家中长辈的铺位,任何人不得在上面坐卧,也禁忌客人用手触摸。右侧下方放置炊具和贮藏食品。左侧上方是家中晚辈的铺位,左侧下方放置马鞭及打猎用具。与蒙古族不同的是,哈萨克族毡房有相对稳定的"冬窝子"和随季迁移的"夏窝子"。"冬窝子"搭建在有水草的山谷阳坡上,不出牧的老人和儿童相对稳定地生活在这里。夏季来临,身体强健的家庭成员从"冬窝子"赶着牲畜到夏季草场游牧,冬天再返回"冬窝子"。

藏族牧区的传统民居叫"黑帐房",形似帐篷,是藏族牧民居家过日子的"房屋"。它由牦牛毛织成的厚厚的黑色苫布和若干根帐柱构成。搭帐时,先在地上竖起两根或四根柱子,将苫布撑起,四周用粗牦牛绳拉牵绷紧,固定在地上或柱子上,远远望去,像扣在地上的方形盒子。

此外,藏族还有一种专供旅游、郊游或节庆欢聚时使用的白布帐篷,篷顶或周围多印有各种精美的蓝色民族图案,搭建方法跟"黑帐房"相同。每逢节庆,各种精巧的白帐篷云集山坡草地上,在蓝天白云的映衬下,构成如诗如画的奇特景观。

2. 房屋类型

从事农耕的中国少数民族,传统民居都是房屋类型。由于从事农业,住宅不必像游牧民居那样随季迁移,所以,住宅除了方便生产生活之外,愈坚固愈好。建造房屋的原料一般是就地取材,房屋形式则因地制宜,可以充分发挥各民族的聪明才智。因此,农业地区的少数民族民居,无论建材、结构、形式还是工艺、装饰以及室内空间使用划分等,都比牧区少数民族民居复杂得多,所负载的文化也更加悠久深厚。

从房屋结构形式看,农业地区少数民族民居还可以分为以下几种形式:竹木结构的秆栏式、土石结构的平顶式、混合结构的双斜面或四斜面式。

(1) 秆栏式

秆栏式民居主要盛行于中南和西南的苗族、侗族、布依族、土家族、傣族、景颇族、德昂族、基诺族等少数民族地区,其主要特点是以竹木为柱梁,搭成楼房,上层住人,下层堆放杂物或圈养牲畜。由于各民族所居之地的生态和环境不尽相同,用材和建成的房屋形式有很大的差别。在秆栏式民居中,傣族的竹楼、德昂族的"长房子"、苗族和侗族的"吊脚楼"等,都是非常典型的秆栏式民居。这种民居主要适应于中国南方炎热、多雨和潮湿的气候及自然环境。

(2) 平顶式

平顶式民居主要盛行于中国西南和西北等少数民族地区,形式有土掌房、平顶楼、碉楼以及方形平顶房等。这种民居的共同特点是:以当地唾手可得的土、木、石为建材,采用垒叠或夯实方法建成平顶住宅。这种房屋具有冬暖夏凉、坚固耐久的特点,同时具有良好的防御功能。

土掌房盛行于云南南部和中部的彝族、哈尼族及部分傣族地区。土掌房由平房和楼房两部分组成,前半部是平房,分设一至两间厢房,多为卧室,房屋的平顶兼晒台。后半部是两层楼房,为整座民居的正房,一般面阔三间,底层分为卧室、厨房和客厅,楼上是仓库,有门通往平台,便于晾晒谷物。除了房屋的梁柱以外,土掌房全部用泥土夯实,结构简单,造价低廉,易建易修。缺点是采光和通风不太好,也容易露雨。

平顶楼房是农区藏族的传统民居,楼体由泥土或碎石砌成,垒得厚重坚固,楼高一般是二至四层,通常一层圈养牲畜;二层为主室,是一个多功能的房间,有供生活、起居、饮食所需的家具、火塘、床铺等,因有火塘,多当做冬天的卧室;三层分做卧室和贮藏室,因居层高,通风好,多当做夏天的卧室;四层半边建房半边做晒台,藏族笃信喇嘛教,最高一层要分割一间专做经堂。为了加强住宅的防御功能和保暖性,底层不开窗户,只留若干通气孔。最高一层依据当地风向,可在晒台靠近住房两侧加盖房屋或高墙。

碉楼是聚居在四川西北部山区的羌族特有的民居,多建在山腰或山顶,原料就地取材,用石块和稀泥黏合、垒叠、架木而成。楼体一般为四角、六角或八角形,上窄下宽,呈梯形,石墙厚一米左右,最高可达数十米,顶层平面瓦顶或木板顶。普通碉楼多为两层或三层,底层圈养牲畜,中层住人,顶层储存粮食和杂物,房顶上的平台晾晒谷物或做游戏场所。碉楼坚固实用,外观挺拔雄伟,颇似碉堡。这种把民居和军事防御融为一体的建筑风格,既显示了羌族人的才智,又透露出刚毅的民族个性。

方形平顶房主要盛行于中国西北的回族、东乡族、撒拉族、维吾尔族等地区。房屋以土木或砖石为原料,四壁用土坯或砖石砌成,木料用做梁柱和顶棚,平平的房顶兼做晒台。在方形平顶民居中,维吾尔族民居建筑的工艺、装饰最为繁复考究。典型的维吾尔族房屋都有一个由柱子和连拱组成的廊檐,廊檐上饰以木雕图案,花纹精细,色彩富丽。室内墙上开有壁龛,放置衣物和用具,壁龛由几何图形构成,边上饰以花纹,既美观又实用,整座民居从里到外都透露出典雅、活泼、奔放的民族个性。

除秆栏式、平顶式外,农业地区的少数民族传统民居最普遍的是双斜面或四斜面屋顶、土木或砖瓦混合乃至全部用石块石片砌成的住宅。比如贵州布依族的"石屋",云南昆明地区彝族民居"一颗印",四川彝族地区的"瓦板房",云南大理白族民居"三坊一照壁",云南哈尼、佤族的四坡面草顶房,延边朝鲜族的四坡面草顶房或瓦顶房,东北农区蒙古族的"马架房",满族的"人"字顶房屋等。这些民居的外形虽然与汉族传统民居基本相似,但在细部方面却都各具民族特色,反映出不同的民族文化。

中国,是一个历史悠久的国家,是一个幅员辽阔的国家,是一个民族众多的国家,是一个文化丰富而多彩的国家。短短的数千字很难把中国55个少数民族连同他们灿烂的文化都呈现给您,但希望通过这些凤毛麟角式的介绍,能引发您对中国少数民族与文化的无限兴趣!

参考文献

1. 张英"中国少数民族民居",《中华文化讲座丛书》(第二集),北京大学出版社,1995。
2. 敖俊德《中华人民共和国民族区域自治法释义》,民族出版社,2001。
3. 国家民委《中国少数民族》,人民出版社,1981。
4. 杨源《民族服饰与文化遗产研究》,艺术与设计出版社,2009。
5. 郝时远《中国少数民族分布图集》,中国地图出版社,2002。

附表1

民族名称及主要分布地区

民族名称	主要分布地区
蒙古族　Mongol	内蒙古自治区、辽宁省、吉林省、黑龙江省、新疆维吾尔自治区、青海省、河北省、河南省、甘肃省、云南省
回族　Hui	宁夏回族自治区、甘肃省、河南省、新疆维吾尔自治区、青海省、云南省、河北省、山东省、安徽省、辽宁省、北京市、内蒙古自治区、天津市、黑龙江省、陕西省、吉林省
藏族　Tibetan	西藏自治区、四川省、青海省、甘肃省、云南省
维吾尔族 Uygur	新疆维吾尔自治区、湖南省
苗族　Miao	贵州省、湖南省、云南省、四川省、广西壮族自治区、重庆市、湖北省、海南省
彝族　Yi	四川省、云南省、贵州省、广西壮族自治区
壮族　Zhuang	广西壮族自治区、云南省、广东省、贵州省
布依族　Buyei	贵州省

民族名称	主要分布地区
朝鲜族　Korean	吉林省、黑龙江省、辽宁省
满族　Manchu	辽宁省、河北省、黑龙江省、吉林省、内蒙古自治区、北京市
侗族　Dong	贵州省、湖南省、广西壮族自治区、湖北省
瑶族　Yao	广西壮族自治区、湖南省、云南省、广东省、贵州省
白族　Bai	云南省、贵州省、湖南省
土家族　Tujia	湖南省、湖北省、重庆市、贵州省
哈尼族　Hani	云南省
哈萨克族　Kazak	新疆维吾尔自治区、甘肃省
傣族　Dai	云南省
黎族　Li	海南省
傈僳族　Lisu	云南省、四川省
佤族　Va	云南省
畲族　She	福建省、浙江省、江西省、广东省
高山族　Gaoshan	台湾省、福建省
拉祜族　Lahu	云南省
水族　Shui	贵州省、广西壮族自治区
东乡族　Dongxiang	甘肃省、新疆维吾尔自治区
纳西族　Naxi	云南省、四川省
景颇族　Jingpo	云南省
柯尔克孜族　Kirgiz	新疆维吾尔自治区
土族　Tu	青海省、甘肃省
达斡尔族　Daur	内蒙古自治区、黑龙江省、新疆维吾尔自治区
仫佬族　Mulao	广西壮族自治区、贵州省
羌族　Qiang	四川省
布朗族　Blang	云南省
撒拉族　Salar	青海省、甘肃省
毛南族　Maonan	广西壮族自治区
仡佬族　Gelao	贵州省

民族名称	主要分布地区
锡伯族 Xibe	新疆维吾尔自治区、辽宁省
阿昌族 Achang	云南省
普米族 Pumi	云南省
塔吉克族 Tajik	新疆维吾尔自治区
怒族 Nu	云南省
乌兹别克族 Uzbek	新疆维吾尔自治区
俄罗斯族 Russ	新疆维吾尔自治区
鄂温克族 Eweiki	内蒙古自治区
德昂族 Deang	云南省
保安族 Bonan	甘肃省
裕固族 Yugur	甘肃省
京族 Gin	广西壮族自治区
塔塔尔族 Tatar	新疆维吾尔自治区
独龙族 Derung	云南省
鄂伦春族 Oroqen	内蒙古自治区、黑龙江省
赫哲族 Hezhen	黑龙江省
门巴族 Monba	西藏自治区
珞巴族 Lhoba	西藏自治区
基诺族 Jino	云南省

附表 2

中国民族自治地方一览表

自治地方名称	政府驻地	成立时间	面积（平方公里）	所在省区
内蒙古自治区	呼和浩特市	1947.5.1.	1 183 000	
新疆维吾尔自治区	乌鲁木齐市	1955.10.1.	1 660 0000	
广西壮族自治区	南宁市	1958.3.15.	236 275	
宁夏回族自治区	银川市	1958.10.25.	66 400	

自治地方名称	政府驻地	成立时间	面积（平方公里）	所在省区
西藏自治区	拉萨市	1965.9.1.	1 228 400	
延边朝鲜族自治州	延吉市	1952.9.3.	43 559	吉林
恩施土家族苗族自治州	恩施市	1983.12.1.	23 902	湖北
湘西土家族自治州	吉首市	1957.9.20.	15 461	湖南
甘孜藏族自治州	康定县	1950.11.24.	151 078	四川
凉山彝族自治州	西昌市	1952.10.1.	60 111	四川
阿坝藏族羌族自治州	马尔康县	1953.1.1.	83 201	四川
黔东南苗族侗族自治州	凯里市	1956.7.23.	30 339	贵州
黔南布依族苗族自治州	都匀市	1956.8.8.	26 207	贵州
黔西南布依族苗族自治州	兴义市	1982.5.1.	16 804	贵州
西双版纳傣族自治州	景洪市	1953.1.24.	19 700	云南
德宏傣族景颇族自治州	潞西市	1953.7.24.	11 526	云南
怒江傈僳族自治州	泸水县六库镇	1954.8.23.	14 703	云南
大理白族自治州	大理市	1956.11.22.	29 460	云南
迪庆藏族自治州	香格里拉县	1957.9.13.	23 870	云南
红河哈尼族彝族自治州	个旧市	1957.11.18.	32 929	云南
文山壮族苗族自治州	文山县	1958.4.1.	32 239	云南
楚雄彝族自治州	楚雄市	1958.4.15.	29 256	云南
甘南藏族自治州	合作市	1953.10.1.	40 898	甘肃
临夏回族自治州	临夏市	1956.11.19	8 166	甘肃
玉树藏族自治州	玉树县	1951.12.25.	188 794	青海
海南藏族自治州	共和县	1953.12.6.	45 895	青海
黄南藏族自治州	同仁县	1953.12.22.	17 921	青海
海北藏族自治州	海晏县西海镇	1953.12.31.	39 354	青海
果洛藏族自治州	玛沁县	1954.1.1.	76 312	青海
海西蒙古族藏族自治州	德令哈市	1954.1.25.	325 785	青海
巴音郭楞蒙古自治州	库尔勒市	1954.6.23.	462 700	新疆

自治地方名称	政府驻地	成立时间	面积（平方公里）	所在省区
博尔塔拉蒙古自治州	博乐市	1954.7.13.	25 074	新疆
克孜勒苏柯尔克孜自治州	阿图什市	1954.7.14.	69 112	新疆
昌吉回族自治州	昌吉市	1954.7.15.	77 129	新疆
伊犁哈萨克自治州	伊宁市	1954.11.27.	273 200	新疆
孟村回族自治县	孟村镇	1955.11.30.	393	河北
大厂回族自治县	大厂镇	1955.12.7.	176	河北
青龙满族自治县	青龙镇	1987.5.10.	309	河北
丰宁满族自治县	大阁镇	1987.5.15.	8 747	河北
围场满族蒙古族自治县	围场镇	1990.6.12.	9 058	河北
宽城满族自治县	宽城镇	1990.6.16.	1 933	河北
鄂伦春自治旗	阿里河镇	1951.10.1.	60 378	内蒙古
鄂温克自治旗	巴彦托海镇	1958.8.1.	18 750	内蒙古
莫力达瓦达斡尔族自治旗	尼尔基镇	1958.8.15.	10 985	内蒙古
喀喇沁左翼蒙古族自治县	大城子镇	1958.4.1.	2 238	辽宁
阜新蒙古族自治县	阜新镇	1958.4.7.	6 284	辽宁
新宾满族自治县	新宾镇	1985.6.7.	4 287	辽宁
岫岩满族自治县	岫岩镇	1985.6.11.	4 507	辽宁
清原满族自治县	清原镇	1990.6.6.	3 926	辽宁
本溪满族自治县	小市镇	1990.6.8.	3 362	辽宁
桓仁满族自治县	桓仁镇	1990.6.10.	3 548	辽宁
宽甸满族自治县	宽甸镇	1990.6.12.	6 125	辽宁
前郭尔罗斯蒙古族自治县	前郭镇	1956.9.1.	7 076	吉林
长白朝鲜族自治县	长白镇	1958.9.15.	2 498	吉林
伊通满族自治县	伊通镇	1989.8.30.	2 523	吉林
杜尔伯特蒙古族自治县	泰康镇	1956.12.5.	6 427	黑龙江
景宁畲族自治县	鹤溪镇	1984.12.24.	1 950	浙江
长阳土家族自治县	龙舟坪镇	1984.12.8.	3 430	湖北

自治地方名称	政府驻地	成立时间	面积（平方公里）	所在省区
五峰土家族自治县	五峰镇	1984.12.12.	2 072	湖北
通道侗族自治县	双江镇	1954.5.7.	2 225	湖南
江华瑶族自治县	沱江镇	1955.11.25.	3 216	湖南
城步苗族自治县	儒林镇	1956.11.30.	2 620	湖南
新晃侗族自治县	新晃镇	1956.12.5.	1 511	湖南
芷江侗族自治县	芷江镇	1987.9.24.	2 096	湖南
靖州苗族侗族自治县	渠阳镇	1987.9.27.	2 211	湖南
麻阳苗族自治县	高村镇	1990.4.1.	1 561	湖南
连南瑶族自治县	三江镇	1953.1.25.	1 231	广东
连山壮族瑶族自治县	吉田县	1962.9.26.	1 264	广东
乳源瑶族自治县	乳城镇	1963.10.1.	2 125	广东
龙胜各族自治县	龙胜镇	1951.8.19.	2 537	广西
金秀瑶族自治县	金秀镇	1952.5.28.	2 517	广西
融水苗族自治县	融水镇	1952.11.26.	4 665	广西
三江侗族自治县	古宜镇	1952.12.3.	2 455	广西
隆林各族自治县	新州镇	1953.1.1.	3 542	广西
都安瑶族自治县	安阳镇	1955.12.15.	4 092	广西
巴马瑶族自治县	巴马镇	1956.2.6.	1 966	广西
富川瑶族自治县	富阳镇	184.1.1.	1 572	广西
罗城仫佬族自治县	东门镇	1984.1.10.	2 639	广西
环江毛南族自治县	思恩镇	1987.11.24.	4 558	广西
大化瑶族自治县	大化镇	1987.12.23.	2 754	广西
恭城瑶族自治县	恭城镇	1990.10.15.	2 149	广西
乐东黎族自治县	抱由镇	1987.12.28.	2 747	海南
琼中黎族苗族自治县	营根镇	1987.12.28.	2 639	海南
保亭黎族苗族自治县	保城镇	1987.12.30.	1 161	海南
昌江黎族自治县	石碌镇	1987.12.30.	1 596	海南

自治地方名称	政府驻地	成立时间	面积（平方公里）	所在省区
白沙黎族自治县	牙叉镇	1987.12.30.	2 117	海南
陵水黎族自治县	陵城镇	1987.12.30.	1 128	海南
秀山土家族自治县	中和镇	1983.11.7.	2 450	重庆
酉阳土家族自治县	钟多镇	1983.11.11.	5 173	重庆
彭水苗族土家族自治县	汉葭镇	1984.11.10.	3 903	重庆
石柱土家族自治县	南宾镇	1984.11.18.	3 013	重庆
木里藏族自治县	乔瓦镇	1953.2.19.	13 246	四川
峨边彝族自治县	沙坪镇	1984.10.5.	2 395	四川
马边彝族自治县	民建镇	1984.10.9.	2 384	四川
威宁彝族回族苗族自治县	草海镇	1954.11.11.	6 297	贵州
松桃苗族自治县	蓼皋镇	1956.12.31.	2 861	贵州
三都水族自治县	三合镇	1957.1.2.	2 384	贵州
镇宁布依族苗族自治县	城关镇	1963.9.11.	1 721	贵州
紫云苗族布依族自治县	松山镇	1966.2.11.	2 284	贵州
关岭布依族苗族自治县	关索镇	1981.12.31.	1 468	贵州
玉屏侗族自治县	平溪镇	1984.11.7.	516	贵州
印江土家族苗族自治县	峨岭镇	1987.11.20.	1 961	贵州
沿河土家族自治县	和平镇	1987.11.23.	2 469	贵州
务川仡佬族苗族自治县	都濡镇	1987.11.26.	2 773	贵州
道真仡佬族苗族自治县	玉溪镇	1987.11.29.	2 156	贵州
峨山彝族自治县	双江镇	1951.5.12.	1 972	云南
澜沧拉祜族自治县	勐朗镇	1953.4.7.	8 807	云南
江城哈尼族彝族自治县	勐烈镇	1954.5.18.	3 476	云南
孟连傣族拉祜族自治县	孟连镇	1954.6.16.	1 957	云南
耿马傣族佤族自治县	耿马镇	1955.10.16.	3 837	云南
宁蒗彝族自治县	大兴镇	1956.9.20.	6 206	云南
贡山独龙族怒族自治县	茨开镇	1956.10.1.	4 506	云南

自治地方名称	政府驻地	成立时间	面积（平方公里）	所在省区
巍山彝族回族自治县	文化镇	1956.11.9.	2 266	云南
石林彝族自治县	鹿阜镇	1956.12.31.	1 777	云南
丽江纳西族自治县	大研镇	1961.4.10.	7 648	云南
屏边苗族自治县	玉屏镇	1963.7.1.	1 905	云南
河口瑶族自治县	河口镇	1963.7.11.	1 313	云南
沧源佤族自治县	勐董镇	1964.2.28.	2 539	云南
西盟佤族自治县	勐梭镇	1965.3.5.	1 391	云南
南涧彝族自治县	南涧镇	1965.11.27.	1 803	云南
墨江哈尼族自治县	联珠镇	1979.11.28.	5 459	云南
寻甸回族彝族自治县	仁德镇	1979.12.20.	3 966	云南
元江哈尼族彝族傣族自治县	澧江镇	1980.11.22.	2 858	云南
新平彝族傣族自治县	桂山镇	1980.11.25.	4 223	云南
维西傈僳族自治县	保和镇	1985.10.13.	4 661	云南
漾濞彝族自治县	上街镇	1985.11.1.	1 957	云南
禄劝彝族苗族自治县	屏山镇	1985.11.25.	4 378	云南
金平苗族瑶族傣族自治县	金河镇	1985.12.7.	3 677	云南
普洱哈尼族彝族自治县	宁洱镇	1985.12.15.	3 670	云南
景东彝族自治县	锦屏镇	1985.12.20.	4 532	云南
景谷傣族彝族自治县	威远镇	1985.12.25.	7 777	云南
双江拉祜族佤族布朗族傣族自治县	勐勐镇	1985.12.30.	2 292	云南
兰坪白族普米族自治县	金顶镇	1988.5.25.	4 455	云南
镇沅彝族哈尼族拉祜族自治县	恩乐镇	1990.5.15.	4 223	云南
天祝藏族自治县	华藏寺镇	1950.5.6.	7 147	甘肃
肃北蒙古族自治县	党城湾镇	1950.7.29.	66 748	甘肃
东乡族自治县	锁南镇	1950.9.25.	1 510	甘肃
张家川回族自治县	张家川镇	1953.7.6.	1 293	甘肃

自治地方名称	政府驻地	成立时间	面积（平方公里）	所在省区
肃南裕固族自治县	红湾寺镇	1954.2.20.	23 041	甘肃
阿克塞哈萨克族自治县	红柳湾镇	1954.4.27.	33 333	甘肃
积石山保安族东乡族撒拉族自治县	吹麻滩镇	1981.9.30.	910	甘肃
门源回族自治县	浩门镇	1953.12.19.	6 896	青海
互助土家族自治县	威远镇	1954.2.17.	3 321	青海
化隆回族自治县	巴燕镇	1954.3.1.	2 740	青海
循化撒拉族自治县	积石镇	1954.3.1.	1 749	青海
河南蒙古族自治县	优干宁	1954.10.16.	6 250	青海
民和回族自治县	川口镇	1986.6.27.	1 780	青海
大通回族土族自治县	桥头镇	1986.7.10.	3 090	青海
焉耆回族自治县	焉耆镇	1954.3.15.	2 439	新疆
察布查尔锡伯族自治县	察布查尔镇	1954.3.25.	4 469	新疆
木垒哈萨克族自治县	木垒镇	1954.7.1.	13 235	新疆
和布克赛尔蒙古族自治县	和布克赛尔镇	1954.9.10.	32 000	新疆
塔什库尔干塔吉克自治县	塔什库尔干镇	1954.9.17.	52 300	新疆
巴里坤哈萨克自治县	巴里坤镇	1954.9.30.	35 714	新疆

中国的残疾人事业

徐晶凝

中国是一个人口众多的发展中国家,正经历着一个由改革开放所带来的经济迅速发展和社会深刻变革的关键时期。在这一历史条件下,加强对残疾人的关爱,保障残疾人的人权,促进残疾人这一社会弱势群体平等参与社会生活,就更为迫切,更为必要。改革开放以来,中国政府与人民都为此做出了巨大努力,取得了很大的成就。本文将介绍一下中国在残疾人的教育、就业、文化生活和社会保障等方面的情况。

在介绍以前,我们先来了解一下中国残疾人的基本情况。

根据中国政府2006年4月1日的入户调查(时间自2006年4月1日起至5月31日结束),中国目前共有各类残疾人8296万人。其中:视力残疾1233万人,占14.86%;听力残疾2004万人,占24.16%;言语残疾127万人,占1.53%;肢体残疾2412万人,占29.07%;智力残疾554万人,占6.68%;精神残疾614万人,占7.40%;多重残疾1352万人,占16.30%。

从残疾人口的城乡分布来看:城镇残疾人口为2071万人,占24.96%;农村残疾人口为6225万人,占75.04%。

总体上讲,残疾人大约占中国总人口数的比例为6%多。因此,中国是世界上残疾人最多的发展中国家。要从各个方面保障这么多残疾人的权益,中国政府所面临的工作压力是很大的。不过,改革开放以来,中国的残疾人事业还是得到了相当的发展。这些进步的取得,在很大程度上是与政府在行政管理方面所提供的支持密切相关的。

1993年,为响应联合国《关于残疾人的世界行动纲领》,中国政府成立了国务院残疾人工作协调委员会。该委员会在国务委员领导下,由34个政府部门、社会团体和中国残疾人联合会的负责人组成。同时,各级地方政府也建立了残疾人工作协调机构。

中国残疾人联合会，简称中国残联，是中国各类残疾人的全国性统一组织，成立于1988年3月15日，总部设在北京。同时，中国各省、地、市、县、区、乡、镇、街道普遍建有中国残联的地方组织。残联的宗旨为：弘扬人道主义，发展残疾人事业，保障残疾人的人权，使残疾人以平等的地位、均等的机会充分参与社会生活，共享社会物质文化成果。

在这一宗旨指导下，中国各级残联组织在促进残疾人康复、教育、劳动就业、文化生活、福利、社会服务和残疾预防工作、完善相关法律法规等方面，做出了巨大的努力，使中国残疾人事业得到了空前的发展。

一、残疾人的康复

促进残疾人康复，是残疾人事业的重要工作任务。在这一方面，中国政府提出了"人人享有康复服务"的目标，在全国范围内全面展开康复训练和社区康复服务。为保证这一目标的实现，残联推动众多综合医院设立了康复科室，建立了省、市、县、乡镇、街道康复服务指导机构、康复站10469个，并成立了中国康复研究中心、中国聋儿康复研究中心等机构，不仅开展康复实践，而且深入开展康复方面的科学研究，进行康复人员培训，等等。这些措施，充分保证了残疾人得到康复训练的机会。

除此之外，残联还设立了一些重点康复项目，如"爱心永恒·启明行动"项目，专门为贫困患者实施免费的白内障手术；"长江新里程计划"项目；帮助贫困残疾人装配普及型假肢和辅助器具；"听力重建、启聪行动"项目，这个项目是在台塑关系企业暨财团法人、长庚纪念医院董事长王永庆先生的捐助下开始实施的。在这个项目中，王永庆先生向中国残疾人福利基金会捐赠200套人工耳蜗，中国聋儿康复研究中心组织了15个省35名教师参加了康复师资培训班，北京同仁医院会同中国聋儿康复研究中心组织全国78名医生及听力学评估人员参加了人工耳蜗植入技术培训班。同时，各省也根据实际情况，分别开展了各层次的教师进修培训与家长培训。这个项目的实施，使200名佩戴助听器无效的极重度聋儿获得了听力重建，为厦门和北京培养了一批人工耳蜗植入专家，完善了康复系统19所人工耳蜗训练基地的建设，建立并完善了人工耳蜗术后的康复技术和评估方法，为15个省培养了一批听力语言康复骨干师资队伍，增强了全社会对聋儿这一弱势群体的了解与关注，促进了和谐社会的发展。

二、残疾人受教育的情况

与帮助残疾人获得肢体上的康复相比,让残疾人得到平等的受教育的机会更为重要。这是保证他们获得参与社会生活能力的关键因素。为此,中国政府在保证残疾人受教育的工作上做了大量的投入。

创办了长春大学特殊教育学院、北京联合大学特殊教育学院、滨州医学院残疾人医学系、天津理工大学聋人工学院、南京中医学院盲人按摩专业等专门的院校;另外,全国还有7所师范大学设立了特殊教育专业。在基层,还专门建立了残疾人职业培训机构970所,对300多万残疾人进行了职业培训。

为推进残疾人教育事业,加大救助力度,使更多的贫困残疾学生完成学业,中国政府还设立了专项彩票公益金助学项目。2004年—2006年,中央财政从彩票公益金中拨出7500万元,专门用于资助残疾学生学习和生活补助以及学校设备补助。

在这些机制的保证下,视力、听力、智力残疾儿童少年的入学率,由1987年的不足6%提高到2000年的77.2%;达到国家大专院校录取分数的残疾考生录取率达到90%以上,1985年以来普通高等院校录取残疾学生13万名。大学程度(指大专及以上)的残疾人达到94万人,高中程度(含中专)的残疾人达到406万人。

三、残疾人的就业情况

中国政府也采取了各种措施,最大限度地解决残疾人的就业问题。

中国残联建立了省、市、县残疾人就业服务机构3012个。组织社会各单位依法按比例录用残疾人,集中安排残疾人就业的福利企业达到4万多家,这些企业享受国家减免税收等优惠政策。扶持138万残疾人个体开业。

开办中、短期技术培训班,提供生产指导,并在农用物资供应、农副产品收购和信贷等方面给予优先安排和帮助。

在这些努力下,城乡残疾人的就业率,由1988年的不足50%,提高到2000年的80%。在农村,残疾人的就业人数也达到了1616万人。

四、残疾人的文化生活

在 2008 年夏天第 13 届残奥会上,中国残疾人运动员表现突出。

在雅典残奥会的开幕式上,中国残疾人艺术团表演的舞蹈"千手观音",引起强烈反响,给全世界的人民留下了深刻的印象。

这些新闻事件给我们展现出了中国残疾人在文化生活方面的一些情况。的确,中国政府在保证残疾人的文化生活上,投入了大量的精力:

开辟了 3000 多个残疾人文化活动场所。

中央电视台和 28 个省级电视台开设了残疾人专题节目和手语节目。

中央人民广播电台和 30 个省电台开办了残疾人专题节目。

中国残联也下设了一些直属杂志社、出版社和音像出版社:中国残疾人杂志社、华夏时报社、华夏出版社、中国康艺音像出版社。

地方组织为各类残疾人提供出版物,如《中国残疾人》、《三月风》、《盲人月刊》和《华夏时报》等。

摄制反映残疾人生活的影视作品,如电影《隐形的翅膀》。

举办了五届全国残疾人艺术会演,四万残疾人参加演出。

中国残疾人艺术团在全国和三十多个国家和地区演出,展示了特殊艺术才华和奋斗精神,深深感染了社会。

五、提高公众意识,鼓励残疾人自强

除了在政策、机制上的努力外,中国政府也致力于提高公众意识,鼓励残疾人自强自立。

利用大众传媒以及"红领巾助残"、"青年志愿者助残"等多种形式的扶助残疾人活动,消除人们对残疾人的歧视、偏见和陈腐观念。

将每年 5 月的第三个星期日定为国家法定的"全国助残日",且每个助残日都设有一个专门主题。如 2009 年第 19 个全国助残日的主题是:关爱残疾孩子,发展特殊教育。

表彰残疾人自强模范,如张海迪、史铁生等。他们有力地激发了残疾人的奋斗精神和参与意识,同时向社会展示了残疾人的参与能力。

在这些宣传下,普通民众纷纷开始转变对残疾人不正确的认识,整个社会开始理解、尊重、关心、帮助残疾人。比如,已经成功举办五年的"集善嘉年华"活动,累计筹集善款4000多万元,全部用于支持残疾人康复、特殊教育、盲文文化出版和残疾人体育事业。2008年11月28日,在国际残疾人日到来之际,中国残疾人联合会、中国残疾人福利基金会共同在北京举办"纪念国际残疾人日·集善嘉年华北京2008"慈善活动,社会各界热心慈善事业的人士参加了活动并捐款。活动筹集的善款将全部用于资助汶川地震灾区截肢残疾儿童假肢装配和截瘫残疾人康复。

六、其 他

除了上面介绍的这些方面外,中国政府在无障碍环境的建设、保证残疾人权益的有关法律法规建设以及残疾人的社会保障与扶助方面,也做出了很大的努力。比如:

制定和修订了一批无障碍建设标准;积极开展创建全国无障碍设施建设示范城市(如北京、天津等12个城市);在节目中配备了字幕、开办了手语新闻栏目;部分城市银行、邮局等行业推出了手语服务;等等。

1990年12月28日颁布《中华人民共和国残疾人保障法》;相继颁布《盲人定向行走训练指导师任职标准》、《国家盲杖标准》等法规;设立残疾人法律服务机构;等等。

政府设立残疾人扶贫专项贷款;通过最低生活保障、救济、补助、供养等社会保障措施,解决缺乏劳动条件的特困残疾人的温饱问题;等等。

从上面的介绍,我们可以看到,中国政府和普通民众,在改革开放以来,在关爱残疾人、保障残疾人的人权、促进残疾人平等参与社会生活等方面,付出了相当大的努力,也取得了前所未有的成就。但是,毋庸讳言,这些努力与成就,与人口如此众多的残疾人状况相比,还是远远不够的。总的来说,城市残疾人在康复、受教育、就业和社会保障等方面,得到了较好的保证;而农村,尤其是贫困地区的农村,政府的投入还很不够。如农村残疾人口中,只有大约5%的残疾人享受到当地居民最低生活保障,只有大约11%的农村残疾人领取过定期或不定期的救济。城乡15岁及以上残疾人文盲人口(不识字或识字很少的人)仍然很多,文盲率高达40%多,等等。

因此，中国政府与中国人民在残疾人的事业上，仍然是任重道远。不过，我们有理由相信，只要中国人民持续努力，一定可以实现残疾人"平等·参与·共享"的目标，为人类文明与社会进步做出贡献！

参考文献

1. 中国残联网站 http://www.cdpf.org.cn。
2. 北京市残疾人联合会网站 http://www.bdpf.org.cn。

中国儿童教育与儿童文学

刘立新

著名文学家高尔基(Maxim Gorky)有句名言:"爱孩子,是母鸡也会做的事,可是,要善于教育他们,这需要有足够的才能和渊博的知识。"在中国,儿童教育始终是备受关注的问题,它与中国的文化传统、基本国情紧密相关,与之相伴的儿童文学也独具特色。

一、中国传统思想对儿童教育与儿童文学的影响

在中国传统文化中,儒家思想对教育的影响最大。儒家主张以德治国,强调培养德才兼备的治国人才。孔子提出"学而优则仕",认为教育的目的在于培养"修己安人"的君子;孟子提出办学的目的在于"明人伦",即:"父子有亲、君臣有义、夫妇有别、长幼有序、朋友有信。"这种以"明人伦"为中心的儒家思想,不仅深入人心,而且影响至今。体现在教育方面,就是注重道德教育,讲究师道尊严,不鼓励个性;在文学方面,重视文学在社会发展、人格教育方面的意义,强调文学的教育作用。随着历史的发展,后代也出现过一些新的教育思想,但儒家思想始终深深影响着中国的教育和文学。

在中国民间,有"望子成龙"和"望女成凤"的说法。"龙"是古代神话传说中的威力无比的神兽,是尊贵无比的象征,一度成为皇帝的专利。民间把读书人参加科举考试获得成功比喻为"鲤鱼跳龙门",父母精心培养儿子,期望他飞黄腾达,因此"望子成龙"。后来,女子也有了受教育的权利,"望女成凤"应运而生("凤"即凤凰,是一种传说中的神鸟,与龙相对)。基于这种心理,人们认为只有对孩子施行严格的教育,才能到达成功的彼岸。因此"学海无涯苦作舟"、"梅花香自苦寒来"、"只要功夫深,铁杵磨成针"的格言警句被历代称颂,而"吃得苦中苦,方为人上人"的观念至今仍被许多人信奉,在儿童教育方式上呈现出这种倾向,在儿童文学作品中也多

有这方面的励志内容。

二、中国的儿童教育

（一）古代传统儿童教育

1. 家庭教育

在中国，"孟母三迁"的故事十分有名。孟子是战国时期著名的思想家，3岁时父亲去世，和母亲相依为命。孟子小时候很贪玩，他家住在坟地附近，所以常玩筑坟或哭拜的游戏。孟母把家搬到了集市旁，孟子又模仿做买卖和杀猪的游戏。孟母只好再次搬家，搬到了学堂旁边，孟子就跟着学习知识和礼节，孟母终于满意。孟母对孟子的学习也十分重视。一天孟子逃学回家，孟母气得拿起剪刀割断了正在织的布匹，说读书就像织布，如不好好坚持，就会像被割断的布匹一样变成无用的东西。孟子受到震动，从此发愤用功，终于成为一代圣人。"孟母三迁"的故事作为古代家庭教育的范例，影响了中国一代又一代的父母和儿童。

2. 私塾

中国古代的教育形式主要有官学和私学两种。官学是官方办的学校，受教育的都是贵族子弟。私学的创始人是孔子，他提出了"有教无类"的思想，使普通百姓得到了受教育的机会。在私学中，最重要的形式是私塾，是由读书人、秀才等私人开办的学塾。学生入学年龄不限，从五六岁到二十岁左右的人都有。入学不必考试，教学方法完全采用注入式，强调记忆和背诵。初学儿童主要是识认方块字，随着年龄的递增，学习的内容由浅入深，主要有《三字经》、《百家姓》、《千字文》、《论语》、《孟子》《大学》、《中庸》、《古文观止》等。私塾学规很严，教师经常体罚学生。在启蒙教育阶段，非常注重道德与生活习惯的培养，对其行为礼节（如穿衣、行礼、走路、视听等）都有严格的具体规定。在中国两千多年的历史中，私塾教育对培养启蒙儿童起过非常重要的作用，它的教学方式也对中国的教育传统产生了很深影响。

3. 传统儿童教育读物

中国最早的儿童读物，既是教育素材，也是文学食粮。主要分为三类：
（1）专为儿童编写的启蒙教材。以识字及介绍生活常识为主，多为韵文形式，便于熟读记忆。最有代表性的是"三"、"百"、"千":"三"即《三字经》,用三字韵文形式介绍道德规范、自然知识、历史传说和名人故事(如"孔融让梨"),语句精练,内涵广博;"百"即《百家姓》,收录了"赵钱孙李"等几百个中文姓氏,读来顺口,易学好记;"千"即《千字文》,全文仅一千字,字字不重复,用四字韵语介绍自然和社会知识,音韵优美,朗朗上口。

(2)典籍中的故事素材。包括史书中的历史事件、寓言故事、文人作品中的故事、神话故事(如《山海经》)等。

(3)简明白话文学。包括历代诗歌中的浅近歌谣、宋明以后的话本小说、元明戏曲以及明清以后的白话小说(如《西游记》、《水浒传》等)。

总之,中国传统的典籍、文学作品中蕴藏着丰富的材料,虽然它们不是专为儿童而作,但是经过筛选、改写可以变得浅显易懂,因而成为宝贵的儿童教育资源,被历代人们所珍惜和开发。

(二) 现当代儿童教育

1. 中国的基本教育方针

1957年毛泽东提出中国教育方针是:"使受教育者在德育、智育、体育几方面都得到发展,成为有社会主义觉悟的有文化的劳动者。"除了强调德育之外,同时将智育、体育与之并列,体现了中国的教育观念到达了一个新高度。此后至今的现当代教育观不论如何变化,基本上都未离开这一主题。

2. 儿童教育形式的发展

广义的儿童教育包括16—18岁成人之前的全部阶段。根据心理学的分类,儿童年龄段可分为胚发育期、胎儿发育期、新生儿期、婴儿期、幼儿期、学龄前期、学龄期、青春期等八个阶段。我们主要介绍幼儿期到青春期的儿童教育问题。

(1) 学前教育

一般来说,儿童在3岁左右可以上幼儿园,按年龄进入小、中、大班学习,得到初步的德、智、体、美教育。此外,还有一种"学前班",是介于幼儿园和小学之间的新型教育形式,实际上是一年级预备班,通过学习,使孩子逐渐从以玩为主的生活过渡到小学以学为主的生活。近年来,还兴起了一种"亲子班",即家长和幼儿共同参与的特别班。孩子在老师的引导和家长的配合下,通过游戏的方式,和其他孩子一起认知新事物，学会礼让和交往，提高综合能力。

(2) 九年制义务教育——小学与初中

中国的义务教育包括小学 6 年、初中 3 年的教育。1986 年通过并施行的《中华人民共和国义务教育法》解决了儿童有书可读、有学可上的问题，整体上保证了国民的知识水平。2006 年新《义务教育法》把实施素质教育作为义务教育的新使命，把注重培养学生的独立思考能力、实践能力和创新能力作为促进学生全面发展的重点。同时，回归了义务教育免费的本质，增加了不收杂费的内容，保障了接受义务教育者的平等权利。

小学和初中的主要课程是数学、语文、英语、美术、音乐、体育、历史、地理、科学等。除正常的教学之外，学校设立多种课外活动小组或兴趣班，假期还举办夏令营或冬令营，学生可以根据自己的爱好和需要选择参加。

(3) 高中学习

初中毕业生经过中考后进入高中，各个学校按照录取分数线择优录取。高中课程全国大致相同。以北京为例，高一不分科，高二开始分文理科，语文、数学、英语是必学课程，理科还包括物理、化学和生物，文科还包括历史、地理和政治。因为中国教育资源有限，高考是学生通向未来成功之路的重要途径，因此高中生的学习压力很大，举行高考的那三天不论是新闻，还是街头巷尾甚至在天气预报中，都能感受到一种压力和紧张气氛。

(4) 课外辅导班

"不要让孩子输在起跑线上"本是一家奶粉公司的广告词，却因符合了人们望子成龙的心理，所以长久地流行在民间，课外辅导班应运而生。一种是技能班，以各种文艺活动或科学技能为主要教学内容，如乐器、书法、美术、舞蹈、电脑班等；另一种是课程班，主要弥补课程学习的不足或提前学习难度更大的内容。课外辅导班在中国比比皆是，优点在于丰富了儿童的学习生活，培养了多种技能，弥补了学校教育的不足。缺点也很明显：有的目的性和功利性太强，与学校教育脱节，家长一相情愿，孩子负荷过重，破坏了孩子的学习兴趣。

(三) 与儿童教育相关的几个问题

1. 独生子女与"小皇帝"

中国的人口问题众所周知。20 世纪 70 年代末 80 年代初，从国家的长远利益出发,中国实行了计划生育政策,事实证明这项政策是非常必要的,也被国人所理解,但是相伴而生的独生子女问题,也引起了很多专家的注意。

独生子女与非独生子女相比有一定的优势,他们可以得到充分的父爱和母爱,同成人交往密切,因而知识面广。不利之处也很明显:受到过度宠爱,被过多照顾和保护,容易娇生惯养;缺少小伙伴和天然的集体环境,缺少正常交往能力。

1986年《中国作家》刊登了题为《中国的"小皇帝"》的报告文学,指出"进入80年代以来,各种新事物和新问题一起来临,其中就包括出现在每个家庭里的宠儿,更确切地说是那些由祖父母、外祖父母及父母用全部精力供养起来的、几乎无一例外地患了'四二一'综合征的孩子——独生子女们。……凌驾于家庭、父母及亲属之上的'小皇帝'已遍及千家万户。"这篇报告文学后来被拍成电视剧在电视台播出,引起很大反响,"小皇帝"、"小太阳"成为独生子女的代名词。

其实"小皇帝"的问题已经不仅仅是20世纪80年代的问题,而且独生子女现象对于学校教育也产生了影响:教师角色出现了变化,增加了家长的成分;学生的知识比较超前,但在能力、习惯的培养方面工作量大大增加;由于家长给予太多的压力,使教师的工作难度增大。目前,很多教育专家仍在积极探索解决的办法。

2. "希望工程"与"春蕾计划"

由于自然条件的限制、社会经济文化发展不平衡以及传统习俗的原因,中国约3亿儿童中未入学率近1%。这些失学儿童主要是贫困地区的孩子(尤其是女童)、随父母到城市打工的流动人口的子女。中国政府和民间机构都十分关注他们的教育问题。

"希望工程"(Project Hope)是1989年中国青年基金会发起并组织实施的社会公益事业,资助了大批贫困地区失学儿童重返校园,建立希望小学,改善了农村办学条件,被誉为"最美的工程"。"春蕾计划"(Spring Buds Project)是1989年中国儿童少年基金会发起并组织实施的救助贫困地区失学女童重返校园的社会公益项目,截至2009年底,已资助200多万人次贫困女童重返校园。

3. 与儿童教育有关的改革及成果

中国的教育传统历史悠久,有自身的特色和优势,也存在一定的问题。自新中国成立以来的60年中,不论是国家的宪法、教育部的计划还是国务院的文件中,都多次涉及"全面发展"、"素质教育"等字眼。因为欠缺,所以提倡。很多人在肯定教育成果的同时,也对一些问题进行了反思(如升学压力问题、课程结构问题、高考制度问题等)。在教育改革的尝试中,最值得一提的是新课程标准的施行。为改变传统的教学方法和教学模式及教材和起点参差不齐的现状,经过近 300 名专家的共同商讨,教育部重新明确了基础教育课程的基本规范和质量要求,自 2004 年起小学一年级、初一、高一新生统一使用全国统编新课程标准教材。"新课标"在课程理念上突出了以学生为本,在课程内容上更加强调基础性、实用性,在教学方法上主张"研究性学习,自主探究与合作",在课程评价上采用立体多元化评价指标。这一项改革深受关注,成效如何,有待于历史的检验。

三、中国的儿童文学

儿童文学在教育中占有非常重要的地位。最初只是蒙学读物、古代文学作品及历史书籍中的故事改写,以及古代民间文学的内容。清末到近代,受到西方文化的影响,儿童教育观念发生了变化,以上海和北京为中心,发行了各种改编、译述故事为主的儿童期刊或画报,成立了专门出版儿童读物的儿童书局,著名的商务印书馆也开始编印童话套书,出版了《儿童世界》等著名杂志,许多学者和作家投入翻译、改编和创作工作。总体说来,20 世纪初到 20 年代是中国儿童文学从起步走向发展的阶段,其中 1923 年叶圣陶创作的《稻草人》是儿童文学的里程碑作品。30 年代末到 40 年代末,中国处于连年战争阶段,儿童文学主要是写实风格的小说,并受到苏联儿童文学的影响。新中国成立后,儿童文学创作进入黄金时代,特别是 80 年代以后到今天,儿童文学作家作品不断涌现,事业稳步发展。

(一) 儿童文学作品介绍

中国的儿童文学包括多种形式:儿歌、儿童诗、童话、寓言、小说、戏剧、电影、科学文艺、散文,以及各种优秀的翻译作品。著名作家有叶圣陶、鲁迅、冰心、张天翼、严文井、孙幼军、鲁兵、叶永烈、金波、圣野、樊发稼、郑文光、郑渊洁、曹文轩、常新港、秦文君等,著名翻译家有叶君健、任溶溶等,著名儿童文学理论家有陈伯吹、张美妮、蒋风、王全根等。由于作家作品繁多,这里只能选取不同年代、不同体裁的代表作进行粗略介绍:

1.《稻草人》(1923):中国第一部专为儿童创作的短篇童话,作者叶圣陶。通过一个富有同情心而又无能为力的稻草人的所见所思,真实地描写了 20 年代中国社会的人间世态。童话构思新颖独特,富于现实内容,语言简洁朴素,充满诗意:"给中国的童话开了一条自己创作的路。"①

2.《大林和小林》(1932):张天翼的短篇童话。介绍了一对双胞胎(好吃懒做的大林和勇敢正直的小林)的不同生活经历和结果。童话形象生动,构思奇特,想象夸张,让人百读不厌。

3.《宝葫芦的秘密》(1957):张天翼的长篇童话,讲述了小学生王葆梦中得到宝贝后的离奇故事。作品旨在批评不劳而获的思想,却将教育意义蕴含在富有独创性的童话形象和故事情节之中,幽默有趣,是童话与小说手法巧妙融合的完美之作。

4.《大闹天宫》(1961):根据中国文学古典名著《西游记》改编的动画片。将孙悟空这个具有猴的特征、神的威力、人的感情的中国式神话英雄生动地再现于银幕,使作品的思想性和艺术性得到了完美结合。影片在国内外产生巨大轰动,获得多部国际大奖。

5.《小蝌蚪找妈妈》(1962):根据同名童话改编的科普动画片,取材于画家齐白石创作的鱼虾等形象。通过小蝌蚪经过种种波折找到母亲的故事,生动介绍了蝌蚪变青蛙的过程。观众在欣赏动画片时,仿佛置身于一个优美抒情的水墨画世界。该片获国内国际多项大奖。

6.《十万个为什么》(1961—2000):中国家喻户晓的科普读物。作者是叶永烈等。内容包括化学、物理、天文、农业等各个方面,具有形象性、趣味性的特点。多次修订再版,总印数超过 1 亿册。

7.《哪吒闹海》(1979):中国首部宽银幕动画片。取材于明代小说《封神演义》中的神话故事。主人公天真烂漫的形象、不畏强权的精神,加上优美的动画场景和诗意的表现方式,给小观众强烈的美感享受。

8.《三个和尚》(1981):根据中国民间谚语"一个和尚挑水吃,两个和尚抬水吃,三个和尚没水吃"改编而成的动画片,情节有趣,饱含哲理,人物形象鲜活生动。

9.《九色鹿》(1981):取材于敦煌壁画中佛教故事的动画片,介绍了九色神鹿救人后被出卖,最终坏人得到报应的事。该片采用了敦煌壁画的形式,人物形象和用色上都呈现出一种美丽的异域风情。

10.《舒克贝塔历险记》(1989—2009):郑渊洁创作的著名系列童话。两只境遇

---

① 鲁迅《表·译者的话》,1935 年。

不佳的小老鼠舒克和贝塔偶然相识后成为好朋友,在小男孩皮皮鲁的帮助下创立了舒克贝塔航空公司,经历了很多不平凡的故事。童话情节曲折,想象奇特,使小读者在欢笑中懂得许多珍贵的人生道理。

11.《十六岁的花季》(1990):中国最早、影响最大的校园青春电视剧。因为真实地反映了中学生活、准确地把握了青少年心理而深受中学生喜爱,同时因触及改革开放后人们的心态以及两代人之间的代沟而牵动了各种年龄层次观众的心。该剧播出后,"花季"成为十五六岁少年儿童的专用代名词。

12.《草房子》(1997):曹文轩创作的长篇小说。作品写了一个男孩终身难忘的六年小学生活以及他目睹的一连串平凡而动人的故事。"作品所容纳的深沉的人格力量和理性思考,以及典雅的艺术格调",给读者带来"一种高贵的美学享受"[①]。

13.《男生贾里全传》、《女生贾梅全传》(1999):秦文君的两部长篇小说。以"糖葫芦串"式的结构方式,通过18个独立的小故事描写了20世纪90年代的中学生在家庭、学校和其他社会环境中的生活趣事。小说在叙事上吻合了主人公的年龄特点,同时也把握住了青少年读者的审美需要。

14.《家有儿女》(2005—2009):老幼皆宜的少儿题材情景系列喜剧。讲述了两个离异家庭结合后发生在父母和三个孩子及其亲属之间的各种有趣故事,喜剧色彩浓郁,人物语言幽默诙谐,剧情让人忍俊不禁。该剧创下了中国国内情景剧收视率第一和重播收视率第一两项纪录。

15.《喜羊羊与灰太狼》(2005—2009):500集系列电视动画片。全剧以羊和狼两大族群间妙趣横生的争斗为主线,剧情轻松诙谐,对白幽默,以"童趣但不幼稚,启智却不教条"的鲜明特色赢得了众多粉丝,在全国50家电视台热播,荣获国家动画片最高奖"优秀国产动画片一等奖"。

(二)一种特别的儿童文学形式——连环画

连环画又称"小人书"、"小儿书",兴起于20世纪初,繁荣于五六十至80年代。一般是64开本,以线描为主,也有16开的彩色连环画,在多页生动的画幅上配有简洁的说明文字。内容大多取材于古代文学作品、现实生活或电影故事。最著名的是叶浅予的《王先生》、张乐平的《三毛流浪记》以及上海人民美术出版社出版的《三

[①]《十年回首:〈草房子〉创作札记》,中华读书报2007年9月25日。

国演义》,还有根据各国文学作品改编的连环画。

80年代末,由于影视媒体的飞速发展,外国漫画、动画的冲击,连环画的市场不断被抢占,连环画渐渐淡出了人们的视野,但是最近几年连环画的收藏却开始升温,成为文化市场的一个奇特现象。

(三) 著名儿童文学出版社与杂志

中国有十多家少年儿童出版社,其中最大的两家是少年儿童出版社(上海)和中国少年儿童出版社(北京)。前者出版的《少年文艺》是中国创刊最早的儿童文学刊物,被誉为"作家的摇篮";后者出版的《儿童文学》、《幼儿画报》、《婴儿画报》,伴随了无数的儿童健康成长。

此外,中国还有一本独具特色的月刊杂志——《童话大王》,由作家郑渊洁1985年创办,二十多年来只刊登他一个人的作品。主要形象是老鼠舒克、贝塔、皮皮鲁、鲁西西。《童话大王》中的作品幻想奇特、形象丰富多彩、内容荒诞深刻,开创了热闹派童话文体的先河,《童话大王》也被新闻出版总署命名为"社会效益和经济效益双优秀期刊"。

(四) 关于中国儿童文学现状与趋势的思考

20世纪50年代陈伯吹先生就提出儿童文学创作要充分贴近孩子的"游戏天性",作家要"善于从儿童的角度出发,以儿童的耳朵去听,以儿童的眼睛去看,特别是以儿童的心灵去体会";80年代曹文轩提出儿童文学要"塑造民族性格",要写"孩子可读的文学作品";90年代末多名儿童文学工作者在"跨世纪儿童文学研讨会"上,提出将儿童文学真正还给儿童,减少说教成分,呼唤探险和科幻作品等等。在这若干年中,儿童文学作家和理论家的努力得到了回报,儿童文学园地涌现了不少新人佳作。

然而,一个不可回避的现象是,当问及现今的中国儿童最喜爱的作品是什么时,他们会立刻兴奋地历数迪斯尼动画片、日本动画片、美国魔幻系列小说和电影等,而对中国本土的儿童文学作品,却做不到这样如数家珍。这是一个非常值得深思的现象。中国的儿童文学确实不乏优秀作品,但是因为重视不足,宣传不力,因而在外国影视作品的强大商业运作冲击下被埋没;但更需要引起注意的一个方面却是，受传统文化思想的影响，很多儿童文学作品说教味过重，缺少对儿童心理和情趣的关注，对口味不断提高的儿童缺少吸引力，儿童文学创作在提高量的同时，更需要质的提高。

结　语

家长不仅仅是孩子的衣食父母，同时也是他的第一任教师；学校不仅仅是容纳儿童的学习场所，同时也是社会的大熔炉；教师的责任不仅在于传递知识，同时还要授人以渔，培养儿童的学习方法和创造力；儿童文学作家的义务不仅要增加作品的量，更要注重创作的质，要保持一颗童心，为儿童提供精神的抚慰与滋养。为此，中国儿童文学和儿童教育还有很长的路要走，世界各国的优秀经验也需要进一步交流与分享。

参考资料

1. "中国的'小皇帝'"，《中国作家》1986年第3期。
2. 金燕玉《中国童话史》，江苏少年儿童出版社，1992。
3. 风笑天《独生子女——他们的家庭、教育和未来》，社会科学文献出版社，1992。
4. "'独生父母现象'及其对未来中国社会的影响"，见《2004年上海社会报告书》。
5. 蒋风《中国儿童文学发展史》，少年儿童出版社，2007。
6. 朱自强《儿童文学概论》，高等教育出版社，2009。
7. 王泉根"探索中国原创儿童读物的转机与突破"，《中国艺术报》2009年8月18日。

金庸的武侠小说

赵长征

一、什么是武侠小说？

　　武侠小说是中国的一种独特的小说类型。武侠就是武艺高强的侠客。这些侠客喜欢主持正义，好打抱不平，帮助弱小善良的人，反抗强横凶恶的势力。在西方世界著名的罗宾汉（Robin Hood）、佐罗（Zorro），还有法国大仲马（Alexandre Dumas père）的《三个火枪手》(*Les Trois Mousquetaires*/*The Three Musketeer*，又译为《三剑客》)中的达达尼昂（d'Artagnan）和三个火枪手，也是这样的侠客。中国的武侠小说，就是写这些侠客们行侠仗义的故事。

　　侠客的生活环境，叫做"武林"，也叫"江湖"。所以，在武侠小说中，常常可以看见诸如"武林中出了一件大事"、"江湖上又将掀起一场腥风血雨"之类的语句。大侠们的对立面、武林中的那些大坏人，往往被称为"魔头"。这对立的双方似乎都从来不进行任何经济活动，除了偶尔盗窃一两件财宝。他们不为自己的生计担忧，只是热衷于探案、复仇、抢夺武功秘籍和宝贝，对政治和爱情也很感兴趣。他们的功夫都非常高强，使出的招数都是平常人所难以想象的。和西方的武艺不同的是，中国的功夫非常重视"内功"（也就是"气功"、"内力"），这种东方式的独特功夫是需要长期修炼才能获得的。由于有了电影和电视，越来越多的武侠小说故事被以图像的形式展现给全世界的广大观众，让中国功夫和中国武侠文化获得了极大的声誉。

　　武侠小说在中国源远流长。从先秦时代开始，就流传着各种武侠故事。四大名著之一的《水浒传》创作于明代，其中许多梁山好汉的故事，一直以来都脍炙人口。到了清代，出现了《七侠五义》、《小五义》以及《儿女英雄传评话》等，它们奠定了武侠小说的基本模式。到了民国时代，出现了几个著名的武侠小说家：宫白羽、郑证因、朱贞木、王度庐（《卧虎藏龙》的作者）、平江不肖生、还珠楼主。他们的作品将武侠小说提高到了一个新的境界。

从20世纪50年代起,又崛起了新派武侠三大家:金庸、梁羽生、古龙。他们的武侠小说创作,在民国诸大家的基础上,又有了全新的发展,终于使得武侠小说艺术达到了高峰。在这三大家中,成就最高的是金庸。

二、金庸生平简介

金庸,本名查良镛,20世纪中国最著名的武侠小说作家,生于1923年,浙江海宁人。他出身于名门查家,从小受到非常良好的教育。他小时候的理想是当一名外交官。抗日战争后期,他如愿考进了重庆的中央政治学校外交系。查良镛看不惯一些国民党职业学生在大学里横行霸道、整人打人,于是行侠仗义、打抱不平,没想到却被校方勒令退学了。

1946年,查良镛通过考试,被《大公报》录取为编辑。1948年底,他被派往香港《大公报》工作。

新中国建立初期,为了圆自己的外交官之梦,查良镛毅然离职,到北京外交部求职。由于种种原因,求职失败,查良镛只好垂头丧气地回到香港,重回《大公报》,不久就调到《新晚报》当副刊编辑。当时梁羽生(陈文统)正好也在《新晚报》任职,两人成为好朋友。他们一起下棋,一起写棋话,时常海阔天空闲聊,而聊得最起劲的则是武侠小说。

1953年,梁羽生的武侠小说《龙虎斗京华》在《新晚报》上连载,意想不到地吸引了大量读者,一炮走红。《新晚报》销量大增,武侠小说的热潮也由此被引发。于是报社又让查良镛也来试写武侠小说。1955年,查良镛以"金庸"为笔名,写出第一部武侠小说《书剑恩仇录》,一举成名。所谓"金庸",就是把"镛"字拆成两半。

金庸自《书剑恩仇录》后,一发不可收。接着,又写了《碧血剑》。1957—1959年,他的第三部武侠小说《射雕英雄传》在香港《商报》连载,大受欢迎,不但在香港引起了轰动,连东南亚的读者都读得如痴如醉。金庸作为新派武侠小说宗师的地位,由此奠定。

1959年,查良镛投资8万港币,和他的老同学沈宝新一起创立了《明报》。在《明报》初创的头几年,经济状况是极其艰苦的。金庸凭着他的武侠小说《神雕侠侣》和《倚天屠龙记》等,撑起了《明报》大业。

查良镛有两支笔:一支写武侠小说,另一支写社评。香港市民喜欢看他的社评,连美国国务院也剪辑他的社评,作为研究参考的资料。

金庸对自己要求很严格,他写武侠小说,追求每一篇都和以前的作品写得不一样,力求变新,绝不重复自己。所以到了后来,作品越来越成熟。《笑傲江湖》是一个政治寓言,而《鹿鼎记》则由武侠走向了反武侠,主人公居然不是侠客,而是一个小流氓。《鹿鼎记》对中国国民性和社会问题的探讨,使其具有深刻的思想意义。

1972年,金庸完成了《鹿鼎记》,觉得已经难以再写出新意来,于是干脆封笔,停止武侠小说的创作。从1970年开始,他把所写的武侠小说逐字逐句地进行了修改。经过10年的修订,到1980年,一套15种共36册《金庸作品集》终于出版完毕。

在中国大陆,金庸最初是把《金庸作品集》的版权交给了生活·读书·新知三联书店,1994年初版。三联版在大陆受到了极大的欢迎。2001年,版权到期,金庸把版权转交给了广州出版社。金庸又一次对他的作品进行了修改,新版《金庸作品集》于2008年由广州出版社、花城出版社联合出版。许多情节有了改动,一些金庸迷为此欢呼叫好,但也有不少读者感到难以适应。

1984年,中国和英国就香港问题达成一致意见,香港将于1997年回归中国。1985年,查良镛参加了中华人民共和国香港特别行政区基本法起草委员会,为香港基本法的起草、制定做出了很大贡献。

1991年,金庸卖掉了他一手创办的《明报》,甩开了繁忙的工作,开始读书、做学问。1999年,金庸被浙江大学聘为教授,文学院院长。

2005年6月,金庸被英国剑桥大学授予荣誉文学博士学位。但是他并不满足,2005年10月,已经82岁高龄的金庸辞去浙江大学人文学院院长一职,远赴英国剑桥大学圣约翰学院读书,研究方向是中国历史。2007年,他获得硕士学位,继续攻读博士学位。真是活到老,学到老!

三、金庸作品简介

金庸的小说在华人世界上受到了热烈的欢迎。从1955年他的第一部武侠小说问世迄今,作品的发行量已逾亿册。其具体数目,已经很难算清楚了。

金庸自己拟了一副对联,来概括他的著作:

飞雪连天射白鹿

笑书神侠倚碧鸳

上联所指的七部书是《飞狐外传》、《雪山飞狐》、《连城诀》、《天龙八部》、《射雕英雄传》、《白马啸西风》、《鹿鼎记》。下联所指的七部书是《笑傲江湖》、《书剑恩仇录》、《神雕侠侣》、《侠客行》、《倚天屠龙记》、《碧血剑》、《鸳鸯刀》。除了这14部之外，还有一个短篇《越女剑》(1970)。而在14部之中，《白马啸西风》(1961)、《鸳鸯刀》(1961)篇幅也都较短，影响不大。下面我们就按照金庸创作的时间顺序，把主要的12部著作进行一个简单介绍。

1.《书剑恩仇录》(1955)，借助金庸家乡——浙江海宁的一个传说来构造故事。清朝时，海宁陈阁老的儿子被雍正皇帝掉了包，成为皇子。后来这个皇子当了皇帝，就是乾隆。陈阁老的小儿子陈家洛长大后成为"红花会"的总舵主，致力于反清复明的事业。陈家洛提醒亲哥哥乾隆皇帝，其实他是汉族人，希望他能够和自己一起赶走满族统治者。但是乾隆贪恋皇帝宝座，致使陈家洛的一切努力都落空了。

2.《碧血剑》(1956)写明清之际的事情。明朝忠臣袁崇焕被昏庸的崇祯皇帝处死，他的儿子袁承志长大后成为江湖大侠，周旋于明王朝、李自成、清朝这三种势力之间，力图挽救汉族的政权，但是最终失败了。

3.《射雕英雄传》(1957—1959)的历史背景是南宋时期，当时蒙古、金、南宋三国对峙。郭靖是南宋人，在蒙古长大，后来又回到中原，与聪明美丽的黄蓉相爱。后来他学到了《九阴真经》里的绝顶武功和丐帮的"降龙十八掌"，还有《武穆遗书》里的兵法，为保卫南宋而奋斗。

4.《神雕侠侣》(1959—1961)以爱情为主线，写杨过与小龙女生死不渝的爱情故事。杨过是孤儿，被古墓派掌门人小龙女收为徒弟，两人产生了真挚的爱情。但是小龙女被全真教的尹志平强奸，羞愤离去。杨过一直苦苦追寻她，经过无数磨难，生离死别，二人在16年后终于重新相聚。

5.《雪山飞狐》(1959)借一群人的回忆和转述，叙述了胡一刀与苗人凤两位侠士惺惺相惜，最终胡一刀却死于小人之手的故事。

6.《飞狐外传》(1960—1961)写侠士胡斐为了主持正义，万里追杀恶霸凤南天的故事。

7.《倚天屠龙记》(1961)，与《射雕英雄传》、《神雕侠侣》合称"射雕三部曲"。元朝末年，孤儿张无忌历尽苦难，练成九阳神功和"乾坤大挪移"的绝世武功，成为明教教主，率领天下英雄反抗元朝的残暴统治。最后被部下的野心家朱元璋陷害，心灰意冷，退出政治斗争，携爱人赵敏隐居山林。

8.《连城诀》(1963)，写忠厚善良的狄云被坏人陷害入狱，却在狱中巧遇大侠丁典。丁典把自己的武功绝技传授给了狄云。狄云出狱后进行复仇，他的仇人们都因为自己的贪婪而死于非命。

9.《天龙八部》(1963—1966)以萧峰、段誉、虚竹三个主人公的经历为主线，展现了北宋年间宋、大理、辽、西夏、吐蕃、女真等国之间的争斗形势。萧峰是辽国契丹族人，却自小被中原（北宋）的汉族人养大，成为丐帮帮主。但是后来遭人陷害，被迫离开宋朝，到了北方的辽国，成为辽国的南院大王。辽国皇帝要发大军南侵宋朝的时候，他为了两国人民不遭战火涂炭，劫持了辽帝，逼迫他当众发誓，不再发动战争。最后萧峰自尽身亡。段誉是大理国镇南王世子，性格仁爱，像他的父亲段正淳一样喜欢追求美丽的女子。他最初完全不会武功，但是由于各种机缘巧合，学会了"六脉神剑"等绝艺。虚竹本来是少林寺的小和尚，由于意外破解了"珍珑棋局"而被选为逍遥派的新任掌门人，最后又执掌了在江湖上极有势力的灵鹫宫。段誉、虚竹与萧峰等人一起挫败了慕容复、鸠摩智、丁春秋等野心家的阴谋。

10.《侠客行》(1965)写孤儿石破天探寻自己身世的故事。

11.《笑傲江湖》(1967)的主人公是华山派大弟子令狐冲，他为人潇洒不羁，但是被心爱的师妹岳灵珊抛弃，又被师父岳不群赶出师门。他在前辈风清扬的指导下练成了"独孤九剑"，又与日月神教教主的女儿任盈盈相爱。最后他在众英雄的帮助下，扫除了江湖上的邪恶势力。

12.《鹿鼎记》(1969—1972)写清朝康熙初年，扬州小流氓韦小宝被误当做太监招入宫中，成为年轻的康熙皇帝的好朋友。他帮助康熙统一全国、开拓疆土，立下了大功，最后由于不愿意加害反清秘密组织"天地会"的朋友们，放弃高官厚禄，带着七位美丽的妻子隐居去了。

四、金庸小说的魅力

金庸武侠小说的魅力，首先就在于其情节性。金庸具有一种非凡的说故事的能力，敢于大胆地想象，天马行空，出其不意，却又能够缜密地进行组织。他的小说情节离奇却又符合逻辑，悬念迭出却又不拘一格，线索纷繁却又条理明晰。结构紧凑、层层推进、扑朔迷离、千回百转，往往让读者一拿上书就放不下，废寝忘食，通宵达旦，非得一口气看完不可。

最能够代表金庸结撰故事能力的作品，就是《天龙八部》了。这是一部规模极其庞大的小说,光是主人公就有三个:萧峰、段誉、虚竹。他们每个人都有自己的独立的神奇故事,都有一份难解的身世之谜。他们三人的故事互相勾连,逐渐形成了一个有机的整体,向读者展示了一个巨大的江湖世界,里面的各色人物、各家门派、各种谜案,乃至各国军事政治斗争,都融会在一起。无数的利益冲突、感情纠葛、历史恩怨、政治矛盾,可谓千头万绪,但是金庸都能够很好地将它们有条不紊地组织起来,用一种博大深沉的历史感和慈悲心来展现这芸芸众生的命运。而具体到每个人物,金庸又都能够把他们写得活灵活现、各具姿态、毫不重复。《天龙八部》的结构,表面上看起来有点松散,这是其丰富的内容使然,实际上全书是一个网状结构,环环相扣,互相支撑,紧密而极具张力。全书大气磅礴,令人有望洋兴叹之感。

金庸小说还塑造了一批脍炙人口的人物形象:其中既有像郭靖、萧峰这样的儒家色彩浓重的以拯救天下苍生为己任的大侠(所谓"为国为民,侠之大者");也有像杨过、令狐冲这样的道家色彩突出、追求独立自由人格的潇洒不羁的独行侠;也有像张无忌这样犹犹豫豫、不太有主见,遇事都要旁人推动的好人;还有像韦小宝这样的机灵诡诈、在各种势力的角逐中游刃有余的小流氓。更有那些鲜活生动的女性形象:如聪明慧黠的黄蓉、出尘不染的小龙女、明艳果决的赵敏、心机深沉的周芷若、遇人不淑的岳灵珊、温柔腼腆的任盈盈,和她们的爱情故事一起,都给人以极深的印象。这些人物形象都有血有肉、个性鲜明、栩栩如生,深受中国读者们的喜爱。

金庸的武侠小说还有着深厚的中华文化内涵和丰富的民族文化知识,其涵盖面极为深广。北京大学中文系教授严家炎总结说:

> 金庸武侠小说包含着迷人的文化气息、丰厚的历史知识和深刻的民族精神。作者以写"义"为核心,寓文化于技击,借武技较量写出中华文化的内在精神,又借传统文化学理来阐释武功修养乃至人生哲理,做到互为启发,相得益彰。这里涉及儒、释、道、墨、诸子百家,涉及千百年来中华民族众多的文史科技典籍,涉及传统文学艺术的各个门类如诗、词、曲、赋、绘画、音乐、雕塑、书法、棋艺等等。作者调动自己在这些方面的深广学养,使武侠小说上升到一个很高的文化层次。像陈世骧教授指出的《天龙八部》那种"悲天悯人"、博大崇高的格调,没有作者对佛教哲学的真正会心,是很难达到的。我们还从来不曾看到过有哪种通俗文学能像金庸小说那样蕴藏着如此丰富的传统文化内容,

具有如此高超的文化学术品位。①

举一个例子,在《射雕英雄传》中,黄蓉给丐帮帮主洪七公做菜吃,就充分地表现了中国美食文化的高妙。每一道菜,非但做法讲究,色、香、味俱全,还都有一个好名字,什么"玉笛谁家听落梅"啦,什么"好逑汤"啦,什么"二十四桥明月夜"啦,什么"岁寒三友"啦,都有很高雅的文化意蕴。比如那碗"好逑汤",其实就是一碗飘着花瓣儿的荷叶笋尖樱桃斑鸠汤,它是如何得名的呢?原来是从《诗经》中获得了灵感。请看黄蓉的解释:

> 黄蓉笑道:"这如花容颜,樱桃小嘴,便是美人了,是不是?"洪七公道:"啊,原来是美人汤。"黄蓉摇头道:"竹解心虚,乃是君子。莲花又是花中君子。因此这竹笋丁儿和荷叶,说的是君子。"洪七公道:"哦,原来是美人君子汤。"黄蓉仍是摇头,笑道:"那么这斑鸠呢?《诗经》第一篇是:'关关雎鸠,在河之洲,窈窕淑女,君子好逑。'是以这汤叫做'好逑汤'。"②

能够把美食写得如此有文化,真是让人不得不佩服金庸深厚的国学功底和超凡的想象力了。像这样的例子还有很多。金庸小说就像一部中华文化的通俗教科书,让读者在享受优美情节的同时,不知不觉学习到了许多文化知识,增强了对传统文化的多方面了解。

五、金庸所受到的西方文艺的影响

金庸的小说,不但植根于中华文化的深厚土壤,同时也从外国文艺,尤其是西方文艺中充分地吸取了养料。

首先,在情节的结构上,金庸受西方戏剧的影响很大。20世纪50年代,有一段时期,金庸在香港长城电影公司做编剧。那段时间他仔细研究了西方的戏剧和电影艺术,这也深深影响了他的小说创作。

如《雪山飞狐》中玉笔峰前厅一段,就完全是按照戏剧的写法来写的。让书中人物共同说故事,大家每人说一段,拼在一起就凑成了一个从李自成兵败身死直到胡一刀、苗人凤交往,最后悲剧收场的漫长故事。一百几十年间的恩怨情仇,就在

---

① 严家炎"一场静悄悄的文学革命",原载香港《明报月刊》1994年12月号,转引自严家炎《金庸小说论稿》(增订版),北京大学出版社,2007年。

② 金庸《射雕英雄传》第2册,生活·读书·新知三联书店,1994年。

一天之内说完了。这是典型的西方戏剧的模式。类似的写法还有《神雕侠侣》第33回"风陵夜话",通过一些旅客讲故事给郭襄听,一夜的故事,就把杨过自与小龙女分别后16年的侠举做了充分的展示与概括,非常精炼传神。《笑傲江湖》的开头不久,借小尼姑仪琳之口,说了令狐冲对她舍命相救的过程。此时令狐冲本人虽然还未出场,其形象却已然十分丰满,呼之欲出了。

对于西方戏剧"三一律"的深入研究与运用,还让金庸小说中常常出现这样的场景:几乎所有的主要人物,在同一时间出现在同一地点,从而使得各种矛盾集中爆发,故事热闹而变数极多,层层递进,扣人心弦。如《射雕英雄传》第24、25回郭靖和黄蓉在牛家村密室疗伤、《倚天屠龙记》六大派合围光明顶、《天龙八部》少林寺大会,就都是典型的例子。

其次,就小说风格而言,金庸受法国小说家大仲马的影响比较大。金庸自己说他从小就爱读大仲马的小说,尤其是《侠隐记》(即《三个火枪手》):

> 《侠隐记》一书对我一生影响极大,我之写武侠小说,可说是受了此书的启发。法国政府授我骑士团荣誉勋章时,法国驻香港总领事 Gilles Chouraqui 先生在赞词中称誉我是"中国的大仲马"。我感到十分欣喜,虽然是殊不敢当,但我所写的小说,的确是追随于大仲马的风格。在所有中外作家中,我最喜欢的的确是大仲马,而且是从十二三岁时开始喜欢,直到如今,从不变心。①

金庸小说《连城诀》的情节,和大仲马的《基度山伯爵》(*The Count of Monte Cristo*)的情节非常类似。《连城诀》的主人公狄云与《基度山伯爵》的主人公邓蒂斯(Edmond Dantès):"都无端受了仇家的陷害,长期历尽铁窗生活的折磨;又都在狱中因祸得福,一个从长老那里获得大量珍宝,一个从难友那里学到高强功夫;未婚妻都被仇敌所夺;又都因旧时心上人的求情而拯救过怨敌的生命;都实现了复仇,却又都表现了宽容与大度;对怨敌的惩罚又都体现为'替天行道'式的报应(狄云的仇敌因自身无尽的贪欲而导致在抢宝时相互残杀致死);复仇行动虽然也出于个人恩怨,却都映射出为民除害、伸张正义的理想之光。"②这可以看成是金庸学习和借鉴大仲马的一个典型的例子。

另外,在具体情节的构思上,金庸借鉴其他外国小说的例子也很多。如古龙指出:在《书剑恩仇录》中,周仲英忍痛杀独子的故事,几乎就是从法国文豪梅里美

---

① 金庸、池田大作《探求一个灿烂的世纪——金庸/池田大作对话录》,北京大学出版社,1998年。
② 严家炎《金庸小说论稿》(增订版),北京大学出版社,2007年。

(Prosper Mérimée)的小说《马铁奥·法尔戈内》(*Mateo Falcone*)化来的。而《倚天屠龙记》中,写张无忌的父母和金毛狮王在极边冰岛上的故事,也受到美国作家杰克·伦敦(Jack London)的影响,金毛狮王的性格,几乎就是"海狼"(The Sea-Wolf)。①

金庸的小说,是中西文艺合璧的一枝奇葩。它现在已经逐步走出华人文化的圈子,走向一个更为广阔的天地。相信在全世界范围内,它将赢得越来越多读者的青睐。

参考文献

1. 金庸《金庸作品集》,生活·读书·新知三联书店,1994。
2. 金庸《金庸作品集》,广州出版社、花城出版社,2008。
3. 金庸、池田大作《探求一个灿烂的世纪——金庸/池田大作对话录》,北京大学出版社,1998。
4. 傅国涌《金庸传》,北京十月文艺出版社,2003。
5. 孔庆东《金庸评传》,郑州大学出版社,2005。
6. 艾涛《金庸新传》,山东友谊出版社,2002。
7. 葛涛《金庸评说五十年》,文化艺术出版社,2007。
8. 严家炎《金庸小说论稿》(增订版),北京大学出版社,2007。
9. 朴素《网看金庸》,大象出版社,2007。
10. 廖可斌《金庸小说论争集》,浙江大学出版社,2000。
11. 葛涛、谷红梅《金庸其书》,社会科学文献出版社,2004。

---

① 古龙"谈我看过的武侠小说",收载葛涛编《金庸评说五十年》,文化艺术出版社,2007年。